艺文志

高世名

主编

把可能
性还可
历还给能
史给

行动之书

A Book in
Action

上海文艺出版社
Shanghai Literature & Art Publishing House

ICAST 当代艺术
与社会思想研究所
Institute of Contemporary Art
and Social Thought

总 序

策展作为行动之书

高世名

一

　　现代艺术史同时也是现代展览的历史。作为艺术现代性的根本标志之一，艺术展览在 20 世纪逐渐形成了一种独特的展示文化，勾连着多重意义领域和生活空间。近几十年来，各种替代空间、各类实验性展示方式在渐次展开，策展作为一项综合、激进的艺术实践，其文化动员力和社会塑造功能也日益发显。

　　策展的第一现场是博物馆。博物馆是一个现代性的社会器官，它保存历史，也不断地制造"过时"。不断发展的现代性，也是不断创造"过时"和"过期"的现代性。其实，"过时"这个观念本身就是现代性意识形态的产物。然而，博物馆的困境不在于过不过时，而在于缪斯离席之后的空缺如何填补。缪斯离开了，由 18 世纪以来的美学／感性之学所构造起的那个高雅艺术的世界坍塌了，成为"现代"的艺术开始了主体化、形式化、观念化、政治化的进程……策展正是在这"四个现代化"的过程中展开自身。

　　博物馆不但是保存的空间，而且是展示的空间，更重要的还是建构意义的空间。在我看来，20 世纪以博物馆为枢纽的艺术史的核心问题，是历史主义的双重焦虑——在收藏艺术的同时批判艺术，在瓦解历史的同时建构历史；既反对它的时代，又创造它的时代。策展人不只是博物馆中珍贵物品的看护者和保存者，而且还是破坏者和生产者。他不断地投入、挑战、批判博物馆的意义建构，向我们展示所谓历史和当代，都不过是一片流沙，而所有历史意义的构造只是不断地在沙上建塔。

据说，最早的策展人是 18 世纪欧洲那些贵族沙龙的组织者。在这个意义上，我愿意半真半假地说，在中国历史上那些"没有展览的时代"，雅集的组织者，园林的主人，甚至唐宋礼部那些组织国家庆典和社会仪式的官员，都是古典世界的策展人。当然，这多少只是玩笑话，现代意义上的策展人是伴随着博物馆体制的建立而出现的，在很长一段时间，策展都只是博物馆行政的一个环节。20 世纪 70 年代，当哈罗德·齐曼（Harald Szeemann）把卡塞尔文献展的"百日博物馆"改成"百日事件"的时刻，策展才真正展现出了它独立的意志与能量。它不但深度地介入艺术生产和艺术史的发生，而且以激进的行动参与社会意识的塑造。

博物馆中除了静态的"物"，还有思考和活动着的"人"。经过半个世纪的斗争和演进，今天的博物馆已经是一个魔方般的场所，其中发生的不只是个体"观者"和凝视"对象"的关系，还有自我和他人的关系，不只是人和物的关系，而且还有人与人的关系。所以，博物馆中的作品不只是凝视的对象，还可以是胡思乱想的起点，是折射出公共交往和社会关系的一面镜子。

博物馆可以是社交场所，可以是论辩之地，可以是闲逛之所（在本雅明的意义上），也可以是思想斗争的场域，甚至是政治协商空间。关键是如何改变其中的观视关系（spectatorship），这是策展的根本任务。

二

　　1924 年，以林风眠、林文铮、刘既漂、王代之为首的 20 余位旅法中国艺术家在斯特拉斯堡的莱茵宫策划了首个中国美术展览会，集中展示了近 500 件中国古今艺术品。这次展览作为次年巴黎万国工艺美术博览会中国馆的预演，成为那个年代振奋国人心志的一次文化宣言。正是通过这次展览，林风眠及其艺术群体进入中国现代教育先驱蔡元培先生的视野。四年后，蔡先生力邀林风眠组建国立艺术院并担任首任院长，中国高等艺术教育的历史由是展开。

　　"中国美术展览会"可以说是中国美术学院的一段"前历史"，而此历史正是从一群青年艺术家的"策展工作"开始。在那个时代，组织展览是为了"艺术运动"。从 1924 年被称作"海外艺术运动社"的"霍布斯画会"开始，国美的创立者林风眠、林文铮、李金发等人就以推动艺术运动为志业，"介绍西洋艺术，整理中国艺术，调和中西艺术，创造时代艺术"。

　　对以林风眠为首的这批艺术青年而言，艺术学院不独像蔡元培先生所言"为研究学术而设"，而且是为艺术运动而设。林风眠时期的国立艺专与"艺术运动社"是同体共构的。直到 20 世纪 30 年代，"艺术运动社"成员已经遍布全国，他们策划举办全国美术展览会，组织西湖博览会，成为现代中国艺术创造和社会启蒙的重要力量。他们的艺术运动构成了国美策展的先声。就当代艺术而论，中国最早的策展活动始自 20 世纪 80 年代后期，因另一场艺术运动"85 新潮"而发生，一方面是由当时的批评家们推动，另一方面则是出自艺术家们的自我组织。20 世纪 80、90 年代的"策展"特别质朴、直接，没有花俏的话语，没有玄奥的理论，但是充满了行动的激情与能量。直至今日，艺术界已经到处都是策展人，但是其中的大多数，都只是艺术消费机制的执行者或者中间人，作为展览的组织者和张罗人，他们甚至没有意识到自己在社会系统内的位置。

中国当代艺术真正为国际艺坛所知是在 1993 年，那一年的两个展览奠定了此后十余年间西方对于中国艺术与社会的论述基础。首先是在中国香港总督府和香港艺术中心举办的"后八九中国新艺术"大展，由张颂仁、栗宪庭策划；其次是在柏林世界文化宫举办的"中国前卫艺术"大展，我院校友施岸迪（Andreas Schmid）参与策划；再加上那年"第 49 届威尼斯双年展"上的专题展览"东方之路"，中国当代艺术在国际舞台上首次整体亮相并备受关注。

在这个过程中，张颂仁所推动的"后八九中国新艺术"尤为重要。在西方，其影响力波及艺术、政治、市场、意识形态各个领域；在中国，它创造了一个新的艺术时代，打造出了中国当代的文化表征。从1993年至1998年，"后八九中国新艺术"巡回5个国家、9个美术馆；展览图录两次再版，数度重印，国际报道数不胜数。"后八九"作为整体形象，先后登陆威尼斯双年展、圣保罗双年展等国际上最重要的艺术大展，取得巨大成功。"后八九"中的艺术家们更是赢得了中国当代艺术几乎所有的荣耀，在相当长的时间里成为中国当代艺术界的执牛耳者。"后八九"应时而动，以其深刻的社会文化洞见以及强有力的图像学创造，表述出 20 世纪 90 年代的国人心事，创造了国际社会认识中国的一面镜子。随着"后八九"在世界范围的传播，中国当代艺术成为全世界理解中国的一个必要的中介。从这个意义上说，"后八九"不但引发了国际艺术界对于中国艺术的关注，而且触发了一种文化解释的机制。在这一机制中，当代艺术成为中国社会政治文化的面相和征候，也正因此，它被关注程度之深远，它的影响范围之大，都远远超出了艺术本身。

20 世纪 90 年代，当代艺术的策展人在国际艺术舞台上的功用日趋重要。一方面，美术馆的系统化、艺术的市场化强化了策展人的学术权力；另一方面也相应地激发出独立策展人在新环境、新理论前提下的反向动作。世界各地大型双年展、艺术节的兴起，画廊界对艺术策展的重视，实验性替代空间对策展人的倚重……所有这一切使策展人在艺术系统中扮演着越来越重要的角色。20 世纪末，这个博物馆的世纪最终成就了一个策展人的时代。

在世界范围内，中国美术学院的策展实践是非常独特的。从来没有哪个艺术策展机构如此深地卷入到文化政治的论述与社会思想的运动之中。2002 年，卢杰、邱志杰策划的"长征计划"上路了。与此同时，许江、高世名、吴美纯等启动策划了"地之缘计划"。这两个几乎同时发生的策展计划不约而同地展示出了与当时惯常的策展迥然有异的思想姿态和实践路径——对全球文化政治的批判意识，面向历史和田野的思想能力，与知识界的跨领域互动，以及行动者的立场和姿态，更重要的，是一种超出艺术界推动艺术实践的决心。

2003 年，中国美术学院正式设立国内第一个策展专业，机构名称定为"展示文化研究中心"，院长许江亲自担任中心主任，高世名、邱志杰、张颂仁担任副主任，卢杰、陆兴华等担任研究导师。可以说，这个中心是"长征"与"地之缘"两个策展计划的结果。它以"展示文化研究"为名，就是希望超出现行的当代艺术领域来探讨当代社会的视觉制度与展示文化，继而在更广阔的视野中谋划和推动策展实践。从一开始，策展专业的学科基础就被确定为文化研究、话语实践、媒体研究和意识形态批判。

从狭义上说，国美策展研究从一开始就聚焦"展示"问题，其目的是去探讨：一件艺术作品如何与它所处的物理空间和意义空间互相作用？策展人如何通过博物馆内外的策展实践参与到艺术史的书写之中？从广义上说，展示不只关乎艺术品的陈设与展览的历史，它还让我们重新梳理展示在艺术史进程中的结构性作用，重新思考艺术在不同历史时期、不同文化语境中的社会能量。

艺术展示在过去的五十年间发生了翻天覆地的变化。博物馆不再仅仅是艺术品的库房加展厅，随着策展力量的强势介入，这个传统意义上的缪斯栖息地，正在变成艺术自我颠覆和自我生成之所——它似乎已然变身成为一个剧院、电影院、教室、车间、议会和广场的综合体。同样，展示也不再只是为了陈设博物馆的丰富收藏，它本身就意味着情境的展开，公共性的构建，社群的生产。在这个意思上，展示文化通向展示的政治。所谓"展示的政治"，不是那些控制着展览策划和历史叙事的身份政治或者多元文化主义的治理术，而是指向劳动与作品、灵光与拜物、著作权和所有权、物体性和事件性、生产和消费之间复杂纠结的关系。

21世纪，德波（Guy Debord）所谓的"景观社会"具有了全新的内涵：通过我们每时每刻不可或缺的手机，以及谷歌、百度、GPS、Facebook、Twitter、淘宝和优步……我们的日常生活正在以大数据和真人秀的形式被展示和消费着。在这个网络时代或者"后网络时代"，人们逃脱了"老大哥"的显在监控，却陷入隐形的"全景监狱"，陷入"全流程备份"，"踪迹学治理"的社会机器之中。在这一状况下，艺术当然就不再只是博物馆、双年展、博览会、拍卖场中的那些物件，更重要的，艺术是我们从消费主义的 Matrix 中自我解放的行动，是自我构造的路径。同样，"展示"也不只是某种现成艺术物的呈现和表述，更涉及我们每个人的"此在"和"在此"。在这个到处都是定位监控装置的"被展示"的时代，如何重新理解艺术、艺术展示以及艺术的历史？如何通过更激进的展示寻回主动，克服我们被展示的真人秀状态？从这种问题意识出发，所谓"展示的政治"就成为与我们的存在息息相关的生命政治。

三

经典艺术史学常分为"内部艺术史"与"外部艺术史"，从策展的眼光看，艺术的历史并无所谓内、外之分，因为艺术史与社会史从来都不曾分离。策展是艺术实践同时也是社会实践。策展人不只穿梭游弋于艺术家、观众、美术馆、画廊这些有形的事物之间，同样连接贯穿着艺术史、媒介、制度、意识形态这些看不见的事物。这些有形之物和无形之物共同构成了艺术史、博物馆、大众媒体与艺术市场的大循环，而侧身其中的策展正是要追问：在这个大循环中，艺术之"意义"坐落于何处？艺术之"价值"溯源于何方？艺术之"作品"与"创造"从哪里开始，又到哪里结束？

循着这种追问，我们会发现，策展人与艺术家的身份差别只是一种虚妄。艺术家是一个社会位置，而策展人不过是个媒介。通过这个媒介，我们将获得一种目光。这种目光可以穿透艺术作品的拜物教，穿透艺术创造的个人主义神话，穿透艺术—价值—资本的社会循环系统，进入到这种被名之为"艺术"的社会时刻。这是艺术起作用的时刻，也是艺术发生的时刻。在这个意义上，策展可以被视为九十年前"艺术运动社"的世纪回声。

正是出于这种思考，2010 年中国美术学院的策展专业改组为"当代艺术与社会思想研究所"，纳入新成立的跨媒体艺术学院。当时主要考虑两个原因：一方面，在跨媒体艺术学院，学习策展的同学们可以接触到张培力、耿建翌、姚大钧、邱志杰、牟森、杨福东这些最优秀的艺术家老师，而且他们还可以跟同辈的艺术家同学一起成长，他们的思考和工作跟艺术家的实践彼此交织、互相砥砺；另一方面，在这个教育系统中，策展甚至当代艺术或多或少地被当作一种社会思想的路径。为此，研究所邀请了一批学术界、思想界的同仁如陈嘉映、陈光兴、孙歌、陆兴华、黄孙权、贺照田、许煜和约翰·哈特勒（Johan Hartle）等一起参与教学。他们跟艺术家们一样，成为国美策展教育的同行者和重要支持者。在他们的影响和帮助下，历史脉络、问题意识、发言位置成为每位同学自我批判的框架；社会感知、历史经验和现实感觉成为研究所中最常提及的话题。策展成为连接当代艺术和社会思想的一个智性枢纽，在感性与思想的激荡中时常转化出奇想和行动。

这套丛书由四册组成，系统梳理了国美策展的几条实践脉络：

第一册是《后万隆》，梳理了国美策展的文化脉络。自"地之缘"开始，探讨亚洲的地缘政治结构中当代艺术的发生与迁徙；经过第三届广州三年展"与后殖民说再见"、第八届上海双年展"巡回排演"，直至亚际书院知识网络的建立，以及对"后万隆"时代第三世界思想运动的提案，呈现出国美策展研究是如何在全球文化政治的话语批判中确立起自身的思想坐标与精神向度。第二册《感觉田野》，旨在梳理国美策展超出"艺术界的艺术"，在田野工作中汲取现实感觉的诸种方法和路径，探讨艺术策展实践是如何通达于社会意识和现实感觉，如何养成历史的感与观。一、二两册合起来是为"感知现实"的工作。

第三册是《把可能性还给历史》，重点解析从"后八九中国新艺术"，直到"八五·85"，再到"三个艺术世界"的一系列展览线索，探讨国美策展自20世纪90年代起是如何参与中国当代艺术的历史论述和形象建构，近年来，又是如何推动"中国当代"的历史批判和意识形态解构。第四册《未来媒体》，从"现象／影像：1996中国录像艺术展"、"后感性"系列到"未来媒体／艺术宣言"，展示了20世纪90年代以来国美策展对于新媒介、新现场、新感性的持续兴趣和激进实验。三、四两册合而为"重构当代"的意义。

通过十多年的实践和教学，国美策展专业共培养了上百名青年策展人、艺术家和批评家，慢慢地凝聚出对策展实践的一种理解，形成了一条独特的策展道路。在这条道路上，策展工作大致可以分为三个层面：

用作品建构议题，形成问题意识。这种问题意识或者说议题不只是在艺术圈子里的，而且是社会性的。策展人要学会在社会空间中将艺术作品展开，以艺术作品构造社会叙事。

建构批判性、创造性的生产情境。艺术的批判和创造是互为条件的：一方面，一切创造都是建立在批判之上；另一方面，唯有所创造，才能够超越政治、伦理的批判，成为艺术批判。策展的第二个层次，就是构造语境，或者说构造策展情境。艺术的生产与动员在此策展情境中得以展开。

开展艺术运动，推动社会进程。策展人的最高目标是以艺术创造向社会、向时代提案，继而催生一种社会进程。在这个层面上，策展是一种心灵的社会运动，一种社会性的精神生产，一种推动社会创新的行动。

策展是要构造出一种局面。在这个意义上，策展从根本上是社会性的——在今天，只有先政治而后才能社会，正如我们只有先成为艺术家而后才能真正成为主体。策展人的公共行动不是政治宣传式的，也不是商业推广式的，而是要在整合化、自动化的社会中生产出歧见和异质的空间。在这个意义上，策展是当代社会的解剖工程学，是要把单数的社会（society）重新切分成复数的社群（societies），把逐渐同质化、观念化的抽象大众重新变成异见丛生的分众。

在这里，要区分两种展览：一种是构想出某个主题，拉艺术家的作品进场，安置在现成的观念框架之内，让作品在主题、分主题的等级化单元中各得其所，在主题性分类中各安其分；另外一种策展，是让作品得以完成的生产程序和社会程序暴露出来，让作品在动态的临时的集结中骚动起来、斗争起来，让感觉激荡，让意义暴动。用政治哲学术语来说，前者是 policy，是治理，后者是 politics，是政治。

要想摆脱治理状态而进入政治状态，策展人不但要介入艺术生产和艺术史的演进（这种演进非但是后设的，还相当虚幻），而且要以艺术行动参与现实感觉和社会意识的塑造。这就是"排演"，就是用事件性（event-hood）去拆解、改造艺术作品的物性（object-hood），就是使作者与观者、个体与群体之间，形成符号和欲望、思想与感觉的交错撞击，凝聚起感知、制作与行动之间折射回荡的洪流。

海德格尔提醒我们："对于行动的本质，我们还远远没有充分明确地加以深思。"在海德格尔看来，行动的本质乃在于完成（vollbringen），而完成意味着：把某种东西展开到它的本质的丰富性中，即生产出来。在这里，行动就是生产，就是让被锁定在各自社会阶层、各个历史阶段、各个关系单元中的消费主义个体，重新焕发出生产的潜能，催生出改变的愿望，生产出一种重新去想象自我、想象未来、发动社会的可能，一种自我更新和自我解放的力量。

在这个意义上，策展就是"排演"。而排演首先意味着缺席、反复、集结与狂欢，它通过身体、语言的连接和行动，开启一个公共之场所（arena），在这个场所中，人们可以获得生活的诗意和斗争的能量，可以重新定义自我和现实的关系，可以"无所畏惧地在一起"——格洛托夫斯基说，这就是节日。作为排演的策展，是一部"行动之书"。这部"行动之书"所书写的一切，不是关于拜物的艺术，而是为了开展出解放的艺术，召唤出未来的节日。

2017 年 12 月

目录

　　20 世纪是一个漫长的世纪，当我们在百年语境中谈论"中国艺术"，我们面对的是一个无限复杂的集合：从于右任的书法到黄宾虹的山水，从革命现实主义到"文化大革命"宣传画再到政治波普，从现代水墨到目前市场追捧的艺术明星……如何通过这些全然不同的艺术"作品"的集合，梳理 20 世纪中国艺术的复杂历程，探讨"中国当代"的历史性结构？为此，我们必须打破中国"当代艺术"的通行历史论述，尝试着从 20 世纪的百年语境中，对中国现当代艺术史的叙述模式进行反思。历史没有终点线。我们都"在当代之中"。"在当代之中"，是不同世代当下性的同时在场，是历史与主体的重新连接、重新叙事，这需要我们从历史的汪洋中打捞起意义的碎片，构建一种扎根历史脉络、面向当下现实、具有主体意识的新的"中国当代"的文化视野。从这种现实感觉出发，我们希望展开如下三个论题的思考。

　　论题 1："三个艺术世界"——在文人世界、社会主义状态以及全球化现状的交错中，追问"艺术"的价值与意涵。简单地说，"中国当代"中潜在的"三个世界"是：当代艺术的全球化世界（被认为是唯一的国际艺术平台）、文人的艺术世界（被建构为"传统"的往日云烟）以及革命文艺的艺术世界（被告知已经终结）。在当下语境中，我们如何聆听来自这"三个艺术世界"的历史消息，在当代中国的艺术状况中梳理这三个世界的现实性，探询其彼此交响的动力机制，发掘其历史势能与潜能？

论题 2："三个三十年"——在 20 世纪中国"艺术运动"的历史中，在三个三十年的贯通视野中，考察"中国当代"的历史起因、进程与社会意义。我们在思考 20 世纪历史的时候，很容易陷入三个三十年的分段论述里——1949 年之前的"新文化三十年"、中华人民共和国成立后的"新中国三十年"以及"文革"后的"新时期三十年"。这三个三十年，彼此分述比较容易，现行的文学史、艺术史大多数都是分开来讨论的，学术界也按照这三个三十年分成三个圈子。这十年以来，国际学术界反复地讨论"什么是当代"，大家逐渐意识到：所谓"当代"，是不同世代的同时到来。同样，当代艺术也不是隶属于某种规范化的"当代性"。我们怎样真正地把这三个三十年贯通起来，当成我们的"当代"来思考？这就意味着：1949 年到 1979 年这一段，应该内置于一个长时段的"当代"叙述中加以思考和消化。

论题 3："分断与离散"——分断不只是成王败寇的政治学，人民与土地是无法分断的，政治分断，而生活绵延，历史连续。在 20 世纪中国文学艺术史的书写中，谈到"离散"这个词，我们总是陷入犹太人式的伤痕叙述之中。事实上，20 世纪中国人同样经历了一场大离散，不只是空间上的"区隔"和政体上的"分殊"，而且是历史的"分断"与命运的"离散"，我们被分配到不同的阵营里面，在不同的体制之下，各自去发展出一套东西。中国人所经历的"大离散"是被冷战与殖民这两种历史力量所塑造出来的命运。这种"分断"与"离散"折射到我们关于艺术的现代经验中，唤起一种复杂纠结、一言难尽的现实感。今天，我们如何才能把这一历史命运回收到我们的讨论中来？

历史进程一言难尽，在中国人复杂纠结的百年进程中，我们追问：什么是当代？身处这复杂纠结又磅礴恣肆的宏大进程之中，我们何以自处？艺术如何作为？每一个当代都是大时代，我们有幸活在一个新时代的边缘，虽然这个新时代总是处在未来之中，虽然它不过是宏大进程中的一幅临时性画面，虽然这幅画面的意义总是在历史的演进中被反复改写，但是，进程中的历史主体，却不惮于成为里尔克诗歌中的困兽——"仿佛力之舞围绕着一个中心 / 在中心一个伟大的意志晕眩"。

一九八五年，杭州，一所学院

1928-2013

将可能性还给

"八五·85"展览现场　2013年

第一章

中国新艺术

"后八九中国新艺术"展览现场　1993 年

第一节

后八九中国新艺术

后八九中国新艺术

策划总监： 张颂仁、栗宪庭

助理总监： 廖雯

香港展览总监： 何庆基

主办： 汉雅轩、香港艺术中心、香港艺术节协会

展览日期： 香港艺术中心：1993 年 2 月 3—25 日

香港大会堂低座展览厅：1993 年 1 月 31 日—2 月 14 日

巡展时间： 1993—1997 年

巡展地点： 澳大利亚悉尼当代艺术馆、加拿大温哥华美术馆、美国俄勒冈大学美术馆、韦恩堡艺术博物馆（印第安纳州）、萨莱纳艺术中心（堪萨斯州）、芝加哥艺术中心、圣何塞艺术博物馆（加利福尼亚州）

　　中国的"后八九"艺术着眼于 1990 年代的中国文化新潮流。通过艺术的表现，探讨时下的文化现象，包括人生态度、时下受关注的社会现象和生命现象，以及个人对自我和对事物的姿态。这些姿态反映了做人的策略，对前途的憧憬和对生命的计划。艺术品到底是否作为一种具体的物件或企划，透露了心灵和思想境界的具体形貌？对艺术的适当诠释和解读可以作为解读当代文化的注脚。

　　展览命名为"后八九中国新艺术"，是因为 1989 年是中国当代艺术史的一个分水岭，也是中国踏入 1990 年代文化的起点。1980 年代中期中国出现过超卓的新派艺术，可是总体来说，1989 年后中国的新艺术才达到成熟的阶段，开始有自己的本色。

在香港艺术中心举办的"后八九中国新艺术"展览现场　1993 年

张颂仁（左一）与栗宪庭（右一）在"后八九中国新艺术"展览现场　1993 年

迈进九〇年代

《"后八九中国新艺术"展览画册》序

张颂仁

中国的"后八九"艺术着眼于 1990 年代的中国文化新潮流。通过艺术的表现，探讨时下的文化现象，包括人生态度，时下受关注的社会现象和生命现象，及个人对自我和对事物的姿态；这些姿态反映了做人的策略，对前途的憧憬和对生命的计划。艺术品到底是具体的物件或企划，透露了心灵和思想境界的具体形貌。对艺术的适当诠释和解读可以作为解读当代文化的注脚。

这展览命名"后八九中国新艺术"，因为 1989 年是中国当代艺术史的一个分水岭，也是中国踏入 1990 年代文化的起点。1980 年代中期中国出现过超卓的新派艺术，可是总体来说，1989 年后中国的新艺术才达到成熟的阶段，开始有自己的本色。

新艺术在中国的近代历史上出现不久，大约与"文革"后的政经开放同步，其首个具规模的展览是 1979 年 10 月的"星星美展"。新艺术于十年来经过几个阶段的发展，其中从 1984 年至 1987 年前后的"八五美术新潮"展最为重要。这十年来出现过上百个美术小组织和画会，试验过多元的风格和创作角度。尤其是"八五美术新潮"的几年间，把西方 20 世纪的重要美术运动的风格样式和创作观点都一一试验过。这些实验不纯是学习，同时亦通过实践的方式，试用

"后八九中国新艺术"展览邀请函　1993 年

各种语言以表达未定形的感受和思想。几年间出现了中国式的超现实、超写实、达达、浪漫主义等。由于这些语言的选择是结合创作本身的要求和文化特征，故此向西洋借镜是选择性的灵感吸收。文化移植又往往是为了创作的需要而片面借用，并不要求创作者对西洋艺术做深入的了解，因而形成了多种错综的东西文化对话。1980 年代中期的一个主导思想是"走向国际"，创作的态度是开放而乐于多元。另外必须强调的一点是中国美术强固的传统，除了国画外，西洋学院式的训练也有了半个世纪的传统，所以中国美术接受外来影响是具有其本身立场的。

在香港艺术中心举办的"后八九中国新艺术"展览开幕现场 1993 年

契机

　　1989 年至 1992 年间，新艺术的创作表现起了很大的变化：对文化立场更明晰，对艺术语言的应用和取舍更准确，同时较早"出道"的艺术家也达到了新的成熟阶段；而且"八五美术新潮"那种走向国际性的热潮，渐渐转向，回归到中国文化本位上。1989 年可谓新艺术的转捩点，主要的契机是二月初在北京的"中国现代艺术展"。

　　"中国现代艺术展"在北京最重要的展览馆中国美术馆展出。主办单位包括《中国美术报》等几个受官方承认的单位，可以说是中国首次大型的，被官方及非官方立场人士同时认可的展览。参展人选主要由一些与新艺术家关系较密切的艺评人决定，因此其代表性比较全面。很多艺术家还是首次在一个正式的场面展出作品。当时入选的有一百人，到北京的艺术界人士则达数千。这次大展首次将全国重要的新艺术家共聚一堂，新艺术的各式错综表现，无论是模仿或原创，抄袭或本色的，在此都一览无遗。"中国现代艺术展"是一面照妖镜，对创作者和评论人都起了极深刻的反省作用。而且各路作家互相参考借镜，成了酝酿新灵感的基础。

八十年代末当代文化的整体气候大变，创作环境亦大变。非官方文化（包括各类文艺创作）与官方正统的歧异，向来带有意识形态的影响力。于新艺术方面，尤其是"八五美术新潮"时期的艺术思想，具有浓厚的理想色彩和救世心态，加上当时强调走向国际的精神，使艺术带上强烈的改造文化和提升人类心灵的使命感。这种理想的救世心态此时暴露了实质的无能为力和虚幻；现实世界使艺术家惊愕，逼使他们回头重新反思艺术的本质和艺术行为的意义。

这以后的两年，文化界的苦闷气氛反而给新艺术一个息养更新的空隙。1970 年代末到 1989 年十年内的多元化探索的新艺术得到重新思考，从而形成重新出发的生机。

总的来说，后八九的艺术带有反理想主义色彩，许多年轻的艺术家明显地脱离了理想倾向，投向"泼皮风"或"无聊"现实的姿态。经历了 1980 年代美术风潮的艺术家则多呈现创伤的痕迹；一种理想年华幻灭后的后遗症。可是在艺术本身追求方面，则比以前深入和纯粹；他们或追求艺术与精神生活的融合，或探究艺术语言的提炼和语言与内涵的精确对位。一方面强调对艺术本质的追求，另一方面则对艺术作为思想、理想或意识形态的媒介采取冷静和脱略的姿态。

缘起

"后八九中国新艺术"这个展览缘起于 1989 年初。在"中国现代艺术展"于北京中国美术馆开幕那天，我与栗宪庭兴起了于海外举办展览的构思。栗宪庭是"中国现代艺术展"的一个主要策划人，而我于早一个月在香港刚主办了回顾性的"星星十年"展。巧合的是这两个展览正好将中国新艺术的近史做了个概括的回顾。我们兴致勃勃地将海外展定于 1990 年；后来由于某些原因而一再延后。翌年与香港艺术中心展览总监何庆基先生商议展场，并邀何兄参与其事。

实际策划事务于 1991 年春开始，先从栗宪庭初拟的一个名单上汰选，我两人花了无数的钟点挑拣作品、寻访画家和讨论观点。最后的选择再跟何庆基敲定。

作品分类的"政治波普"和"无聊感与泼皮风"是采用栗宪庭最早于 1991 年提出的观点。其他类别的诠释基本由我拟定，参考了栗宪庭、何庆基、廖雯、华立强（Eric Otto Wear）和任卓华（Valerie Doran）的意见。

此画册的编辑工作承任卓华小姐主导，负责繁重的编订和翻译工作。文章来自中国和欧美各地，在联络和整理上都极为繁冗复杂，任卓华和其他参与翻译及编辑的同仁于短期中能将此书整理出版，专业精神实在可嘉。此书之刊行，希望能对中国新艺术的文化背景和社会背景提供新的认识，并对这次展览作品提供系统的介绍。

分类

"后八九中国新艺术"包括一个 1979 年至 1989 年的文献回顾，和 1989 年迄今的作品展，以期突出中国 1990 年代文化的特点。以下的分类乃是通过作品本身呈现的精神面貌归纳成的六个文化导向。艺术品的精神讯息与作者采用的风格或手法往往息息相关，可是为了避免堕入西洋美术史的分类窠臼，点题基本上以精神面貌和心理

邓永锵（左）与张颂仁（右）在"后八九中国新艺术"展览现场　1993 年

状态为主导，避免形式主义的分析。

限于此展览的主题范围，很多卓越的作品都摒于选择之外。旅居于海外的艺术家，也同样不在选择之列；例外的只有近期去国的，而对国内的创作有所影响的，如谷文达和徐冰。

1. 政治波普风

"波普"这种艺术形式，甚至这个名堂，都源自西方当代艺术。可是中国的"波普艺术"的绘画语言与精神都跟近代的政治生活和宣传文化密切结合。而中国的政教艺术自民国以来就一直纠缠在写实主义与宣传艺术之中。

就从当代文化的角度看，这类艺术的要旨在于消解大众媒体文化的压抑，通过创作的行动将"异化"了的文化语言重新塑造。在中国走向资本和消费经济的路上，政治与消费两种大的"异化"势力成了心灵离异的双重力量。在这个新的形势下，王广义的"大批判"系列以幽默的手法点出了二者的荒诞意味。近年的新经济政策相应反映于"波普艺术"的创作，新一代的"波普"作家渐把目光转离政治，移往文化的主题上。

2. 无聊感与泼皮风

"波普艺术"的作者跨越三代，二十来岁到五十出头都有。但这批玩世不恭的"泼皮"画家都只有二三十岁。上一代的政治风波对他们来说都是童年往事，没有惨痛的切身感受。他们没有投入狂热的民众政治运动，也没有参与1980年代的理想主义热潮。那种狂热看来几乎可笑，他们看见的现实既是无奈也是无关痛痒的。

"无聊感"的表现可以发挥在两类大方向上，视乎画家的个性取向而定：一种是泼皮而玩世不恭的，性格明朗而胡闹，代表画家有方力钧、刘炜和王劲松；另一种是忧郁而沉闷的，有如被囚困在行尸走肉的现实当中，代表画家有刘小东和何森等。

写实是他们共通的手法。对描绘当前的现实状况这是最直接的方式，而且也符合了他们那种不耐烦深入探究的姿态。反正写实手法是从上学就拿手的技术，顺手就用得上。现实的表面、虚浮的生活状态和肤浅的笑娱是这种写实主义的大略写照。

3. 创伤的浪漫精神

社会主义的绘画一贯强调英雄式的浪漫精神。从"文革"艺术转入1980年代的个人艺术追求，这浪漫的精神一直深刻地影响很多艺术家。他们的浪漫精神主要表现在人文主义的精神上，歌颂在困境与苦难中表达的卓越人文精神。这种主题加上学院的美术训练，自然便倾向19世纪浪漫主义的表现手法。

浪漫色彩的作品本质上就带着悲剧的意识，而1989年后，这种悲剧和受创的意象显得尤其明确。

丁方的作品关注于大的文化场景，他著名的黄土高原主题将刻画在大地的劳动轨迹和雄伟建筑的废墟都提升为永恒的凭吊。夏小万的是失乐园的奇景，脆弱的心灵失落于原野。周春芽表现的则是冷酷环境下的强韧生命力。潘德海的苞米人象征生命的细胞，也代表了肉体的创伤，在灵魂深处凝聚为神圣的灵光。

富于人文精神与对文化的责任感是这些画家的特征，他们在作品中表现创伤可以说是必然的，他们受创于有限生涯无法负载的超越精神理想。

4. 情意结：施虐与受虐

与上一组画家相似，这些都是受伤的灵魂。不同的是他们没有那种超出个人心理的信仰，以致将创伤的表现发泄在他人或自己的心灵上。施虐与受虐的情意结反映了拥挤的生活和心灵空间，而受压抑的心理和生理冲动表现于变态的行为与心态上。

从创作风格考虑，此类作品没有统一的表现方式。不少作者的风格和题材都适合其他类型，只是心态的畸异将他们区别开来。张培力是个典型的例子：他的《健美》系列和《广播员》等都明显是"波普"的手法，可是他在作品中一直呈现出一脉变态的施虐心理，于展览的《卫字三号》和《作业一号》两套录影装置作品中尤其明显。宋永红也是适宜与"无聊"的写实画家同组，可是他的强烈偷窥和虐待心态在无聊的现实里增上一幕他人没有的心理剧场。

由恋物意识转而为情意结的有明显如蔡锦的芭蕉，也有抽象如顾德新。顾德新在燃烧的塑胶表现了他对这种质感材料的玩弄与施虐心态，若结合他早期的绘画：胖嘟嘟的小裸仙，更易影射出这种心态。对"肉感"的材料做虐待的处理方面，张永见更能直接地表

"后八九中国新艺术"讨论会在香港大会堂展场举办　图中站立者为艺术史家苏立文（Michael Sullivan）　1993 年

"后八九中国新艺术"讨论会在香港大会堂展场举办　张颂仁（左一）、谷文达（左二）　1993 年

现恶心与残虐的心理。

捆绑的意象在多个作者的创作都出现过。捆绑比较直接表达了自虐和受困的心态。在这个主题下隋建国的作品本应被包括在内，不过由于他一贯的思路都集中在纯雕塑语言范围，故此归类于以下的"内观与抽象"。

5. 新道场

组合在这主题下的作品都追求某种精神状态的极致，或对艺术本质的终极反省，而且往往配合了宗教道场式的表达形式。

这类作品早期大多受到"达达"派艺术的影响，代表艺术家包括谷文达、黄永砯、吴山专等。他们是红卫兵的一代，可说是早就进入"达达"的精神领域。他们的作品极尽挑衅的能事，并对既有观念做全面的批判，这一点可说富于"文化大革命"的精神。与"文革"相通的是，他们也针对文化和思想的本质而做出挑战，所以文字（作为思想的蓝图）是批战的主要目标。谷、黄、吴都有反字、白字、错字的作品。从这观点考虑，大概"达达"的终极作品是超越了任何艺术家的能力所及的"文化大革命"。谷文达是"超级红卫兵"，他的最新作品《重寻伊迪巴斯情结》，据作者自谓是针对"西方文化的神经末梢"。

"文革"精神与"达达"和这里的"新道场"的关系不止于比喻。他们普遍对摧毁投以超脱和再生的寄望。谷文达和黄永砯的反文化活动本质上都是为了追求新的精神境界。徐冰温和地瓦解文字意义，最终亦希望通过工艺的极致营造一个超越意义的雄伟文化碑。从摧毁和再生的观点考虑，可以涵括其他涉及燃烧行动的作品。列于这次展览的其他类别的艺术家很多都有烧摧焚毁的冲动。倪海峰灼纸，顾德新烧塑胶，都使人感受到火焚的兴奋。除了兴奋，火焚的刺激亦来自一种对毁灭的积极信念，相信毁灭与创新的相应关系。这种信念是很典型的"文革"。

直接借喻民间宗教艺术符号的作品以吕胜中为代表，他的装置《招魂》近乎道坛，通过艺术创作发挥原始的生命力量。

此外，极致的理性，甚至可说荒诞地理性的机械式"创作"程序成为"新刻度"创作的仪式。这仪式的程序被称为对创作体验的"冷处理"。有意思的是，"新刻度"小组的一个成员是情结纠缠的火焚艺术家顾德新。

近年装置作品在中国大行其道，连不少画家都参与装置制作，甚至产生一种偏见，认为绘画不及装置来得"学术"。仪式化的程序式创作成为好些画家"冷"化处理纠缠的情意结的途径。

6. 内观与抽象

抽象作品的形式在近代画坛成了一个与官方写实主义对立的手法，背景详见栗宪庭的介绍。1980年代以来，抽象形式走出了两个较为明晰的途径：一是进入内观与精神修炼的途径；另一是通过参详材质本身的特性，以发挥作者的艺术触觉。

追求内观境界必须彻底投入。尚扬最成功的抽象作品成于八十年代。他表示在这个时期，所有观念都得重新定义，因而具象符号所附带的含义都成为创作的干扰。王川走抽象的路是从1980年"伤痕"写实开始，他努力摆脱写实的束缚，直接描绘宗教的图像；之后逐渐转入水墨和抽象笔墨的活泼变化中；后不满于水墨笔法的随机性，重新以油画和严谨的几何图案构画；这两年的作品沉淀入幽暗和神秘的境界中，有如沉潜入黄昏的夜幕。

从材质和艺术语言来思考作品是另一种抽象途径。刘鸣的纸和混合材料作品是这类作品于"八九"代表的创作。作者游心于物料

自身的丰富质感，通过物料的触觉表达个人的细腻情感。丁乙则沉
迷于他的迷彩网络中。相对于内观的抽象画，丁乙的作品可说是迷
幻而不是内观。其他思考艺术语言的尚有傅中望的木榫结构和隋建
国的补钉补缺结构，二者都从传统的工艺中寻找到个人的艺术语言。
隋建国的网络和补钉，喻意于捆缚和补全遗阙，有明显的心理喻意，
可参照上文的"情意结"一类。

新艺术与前卫艺术

　　评价这些新艺术的作者牵涉到考虑他们目前在中国艺坛的位
置，以及分析他们与画院和官方文化体制的关系。石守谦教授从传
统的画院与主流以外的"前卫"画家的互相消长关系中，整理出一
个评定"前卫"的性质的方案。苏立文教授的文章也从画史的先例
审查传统文化中野逸文士所扮演的角色。白杰明从另一个全然迥异
的角度，以市场对新艺术的批判精神和创作力的腐蚀而提出尖刻的
评论。综合以上的观点来看，暂且不论商业价值对创作力的正或负
面影响，可归结为"前卫"与"正统"的抗衡以及"前卫"如何归
位入主流的问题。从边缘进入主流，得借助各种庇佐的力量；从传
统官家的恩赐到豪门对门客的支助及今日的赞助，都是提拔和支援
的力量。以近代来说，"正统"的地位是由政府和画院及其延伸的体
制所把持的，而如何通过多样的恩庇门径来确立边缘艺术的地位是
"前卫"所争持的关键。从这角度考虑，近代的市场力量是对"前
卫"一个重要的支助力。在商业市场的影响下，"前卫"的性质也因
逐渐替代"正统"而有所变易。当然市场只是多元力量中的一个元
素；争取评论与舆论的支持和确立国际的艺坛地位等都是扩张影响
力的手法。在今天的传媒社会里，舆论与庸俗的宣传体制都是无法

"后八九中国新艺术"在温哥华美术馆巡展　1994 年 4 月 12 日—5 月 28 日

在芝加哥巡回展出的"后八九中国前卫艺术大展"现场　1997 年

避免的途径。

在国际艺坛上建立地位是从边缘进入主流的要道。为了向外界介绍新艺术，并为艺术家营造当地的市场，居游于中国大都市的不少外籍热心人参与了推介新艺术的活动，这现象被称为"洋沙龙"。莆兰（Francesca Dal Lago）的报道文章具实地描述了几个边缘性的展览和外籍文化人参与新艺术活动的情况。

走向国际是1980年代的一个热门词句，可是身处于国外的艺术家面对的却又是整套不同的游戏规则。费大为现旅居法国，他以身处海外的艺评人的立场评述海外艺术家的处境和路向。从更广的视野思考中国当代艺术于国际的地位，周思的评论提供了一个外国评论家的诠释。在国内，新艺术家的形象总是反叛者，韩杰从政治批判的角度评述后八九新艺术的文化角色。

一个值得探讨的题目是：前卫艺术家到底为谁在创作？他们心目中的理想观众是什么人？中国有没有一个像纽约苏豪区的艺术圈，可以用圈内的评价厘定一个艺术家的地位？有意思的是前卫艺术必须作为参考的标准是官方的文化机构，以及主流的展览和广播媒介。可是作为边缘的文化，最引人入胜的当然是其"地下"式的神秘感和"未被发掘的天才"的神话。在这种社会和文化的架构下，最能举足轻重的力量当然是评论家的舆论，而评论人的注目更可使新艺术家一蹴而踏上官方的文化杂志和报刊。廖雯的文章简述了国内艺术家与评论家的密切关系，也介绍了艺术家的生活状况与其创作的关系。在中国，资讯泛滥尚未成为文化生活的干扰，因此杂志和报章具有极高的权威。跟市场的诱惑相比，大概知名的艺评人还是更有影响力。

新艺术与中国的新艺术

艺术，尤其绘画和书法，在中国文化中一直都占据着最崇高的地位。现代艺术家所自觉的文化任务及其心理压力是与社会角色相称的。本书所录的三篇中国评论家的文章都围绕着中国文化的大题目："现代化"、"中西交流"、"中国与国际"等。这些历久不衰的题目所反映的是传统文人艺术家所自觉的文教职责。刘骁纯、郎绍君和易英三位都是"主流"研究机构的专家，可是在新艺术的圈子里备受尊重。

相对中国的状况，西方现代艺术家的角色或者可以比喻为灵媒，因为他们的创作是立于言语和常理之外的。艺术家不必担任知识分子的角色。西方艺坛上的知识分子是艺评人，对社会和文化必须负责的也是艺评人。

由这个观点看中国新艺术，可以了解"八五美术新潮"这一代艺术家的立场。他们大多是知识分子型的艺术家，对思潮和哲学一度狂热，而且文思敏捷。就是不著书，也爱写长信写评论；他们是新一代的文人艺术家。他们与评论家的密切过从可说是由于气味相投。

文化界对"严肃"艺术的要求也因应了艺术家的文教角色，而近十年来艺术对文化潮流也的确起过很大的作用。如1980年代初的黄土高原热潮，起因就来自丁方的绘画和写作。1989年以来的年轻"痞子"文化，如这个展览中的"无聊感"画家，虽然不以知识分子的形象出现，可是在整个文化潮流中，包括了王朔的"痞子"文学和"波普"摇滚音乐，都扮演了推波助澜的力量。

总的来说，"边缘"与"主流"也好，"前卫"与"正统"也好，都是互相影响和互通声气的。市场的力量和国际的支持都无法深入地左右新艺术的发展。

后记

在筹备这个展览的两年间，我最感动的是中国新艺术界的气概。即使"后八九"文化离不开玩世的泼皮姿态，避不开商业经济的诱惑，亦难免受到各种无形的排挤与压抑，可是总的来说，艺术的追求依然保持了纯粹的情操，文化仍旧为流离精神的依托。

尤其难得的是顽固地潜伏在多数艺术家作品之中的理想精神。在这个后现代世界中看这些悲剧性的英雄主义作品会觉得其坦白得尴尬，或觉得其天真得可笑。连玩世不恭的泼皮艺术也不免带着一股英雄式的豪气。我觉得中国新文化的希望正在于这些过时的豪情和气概。当代艺术虽然与传统的文人雅趣隔绝，可是它正在创造一个新的历史观。外来的文化传承驳杂地拼凑出中国当代文化的背景，可是从误读和错解的文化断层中却因断层的刺激而跃出了超越文化局限的视野。[……]

通过艺术界的交往我渐了解那些成长在政治气候最恶劣的年代的艺术家。他们作品中的凝聚力反映出毛泽东时代的狂热理想精神；从这点着眼，可从乐观的一面去了解时下毛泽东热潮的魅力。而且苦难本来就不见得是绝对的坏事；在顽劣的形势下，每一丝一点美与善都发出更大的光辉，把人磨炼成负载重任的栋梁。

中国新艺术的骨子里流贯着强烈的人道精神，和对中国文化现状的热诚。就是标志反理想姿态的"波普"和"泼皮"潮流，和伤痕遍体的"浪漫"和"情意结"，都紧密地扣着现代新文化的脉搏。完整的新中国文化还待来临，大一统的体制尚待建树，而透过诚挚的艺术创作和悲悯的人道精神，将来的憧憬还是可以想见的。

1993 年 1 月于中国香港

"后八九中国新艺术"展览现场　1993年

第二节

文字的力量

文字的力量

时间： 1999 年 5 月 22 日—6 月 20 日

主办单位： 台湾省立美术馆

策展单位： 纽约国际独立策展人协会（Independent Curators International）

策展人： 张颂仁

　　"文字的力量"是一个视觉文化研究计划。对比中国和欧洲公共视觉文化中呈现权力的方式，欧洲公共空间普遍使用肖像和名人塑像的传统在前现代中国并不存在。前现代中国的公共空间主要被书写文字所统领，政界和文化领袖的公共位置是以他们的书法题字为代表，因此肖像在公共空间的出现反映了现代中国趋向西化的历程。"文字的力量"在台湾省立美术馆展出之后于 1999 年至 2003 年间到美国各地巡展。

"文字的力量"展览现场　1999 年

文字的力量

张颂仁

　　文字的艺术在我国文化中的地位几乎无以尚之。从书家与文豪的历代胜迹，传统对"诗书画"三绝的向往，到晚清学术对文字学的尊崇，无一不把文字作为道统的楷模。所谓"经艺之本，王政之始"。要是我们抽离文艺史的藩篱，从传统社会的视觉文化来考虑文字，就发现在公共空间，文字使用分量之重和地位之尊，又超乎其他的视觉艺术。

文字的视觉文化与权威

　　我们设想清代末季鸟瞰一个中国城镇，从市郊进城，游览当地的大街小巷、庙宇园林，打从城外的牌楼开始，到各式装饰的匾额对联，以及庭院点景的题字和刻石，无一不以文字为主角。相对地，我们如果于 19 世纪末游览欧洲的城镇，发现具象雕塑的分量远胜中土，可是文字在公共空间的应用则大不如我。在这个粗糙的视觉文化比较之下，最值得留意的一点是：文字作为权力（无论政治或学术宗教）的象征作用。西欧的传统是为领袖竖立雕像永志功业，相对地，中国的贤王圣人却以立碑勒石表扬功德，而以雕像或肖像代表其人则不多见。所以若然古罗马的政权换了是中国人主事的话，

首都台上的奥勒留（Marcus Aurelius）雕像当年应被一座碑亭代替。至于国内名山大刹主楼往往还保存清朝康乾时代御笔，表示受到帝权的眷顾。勒石刻文早在春秋时代出现，至秦一统天下，纪功刻石专于天子，至两汉风气更为大盛，至今传世的汉代摩崖刻石如"石门颂"、"三公山碑"等皆是铭记公共工程，或宣示功德及为势力定界的标志。勒碑文字的手笔，若非主事人亲笔亦必由身份符称的文人执笔。这意味的是：权力掌握在一个有血肉有个性的某人，他手笔之所在亦代表了其势力影响所在。这样的书法字与西欧铭石用的，不涉个人手笔的标准体所意味的权力面貌又有所不同。

中国稍有历史的城镇都不乏各类的文字铭刻题句，风景胜处往往镌有历代名人手泽。市区的牌楼、市肆的名家题字招牌等，皆以

"文字的力量"展览现场　1999 年

文雅为尚。故此传统社会的视觉风景，举目都被书迹文字所统领。相对于西欧社会，中国的视觉文化特征基本上可说是"文字"的，尤其是书写文字的视觉文化。无论在文娱、教化，或政权的场合，文字的应用除了宣示文义，也成为具体而客观存在的各种文化政教势力。

20 世纪中国视觉文化上一个最大的转变在于图像，尤其肖像，在公共视觉环境中大量兴起。如果我们从权力的视觉语言考虑，或许可以以书写文字作为权力的视觉语言转移到图像这一个过程，作为衡量中国"现代化"的一个计衡针。民国革命后，一反传统的习俗，孙中山、袁世凯等政治领袖开始模仿西方以个人造像作为政权偶像崇拜；在象征政府权势的通用邮币上加上领袖肖像的现象首次在中国出现。在权者肖像成为通行图式，同时象征了一种新的、现代化的权力架构。相对于肖像作为权力象征，文字的政权到底还是比较"文化"的，因为文句内容再露骨、再口号化（如毛泽东手书"为人民服务"），也得反映一定的思想内容。肖像的（或所谓"图式"的）政权则是毫不客气地以偶像威力御临天下。

偶像权力的所谓"现代化"还因为援引了新的思想权威。新式肖像是以西方 19 世纪写实主义作为基础，而写实主义本身在西方的思想革命环节里所象征的，在于以"科学"式、"测量"式的新透视方法描绘人像。这个思想革命为法国 19 世纪美术学院教育奠立新的"科学"基础，推翻了历来以师徒口授心传的旧式学徒制度。在中国，新的写实领袖肖像权威意味了这种新的"科学"的"客观"的权力结构。从孙文到毛泽东，书法与图式的权威两者同时并行。

图式权威与书法权威的此消彼长反映了中国近代走向新的视觉文化的路向，也反映了追求"现代化"的历程。值得今人深省的是：

这种其实早已不合时宜的"现代化"至今还是无约束地扩展，虽然同时书法权威还保存在民众的视觉文化记忆里。新一代领导人纵然不以文化形象出现，可是在这种文化记忆笼罩之下，还会为新的建设和新的政治场合以毛笔题字，以表示政权势力的具体莅临和荫庇。

大众文化与士人文化

从唐太宗赏称郑虔于诗书画的造诣为"三绝"以来，中国士人就一直以此作为文艺的最高成就。"三绝"的排列意味了三者的等级，诗最高，书次之，画又次之。故画坛上经常有人自谦其画不如书，书又不如诗，其实还是自高其文人艺术的身份。诗是文学，所以单从艺术着眼的话，"三绝"意味了书法是视觉艺术中第一等。

从庶民大众的角度观察书法，则又可以说书法是真正的平民艺术，举凡这两千年来认过字的中国人，直到最近这一代，都无不提过毛笔习字的。从荒山小村落的童蒙老师、初年级幼童，到小镇里任何店铺的账房先生和念过书的"读书人"，都对毛笔字形的"好""丑"和笔画的优劣费过一点心思，参与了书法艺术的全民运动。书法艺术的基础主要得自习字范本。而习字的范本，不管选本优劣，总是依据历代大家，尤其唐宋名家，为依归。所以从当代好讲"民主"、"人民大众"等意识形态主义的时代来说，中国传统文化一个特征是"精致"文化带有广厚的"民众"基础，与实用生活切切相关，而不是归类至专科美院以致成为特殊身份的专利。书法在世界艺术中的一个最特出的性质也就是同时被景仰为最高尚的士人文化（或"精致"文化）又是涉面最广泛的庶民文化（或"大众"文化）的艺术。换个角度来说，就是说像书法这样的"精致"艺术有如此广泛的民众基础与如此悠久的大众参与历史，不可不谓一个异数。这个现象反映了中国文化对"艺术"功能的要求有别于西欧和近代西方的现代主义。

现代汉语用的"艺术"一词源于日文翻译英语"art"一字。中国传统的工艺，或称"百工"，基本上没有哪项够得上西方所谓"艺术"的社会地位和文化层次。尤其以西欧称颂的建筑和雕塑两科，在中国社会的地位更远远不及。能够比类而称"艺术"的只有文人圈内认可的修为：写字、绘画和篆刻而已。绘画一项从宋代文人画家大盛以来，对笔墨的要求进一步结合了书法的欣赏观点，结果被公认为"艺术"的书画与篆刻都成为表现文字文化的创作。从社会的权势架构来看这个现象，当然最直接的解释是：长期稳定的社会的政治势力来自掌握知识的阶层，而文字的艺术正是知识阶层的基本营生工具。不过就书法的普及面来考虑，则又可以从"权力知识"的内容分析。中国的知识力量在于经史和诸子，都以古人经典为依归，而这些都是流传广而通行远的知识资源。这种知识纵然有待师授才能登堂入奥，可是在教育上没有特权意味，不像近代技术官员（经济专家、法律专家、水利专家）的小圈子专业训练。所以传统统治阶层的文化与知识认同跟所有涉猎过书本文化的庶人是一致的。所谓"耕读传家"的传统之所以能够出现就基于"权力知识"是向全民开放的。由于权力知识有"亲民"的特性，因此写字这种知识工具能于美术界首屈一指，同时也可能成为最大众化、民众基础最广的美术修为。书法这项文字艺术可以说是真正具备了现代所谓"民主"的精神，因为大凡识字的人对书法都有发言权。书法因此可以说是最"民主"的美术传统。

"文字的力量"展览现场　曾灶财作品《九龙皇帝》　1999 年

日用与修为

书法作为"现代"美术的创作，近人做过多样的尝试，其中最常见的手法是把字形图案化，或将笔画表现夸张至极其个人的符号风格。此两者都援引了西洋抽象画的思路，可是在书法圈内始终不成气候。这里的原因关乎书法的欣赏方式。书法是一种既是日用工具也是美术作品的媒介，文书是构成的、不可分割的一部分。就像肖像画无论表现手法如何新颖，总得要暗示背后有肖像的意思。书法要带有文书内容，或起码要带有某种借口于"实用"功能的书法，才可称为书法，否则就似乎脱离了书法的艺术范畴，成为另一类美术品。这种附寄于实用的特性，牵涉整个中华文化的人生观。

欧洲 18 世纪的启蒙运动把各种学术严格分科，人文学问也因而"科学"化。艺术成为独立专科，进而衍化出独立的文化身份与精神道德身份。中国的工艺没有经历这种身份转换，反而由于景仰西方现代文明，把文化境界卓越的国画传统重新编归入 19 世纪式的西方美院体制内，从"形而下"的写生、测光、透视重新出发。不过，这套办法对书法完全不管用。中西美术融合之所以费劲，基本问题其实跟美术无关，而在于中国与欧洲两种文明对道德和精神权威有不同的认同。启蒙运动后的欧洲将"美"的道德地位逐渐提高，浪漫时期对"美"的要求可以说是达到宗教的神圣境界。最近几十年西方美术馆的功能庶几与教堂并驾，周日逛美术馆不无朝拜精神权威的意思。

反观我国对道德和精神权威的态度，基本的主流思想与生活态度还是儒家对一己的道德要求，反躬求诸己，每人须靠本身的修为，而不强调崇拜精神权威或祈求精神救赎。由于修为不是一种专业，每人必须从自身出发，而历来儒道的观点都强调修为与求"道"是每个人应在日常生活中去追求的。那就是说修为是向全民开放的，无论任何行业的人都可达到一定层次的精神境。故此无论创作美术或锻炼武功，都可以追求"道"的精神境界。所谓"道"在屎溺中，因此庄子举出"得道"的例子都跟宗教和行业无关。正如庖丁解牛，屠夫亦可入于"道"。既然"道"要从生活中不断的行为中实践出来，最适宜修行的道路就在于每人本分的行业中，而不向外追寻。文人的日用生活既不离纸笔墨，把书法作为修"道"的途径就最自然不过了。正因为这个修为与美术的关系，如果将书法抽离文书文本的基础，变成一种纯粹笔墨线条的美术，其出发点就与书法作为"修道"的日用基础有所违背。得"道"的书法，大概就要在不着意间得之，所以也最适宜在"实用"的情况下得意忘形地达到最高境界。就以这一点回顾书法历史，可以求证于传统对书法的评价：历史上最负盛名的几篇书法，如《兰亭序》和《祭侄文稿》等都是信牍文稿，是大书家得于不经意间的神来之作。

经典正法

写字既然是一种普及大众的美术，而其地位又足以代表政治与文化的权力，因此书法的审美价值标准和学习的范本对象除了美术的判断，也必定反映了每个时代的政教权力架构。唐太宗崇尚王羲之，以致正式钦定了二王千古不移的地位。宋高宗仰慕并临写王字，同时也暗示了当朝乃得唐太宗盛世的政权的真传。既然书法的"正统"脉络反映了传统政教的传承，故此碑帖的整理代表了盛世的要事。唐武则天一新政制，其时亦由王羲之后人整理王帖汇集《万岁通天帖》。宋太宗时官方结集的《淳化阁帖》和尔后宋徽宗的《大观帖》把历代的碑帖做全面的整理。到清季乾隆矜夸盛世，重新把历

"文字的力量"展览现场　邱志杰作品《重复书写一千遍〈兰亭序〉》　1999 年

代碑帖汇辑为《三希堂帖》。整理书法源流以反映政治到近世还有康有为纂的《广艺舟双楫》。康以碑学抑帖学，标举汉书以贬唐书，其用意除了重新为碑学定位之外，主要还是表达他的复古以为创新的主张，作为公羊家托古改制以变法的文化基础。

　　从平民的角度看书法，坊间的欧颜柳赵字帖代表了书体的规范标准。晚清碑学盛行以来，连选择以碑或以帖作为学习基础也反映了文化思潮的立场，可见书法范本与政教的密切关系。以近代这场碑帖之辩来说，国人对正统的认同还是以古为尚，康有为就溯古寻源以突破当代的成规因循，追求重新自证自悟。故此虽然唐楷是楷书正式规范成功的时代，但汉隶作为楷书的祖宗，还是可以作为对楷书翻案或重新思考的权威。书法的权威由晋唐往上推移，同时反映了清季学术崇尚两汉作为重新研究先秦经典的依据。可是无论唐帖或汉碑，甚至下移至宋代和之后的名家，被景仰的基本标准仍然

"文字的力量"展览现场 谷文达作品 1999年

是以原创力最丰富，某种创见最早成熟的时代为经典。大致来说，书法的典范建立于书法历史上的各个黄金时期。

书法典范反映了中国文化一个重要的操作机制，那就是经典与正统的权威。这权威包括了万古不移的经典与一脉传承的正统，还有洞察世局以策通变的儒士和经生。因此，典范是属于历史的例案，是经得起时代考验的经典。换言之，国人对典范的角度是往历史、向从前看的，而不是投视于不测的未来或凝注于未经考验的现代。

以书法思考中国现代化这个题旨，除了公众视觉文化从文字转换为图式（尤其是肖像图式）以外，另一个关键的现象是典范的当代化。虽然毛笔字在现代社会已趋没落，毛笔字起过广泛的社会功能大概最后是在"文化大革命"的年代。当时写大字报和小字报的文字都是直接参与社会风潮的书法，是文字作为介入当代公共视觉文化最耀眼的年代。不过那是文字与毛像图式和样板画并争天下的时代，可以看作"文字"文化与"图式"文化交替转型的年代。对这一代人来说，书法的典范权威往往就是毛泽东的字。中国历史上嗜好书法的皇帝不少，但皇帝的字除了作为代表皇权的威严，很难得作为书法的范本。即使著名如宋徽宗的瘦金体，历来也只视作为别树一格的书体，很少作为学习范本。可是在毛泽东的年代，他的字倒是普遍地被临摹，而且可以说是 20 世纪书法家中被临摹人数最多的范本。影响所披之下，中国至今很多报纸杂志和行政机关的题字不是毛泽东亲书就是仿毛体的字。直到 1990 年代，中国还出版了毛泽东的书法字典。

从历史的角度思考这个现象，可以说是典范的当代化。典范不再专属于历经时代考验的经典，而推移至今天的新事物。从更广阔的角度看，这个现象反映了中国当代对时空和历史观的转变。这现象暗示了时空不再是古今一脉；今人不再凝视历史上的实例经验为明天借鉴；今人的时空倾向单线地从今天投向未来，而由于未来是未知数，更无法不借助式各样的意识形态作为行为的依据，推论未来的憧憬。以"文化大革命"的历史观为例，当时论述1949年"解放"前的中国不是罪恶满贯的所谓"封建"文化就是"半殖民地半封建"文化。换言之，这个论述的言下之意是：真正的、值得珍惜的中国历史始于当代。

文字、思维与讯息处理

汉字与拼音文字最大的分别在于是否保存了以形别义的特征。除了假借字基本以借音为字之外，即使形声字的音形并用其实也保持了以形别义的特点（这是以单字考虑汉字；如果从口语考虑，那么复字的词汇基本可从语音来分辨字义）。与拼音文字比较，由于拼音字母不成字义，汉字更有一种与客观事物亲切的感觉。进一步推论拼音文字与汉字两者在文化上是否有所分别，甚至这个分别在思维上有什么影响，都有不同的意见，但语言文字对文化和思维形式的结构肯定有不同程度的影响。20世纪中国由于对传统文化几度失却信心，归咎于汉语文字而引出多种文字改革方案，这又不无出于早期学者误会地把西方科技成就等同了拼音语文的优越性。对汉字改革最大的实际压力来自信息处理系统；即使在电脑普及以前，输入法的繁难成了中文进入现代信息科技的大阻力。

输入法对推行汉字拼音化构成了极佳的理由，并且进一步突出了语言上更关键的问题，那就是几千个汉字词汇如何系统地整理的问题：到底大脑思维（或讯息系统）组织与记忆方块字有无一套简易的方式？换言之，就是汉字有否一套内在的合理组织结构，还是像一盘散沙，必须依靠众多部首排列起来。现实的意义，就是汉字在新的讯息世界里是否有受淘汰的危险？这个问题由正体字的"仓颉输入法"和简体字的"五笔字型"等输入法研究成功而真正得到解决。各类输入法都自有特色，不过"仓颉"和"五笔字形"在以汉字思维习惯上能与书写较直接关连，适合本文讨论的论点，故此引为例证。

手写书法转换成按键，对汉字字型结构是一大挑战。手写字的左上右下顺序笔画不再适用，字型重新分解成新的简略部首又与字源分道扬镳。最重要的问题是在思维上，中国人凝想汉字的字型结构的习惯可能要完全刷新。另外还要解决的当然是基本技术问题：既要简便又要快。

创新部首或改为拼音对汉字思维皆造成很大冲击，而"五笔字型"从笔画分为五大类型作为基本单元最能保全国人对汉字的习惯思维方式——这是此输入法最有价值的地方。输入笔画顺序依手书习惯，而键盘也被分为笔画区；所用字根达八成是字典的通行部首而保存了字源的传统；此外其效率亦极佳；每字按键不超过四次，平均为二点五次。一般熟练之后每分钟可输入单字一百以上，如果进一步采用词组的简码，每分钟输入单字可达二百以上。"五笔字型"可惜只适用于简体字，发明人没有将此法配合正体字适用的拆字程序。

除了技术问题之外，中文信息系统输入法的成功无疑把汉字带入新纪元。在信息处理上，中文的输入效率不减，甚至超乎拼音文字。如果常用复词平均是两个单字的话，而每字平均按键二点五次则表示每复词平均按键五次；以每分钟输入一百单字计，即每分钟可输入五六十复词。此输入效率相对英文最少可说是相若。至此汉字与拼音文字优劣之辩大概可盖棺定论。

中国思维与宇宙观的特色，这个属于语文、哲学、社会学科的问题从美术的表现考虑只能提出个别例案作为参考。比较有意思的是参考认字水平很低的素人艺术家。台湾的洪通在当代美术圈是个异数，他成长的环境是小农村，当地唯一文化建设是一座道庙。洪通画的内容包括人物、动植物和飞禽走兽，可是画中每个主体的结构都像个字符，有如依循毛笔字笔画造型而成形。这可能与他接触过的道教符录字图有关，但同时也反映一个不容易证实的推想：是否在汉字文化熏陶下的人，即使接近文盲，观察事物的方式也会被象形字的形态所影响？

新信息时代对手书文字带来革命性的冲击，但这对汉字文化也可能是新的生机。虽然毛笔字的实用性已被淘汰，但新的公共视觉空间将不限于建筑和都市空间，还包括电脑网页的信息空间。图像文化在此有海阔天空的活动范围，而图像化的汉字是否于此产生新的活力和独特的效能，会否令拼音文字的世界重新艳羡和追慕，则还须拭目以待。

1999 年 12 月

"文字的力量"展览现场　吴山专作品　1999年

第二章

未来考古学

"未来考古学——第二届中国艺术三年展"展览现场 2005年

第二届中国艺术三年展

策展人: 邱志杰、左靖、朱彤

展览时间: 2005 年 5 月 28 日—6 月 12 日

展览地点: 南京博物院

第二届中国艺术三年展以"未来考古学"为学术主题。在当代中国, 艺术界和大众意识形态的关键词已经由"革新"转变为"守成", 而"中国艺术三年展"有意面向未来进行一次冒险, 聚焦于中国实验艺术中的青春体验及其表述方式, 以此应对转型时期的中国社会和文化的新变化。展览将以南京博物院为主展馆, 同时在南京各当代艺术空间举办专题特展。

在"未来考古学"的学术主题之下, 展览将以"透支"、"转基因"、"失忆"、"未来日记"这样一组概念来指涉当代的经济生活经验、技术和身体的快感模式、对于文化和身份的定位以及日常生活中的依赖与迷恋。

"未来考古学——第二届中国艺术三年展"开幕现场　2005年

我们真的拥有一种未来吗？

邱志杰

　　我们曾经乐观，我们曾经坚信不疑，但是今天我们有一点犹豫和不安。

　　为什么我们正经不起来？为什么幽默感变得如此重要？

　　我们至少曾经真的以为我们是拥有一种未来的。

　　少年时，我们对于未来展开过大规模的想象。这些想象的基调是乐观主义的，我们的歌者用《明天会更好》来表达这种乐观。

过去的未来

　　古代的中国人很少提及未来，即便提及，也是在他们想到过去的时候才会涉及："后之视今，亦由今之视昔。"后来的人类状况，在那时的想象中无非是已经发生的和正在发生的一切的一再上演。那时的理想世界在遥远的过去，最理想的时代是古代的三皇五帝。今天的执政者如果做得好，人们便称赞他是当代的尧舜。每一个革命者都会从复兴的话语中寻找托词。

　　缺少未来想象的人们并不缺少历史意识：根据过去我们知道"人生自古谁无死"，所以，我们要"留取丹心照汗青"。那就是说，我们今天的所作所为对于未来的意义，更多地在于我们在将来会如何作为一种过去、作为一种历史而出现，而不在于这个作为将在多大程度上创造或改变未来，更不在于这个作为是不是符合"历史发展规律"，符合"未来的要求"。行动将会留下痕迹，成为记忆被带到未来，人们对此有所意识，但是价值观并不来自未来想象，价值由既存的历史所界定。人们的脚步或许在向前，但他们的上半身向后倾斜着。

"展望未来"的世界观始于基督教欧洲。末日审判和千禧至福的远景从不同的角度展开了未来想象。乌托邦由空间维度的想象（奥林波斯山）降落到现世的时间维度上，不管是正面乌托邦还是反面乌托邦，即将来临的总是未来的乌托邦。从严复翻译《天演论》开始，自然进化论携带着社会进化论的信仰进入了中国，"进步"的概念开始深入人心，并不断地为不同立场和选择的有志之士提供着理论基石。中国的现代化过程中，斗争中的每一方都以"进步"的代表自居，并且因此而坚信"历史潮流，不可阻挡，顺我者昌，逆我者亡"。历史的逻辑被颠倒了，只有拥有未来的人才是在真正的意义上拥有过去的人。所以，根据未来，胜负的逻辑也被质疑了，因为"谁笑在最后，谁才笑得最美"。我们的一举一动开始面对着"未来人们凝视的眼睛"。文天祥的历史意识到20世纪的中国人身上已经转化成为未来意识。

不只是发生在中国，这是整个现代化的世界的属性，进步的理念和乐观的未来想象本来就深深地根植在现代性的丹田，为科学探索和殖民开拓提供着合法性与正义感。即使在人们对于未来有所恐惧的时候，即使在反面乌托邦的怀疑的眼光中，某一种未来即使是我们所不能承受的，也仍然是不可避免的《美丽新世界》。

其间，自由意志一再地企图划下自己选择的地盘。从物理学到生存论，偶然性和选择权是否可能逃脱必然性而存在？这样的话题成为思想者永不死心的意底牢结，并且或远或近地规范着我们的政治哲学和经济行为。

关于自由意志的讨论甚至也不可能动摇整个"进步"的信仰的全局，讨论无非在这样的范围内展开：进化是有向的或是无向的，是单向的或是多向的，自由意志有没有权力参与进化或者进步。"走向未来"还不够，人类要"奔向未来"。人的欲望比脚步更快，他们的上半身是如此地向前方倾斜。以至于整个现代世界的悖论可以被表述为：因为未来过于强大了，以至于我们已经失去了未来。是的，如果任何一种未来是那么的不可避免，那么未来和宿命将有何区别？

发现未来并失去未来

但是在现代世界的盛期，人类还来不及考虑这些。所发生的一切都强调了进步的世界观的胜利。1969 年 7 月 20 日，美国宇航员尼尔·阿姆斯特朗（Neil Alden Armstrong）和巴兹·奥尔德林（Buzz Aldrin）乘"阿波罗 11 号"宇宙飞船首次登上月球，实现了人类几千年来的梦想。巨大的成功驱散了乔治·奥威尔（George Orwell）和赫胥黎（Aldous Leonard Huxley）提出的疑惑。一切可能被发现的终将被发现。人类进入未来想象大爆发的乐观主义时代，各个大国都加入了这场奔向未来的超级奥林匹克。

早在 1883 年，十七岁的乔治·威尔斯（George Wells）就写下了《人类的过去和未来》。二十年后的 1902 年 1 月 24 日，威尔斯在英国皇家学会的一次演讲中第一次告诉我们：未来正在被发现！不要再只是热爱过去。他明确提出建立研究未来的科学。又过了三十年，威尔斯以科幻小说一代宗师的身份，成为英国科幻小说协会的会刊《明天：未来杂志》的主持人。

英国科幻作家阿瑟·克拉克（Arthur C. Clarke）曾经撰写过未来学专著《未来的轮廓：探索可能的范围》。他以惊人的准确性预言：2004 年，第一个克隆人将会出现。

人类成功登月的 1960 年代末 1970 年代初也是"未来学"的黄金时代。这个在严肃意义上的科学标准来看远不精确的概念是那个时代的大众显学，并且以急风暴雨之势向"发展中国家"传播。

1973 年，丹尼尔·贝尔（Daniel Bell）发表了《后工业社会的来临：对社会预测的一项探索》，发展成为全球思潮，1984 年商务印书馆出版了中译本。约翰·奈斯比特（John Naisbitt）的《大趋势——改变我们生活的十个新方向》一书于 1982 年问世，高居《纽约时报》排行榜榜首两年，在全球畅销 1400 万册。仅仅在两年之后的 1984 年，该书便由中国社会科学出版社翻译出版。阿尔文·托夫勒（Alvin Toffler）的著作《第三次浪潮》（*The Third Wave*）在 1983 年席卷全中国，影响了一代人的生活态度，掀起了多少激情澎湃。这些未来的传教士们不但著书立说，而且也像真正的传教士那样四方游说，推销他们的未来预测。上述这些大名鼎鼎的"未来学家"都曾数次访问中国，发表演讲、访谈，把他们的时常翻新的未来思维源源不断地向中国人推行。

日裔美国学者弗朗西斯·福山（Francis Fukuyama）1989 年在美国《国家利益》杂志上发表了《历史的终结?》，三年后，这篇文章扩展成为《历史的终结与最后的人》一书。依据当时的历史进程，他坚信民主政体与自由市场是历史演进的终级模式。其实比这更内在的则是，他等于告诉我们，我们已经抵达我们过去的想象中

"未来考古学——第二届中国艺术三年展"开幕表演《木乃伊之死》 2005 年

的"未来"，这就是基督教的千禧至福，这也就是为什么福山谦逊地把这个历史终结论的发明权归功于黑格尔。世界历史的总意志最终获得实现之日，便是历史的终结之日。如果福山是对的，我们已经抵达未来，同时我们也就不可能再有别的未来，因此，我们便将失去未来。

在中国发现未来

1964 年，周恩来总理在第三届全国人大第一次会议上所作的《政府工作报告》中，第一次正式提出中国要在本世纪末全面实现工业、农业、国防和科学技术的现代化。1975 年，周总理在《政府工作报告》中重申了这一目标。1977 年召开的中共十一大重新提出在本世纪内实现四个现代化的目标，并把它作为新的历史时期的总任务。从这时候开始，未来想象在中国社会立刻成为意识形态的一个重要组成部分。

"教育要面向现代化、面向世界、面向未来"的大字标语写上了每一间中小学的墙头，有的是美术字，有的是直接复制邓小平在北京景山学校题词的手迹。在 1980 年代的青年知识分子中影响广泛的一套出版物被命名为《走向未来丛书》。除了称引信息论、控制论、系统论这"三论"，《大趋势》《第三次浪潮》这类未来学著作也成为中文读书界的热点。在视觉文化中，未来意象成为最具权威性的图像：电子绕着原子核高速运行的图像成为"科学"这个概念的 LOGO，同时也是最流行的黑板报和报纸题图。人们甚至会扛着这个图像的立体模型走在国庆节游行的街头。"奔向未来"这一被赋予运动感的意象则经常由喷射出火焰的飞行中的火箭来承担，该意象由于中国火箭技术的现实成就而越发被肯定下来。外国电影《未来世界》和国产电影《珊瑚岛上的死光》风靡一时。获奖科幻小说《珊瑚岛上的死光》被苏联《真理报》评论为"充满了民族沙文主义"——未来主义和民族主义的相交缠是一个挥之不去的议题。对于一个曾因迷恋过去的价值而几乎亡国灭种的民族来说，"落后＝挨打"的公式刻骨铭心，这是近乎必然的视觉文化表述。

这个时期的宣传画经常以少年儿童作为主人公，少年儿童成为宇航员出现在飞向月球或者太空的飞船上。可以说，从内容到形式，在 1970 年代末和 1980 年代初的中国视觉图像中，未来崇拜已经完全成熟。宣传画中的少年正是十岁上下，退回十年前，就是我们这次"未来考古学——第二届中国艺术三年展"所定下的参展艺术家的年龄限制。可以说，这一代艺术家是和新时期中国的未来想象一起成长的。

1961 年，叶永烈在北京大学化学系就读时写下了《小灵通漫游未来》的原稿。躲过了"文化大革命"的浩劫，十七年之后，这本书在 1978 年得以出版，首版印数达 300 万，连出了三版。1980 年，由漫画家杜建国创作的《小灵通漫游未来》连环画版本第一版印数即达 75 万册，成为 1980 年代最热门的少儿读物。今天沉浸在网络游戏中的少年也许不易想象，这样一本每本只要两角三分钱的书，在当时的少年心中激起的未来图像如何深刻地影响了我们这一代人的一生。书中说：

> 我非常想知道：当我 100 岁的时候，我们的祖国将是什么样子。那时候，能有一种小飞机，飞来飞去，把我从北京送到珠穆朗玛峰；一会儿，我又从世界最高峰飞回家。这样的小飞机，将来能有吗？我非常非常想知道未来的一切！！

——未来有电子报纸，未来有一个叫做铁蛋的机器人拿着袖珍无线电话，机器人交通警察会把违章者用照相机拍下来；未来人们在营养液中培植无土壤庄稼，人生病了可以更换身体器官。在 1984 年，我们所说的未来往往是 2000 年。[1]

　　1983 年，八岁的陈羚羊在一篇小学作文中想象了她的未来。她写道："叮铃铃……我一揉眼睛，一骨碌从床上跳了下来，今天可是我 2002 年暑假的第一天。'啊！小主人，今天你要和爸爸妈妈，还有姐姐一起去乡下看望爷爷奶奶。'说话的是我的机器人小玲，'你的早饭已经准备好了，快洗脸刷牙吧！'我听话地闭上眼睛张开嘴，一会儿，小玲就把我的脸洗得干干净净的……"

　　2003 年 9 月，陈羚羊已经是北京有名的当代艺术家了。在北京 798 厂大山子艺术区的一个空间中，她展出了这件名为《2003 年的一天》的装置作品。少年时的未来想象被放大在巨幅纸张上，连同她的朗读一起，一会儿把人们带回 1983 年，一会儿又唤醒了 2003 年。她的声音平静地说着今天发生在她家里的一切：拆了黑瓦白墙的房子，门口修了高速路，父亲不愿意装修房子，因为这个地方过五年肯定也要拆……理想有多少实现了？希望又有多少落空了？我们在 2003 年，不小心遭遇到我们过去的未来，我们百感交集。

　　陈羚羊童年时代的作文写在一种今天看来具有强烈的怀旧色彩的绿纹稿纸上，我们在沈阳的油画家秦琦的画面中还将看到这种稿纸。秦琦所画的是他少年时代的一本留言本，每一个少年的同学都在那个本子上留下了他们对于未来的祝福。

---

[1] 叶永烈著，《小灵通漫游未来》，少年儿童出版社，1978 年。

在陈羚羊的装置所展出的同一个空间中，另一位艺术家刘韡曾展出过另一件装置作品，名叫《你所说的未来有多远?》。这件装置作品由两个部分组成：一幅巨大的电脑喷绘的世界地图，大陆和大陆的距离异常地遥远，海洋变得异样地空阔，像是板块漂移进一步发展之后的世界景象。幕布的前方是一个新闻发言人的讲台，类似于我们在电视屏幕上经常看到的那样，上面密密麻麻地堆满了各家电视台的麦克风。我们注意到这个新闻发言人的讲台是由旧式的中国家具改装而成的。

我们感慨我们过去的未来，而对于我们今天的未来我们开始丧失了信任。今天的未来更像新闻发言人口中的说法，通过新闻传播媒体来到我们面前时，经过麦克风的放大，既十足权威又已经歇斯底里。今天的未来已经是新老杂陈，连同话语的语境一样可能已经经过处理，我们要为它打上一个问号。

今天的未来

进入新的世纪之后，经济全球化进程与文明间的激烈冲突相伴生，技术进步的速度和群己伦理的紊乱相交缠，1990 年代初福山式的乐观主义的历史终结论在纷乱的世相中化为碎片。人们越来越多地需要保险。未来预测的冲动在今天已经大为稀薄和虚弱，未来再一次变得扑朔迷离。人类退守个人经验，退守游戏和虚拟的世界，退守局部的族群认同，来勉强重构其日常生活所必需的未来意象。这样一个未来意象可能是破碎的、暧昧的、对焦不清的、处处玄机的、百感交集的、到处是黑洞和乱码的超现实主义的迷宫。但也就是在这样一个未来意象中，今天的青年孤注一掷地生活着，并在这样的生活中表现着他们的创造力。

今天，2005 年 4 月 16 日，台湾第一位试管婴儿张小弟已经年满二十岁。争论伴随了他的出生。生物工程的每一步进展曾经为人们所欢欣鼓舞，而当人类终于可以使用生物技术来复制自身的时候，人们却陷入了迟疑。《小灵通漫游未来》中幻想过的转基因食品今天已经普遍出现在饭桌上，却被人们质疑它的健康性。老人们说，今天的米和菜都没有过去好吃了。

成立于 1968 年的罗马俱乐部由科学家、经济学家和社会学家组成，旨在研究人类困境和应对策略，可以说是未来学的狂飙突进中一股理性的力量。1972 年 3 月，罗马俱乐部提交了一篇题为《增长的极限》（The Limits to Growth）的研究报告：人口、工业发展、粮食、不可再生的自然资源和污染——这五个参数决定了人类的未来是有限的。罗马俱乐部的警世之言中产生了我们今天耳熟能详的"可持续发展"的概念，那是一种修正过的、审慎的未来乐观主义。乐观的前提是我们必须细心地选择。

但是，今天说到"罗马俱乐部"，出现在人们脑海里的恐怕只是一些足球球星的名字了。就像艺术家刘韡对于麦克风的不信任一样，我们的媒体正在把一切严肃的思考变成娱乐。在我们的媒体时代，战争不再产生英雄，政治不再产生领袖，屏幕上多是演员。于是信息不再使我们立刻相信。我们被教会了先怀疑，再去多角度多源头地求证。我们变得成熟，也许已经过度成熟，以至于未老先衰。

"未来学"呢？奈斯比特推出了他的新著，他又来中国演讲了。中国的互联网上出现了"不要让奈斯比特失望"这样的文字，这看上去不像是二十年前的热情，更像是对他的新书的一种商业促销。世界首富比尔·盖茨（Bill Gates）出版《未来之路》（The Road Ahead）的时候也跑到中国来促销。赵汀阳因此画了这样一张漫画：

画面中一个人忙着阅读这本《未来之路》，却正在走向一个没盖上井盖的下水道口。盯着未来的人竟然看不到眼前的悲剧就要发生，这张画所流露出来的怀疑主义和幽默感／自嘲感，已经成为一种基本隐喻。

假使我们到书店去搜索"未来学"的最新著作，我们看到的依然是奈斯比特和托夫勒这些老人们，即便那是他们的一些新书。这门学科并没有孕育自己的新一代。如果像儒勒·凡尔纳（Jules Verne）那样的科幻小说家的命中率不足以作为合法取证，那么未来学便无法满足传统科学的可检验性可证实性原则。它却又不好意思引用波普尔所提出的科学的可证伪性。因为波普尔根本就反对进行任何大规模的历史预测和历史改造工程。乔治·索罗斯（George Soros）更以他的商业成功给波普尔学说注入了一剂最有效的强心剂。

今天，像古代的预言家一般提出全局想象的未来学家，已经蜕化成指导市民们购买股票的金融分析师们，还有那些总是充当事后诸葛亮的时事评论员们，他们的舞台是电视屏幕。在媒体的游戏中，未来想象已经具体化，或者说已经退化成为了博彩。何况，人间已经出现一种商业机构来保证人们拥有未来或者说规避未来，人们大可购买保险。保险公司就是你身边的弗朗西斯·福山先生，或者是出售"免罪符"的教廷。它给了你平安、长寿，你在它所许诺的未来里几乎永生。保住了今天也就保住了起码的未来，保险公司给了人们未来，也使人们失去了未来。正因为未来变成了可以评估的定量，所以我们可以用分期付款的方式透支未来。

福山说，欧洲人向往和平稳定的生活，传统的实力政治形态已让位于平等协商，超国家组织逐渐取代了独立国家。这一切听起

"未来考古学——第二届中国艺术三年展"展览现场　2005 年

来就好像欧洲已经给欧洲自己购买了保险一样令人放心。不幸的
"9·11"发生的那一天，福山正在他霍普金斯大学研究所的办公室
里，通过电视屏幕看到了一切，他为自己在国防部任职的妻子感到
担心。我不知道福山太太会不会为自己在五角大楼工作而购买人寿
保险，但是因此我们可以想象，购买保险是不够的。

　　看来，转基因我们一时很难适应；而要记住我们自己是谁已经
越来越困难了，我们多多少少都已经患有失忆症；我们有了福山所
相信的政治和经济，但我们很累，我们体力和心理都已经透支，我
们渴望着"睡觉睡到自然醒"——"这普普通通的愿望，如今成了做
人的全部代价"。今天的人们也许已经到达我们过去所想象的未来，
只是这样一种未来居然伴生着问号。因此，更好的办法是，不要把

我们的今天看作是正在走向未来的今天，我们不妨引入一种提前量，我们要把它看作未来的过去。

因此，要廓清这样一种未来，我们需要考古学一般的信念与方法，也正像考古学一般充满风险和迷雾。对于未来的考古学测绘是今天的青年文化的使命。

我们的未来的过去和过去的未来

> 在未来市图书馆里，有一本叫做《未来市的历史》的书，你去看看这本书，就明白了。
>
> ——叶永烈《小灵通漫游未来》

在《小灵通漫游未来》这本书中，叶永烈所描写的图书馆中的《未来市的历史》是一本"书中之书"。奇妙的是，这本书在写到"未来之后的未来"的时候，便只有空白的页面，"连页码都是空白的"。不知这是启示还是咒语，但事实很明显，每当我们过于迫不及待地到达未来的时候，我们总是没有能力书写历史。

我们需要获得新的时间观。如果说，古代中国人是更多地把今天看作过去的来者的，或者说，是使过去常驻于当下的。而未来意识成长起来之后的人们则更多地把今天看作通向未来的时段，同时也把今天看作一种必然性的结局。我们的时间观在这之后开始以"隧道"作为隐喻的基本喻体，现在，有人告诉我们，我们已经快要走到隧道的尽头。这种福山式的必然性使我们最终丧失了未来。

所以，重新论证偶然性、可选择性是必要的。

我们的目的之一是重新获得过去，去认识过去曾经存在的多种可能性。这些可能性曾经怎样在现实的选择或偶然的历史机运中受到压制。有一些存在没有被表达，有一些表达没有被记忆，还有一些记忆被永久地忽视了。所以我们只能反对贝克莱神甫（George Berkeley），当他说存在就是被感知的时候，他霸道地用他的今天抹杀了过去和未来。或者说是用他的彼在抹杀了我们的此在。关于过去，我们只能设想，有一些存在之物在我们自以为是的感知之外，对我们起着作用。我们先要拯救今天，才可能拯救我们的过去和未来，并使他们重归可能世界。而拯救今天的前提是我们必须承认我们对于今天的一切是无知的。

我们的目的之二是重新获得未来，不管它是由什么在决定：基因、技术、命运或者选择。我们忽然发现，像"后之视今，亦犹今之视昔"这样的话，其实也是一种处变不惊的"未来学"。而"未来学"本身，已经变成毋宁说是一种现世学。不是未来变了，而是我们变了。我们已经不那么害怕风险，我们早就学习了将"无常"当作"日常"的拓展训练课程。如果说最让人惊奇的未来可能就在我们自己的体内，那么还有什么外在事务有能力叫我们震惊？

这样，未来想象变成了一种工具，变成我们认识我们的今天的器具，认识我们自己的一张试纸。但我不愿意说出最后那句话：那会是"重新获得今天"——诸如此类的话。在上面那两个段落的汉字之后，这个句子呼之欲出。原因是，我已经深切地知道，我们没有能力沦入就事论事的现实主义的迷信，我们需要一种超越性的视野。

如果人们每天打卡上班，赶地铁，如果他们只有在星期天才去远足郊游；如果他们盘算着每个月应该付出的房租水电保险月供，如果他们不可以在每一天都"睡觉睡到自然醒"，他们一定会把自己的过去肯定为准确的事实——他们的简历已经说明了这一点。未来对他们来说也一样，未来也将是事实。也许如愿以偿，也许力不从心，然则有确定的额度和目标。成功与否的浮动额度＝银行允许你透支的额度。领工资，赶一次约会，或者一个月经周期的计算，每个人都已经生活在一种倒计时制度之中。于是，在一件装置作品中，我曾经提出了另一种视野——那是一座叫作《公元 3000 年倒计时》的钟表。

我们所有自以为拥有未来的人们，只顾着当演员，接受着"未来人们凝视的眼睛"的注视。可曾想过哪怕只是暂时借用一下这双未来人们的眼睛，反观一下自身？到了公元 3000 年时的人类，他们之视今，亦犹今之视昔吗？

这种视野，我们可以称之为"未来考古学"的视野。

考古是一种态度

每个人都在问"未来考古学"和福柯有什么关系。的确，我们不应该回避《知识考古学》的质问。

关于过去、现在和未来我们已经有一套叙述，这套叙述的文本形式我们称之为历史。这种历史是一种"归化"的过程，把不驯服的、个别的现象经过解释的力量进行消化，实在难以消化的就干脆删除，这样来把一切都规划入整体的叙述，聚沙成塔式地堆出一幅过去的图画，从而变成可以面向未来的推论。但是在这个过程中其实充满了压抑、有意无意的忽略。为了使历史叙述显得理性，人们把目的论加给了历史，强迫它表现出连续性来。这是《知识考古学》对历史发起的总清算和总控告。因此，他建议：我们应该放弃这样一种"全面历史"，而代之以"总体历史"或者改个名字叫作"考古学"。

"全面历史"的罪恶在于对历史滥用了生命隐喻，并从中引导出社会进化论。这样一种叙述本身应该成为描述的对象：它是如何建构，以哪一些砖块，用谁的图纸，又是如何一再涂改的——福柯挖苦道：

> 好像在人们对于溯本求源、无限追寻先源线、恢复传统，追踪发展曲线设想各种目的论和不断借用生命隐喻等做法习以为常外，对于思考差异、描写偏差和扩散，分解令人满意的同一性的形式深恶痛绝。[2]

过去的史学家为了建构这样一部理性的连续的历史，他们的工作就是把所有不连续性删除掉。福柯建议我们放弃这样做，我们应该满足于尼采式的系谱学，满足于现象与现象之间的无法联系。考古学意味着放弃线性的时间模型和文化整体性的迷思：热衷于进行综合，并将这种综合的合理化作为目标的做法。不断地对整体化的可能性提出质疑，不要把眼光放在"同"上，而要去描述"异"。

福柯仇恨历史。他对历史的告发无非是指证：历史叙述者暗中进行了抑扬。但在中国，谁都知道《春秋》是孔子笔删过的。太史公也总是会在每一段故事的结尾处来一句"太史公曰"，加上他的价值判断。历史叙述有问题，不能全信，但也不至于全要不得。福柯所谓的"考古学"，中国有一个很形象的词叫作"钩沉"。我们要

---

2 ［法］米歇尔·福柯著，《知识考古学》，谢强、马月译，生活·读书·新知三联书店，1998 年，第 14 页。

不断地钩沉那些被抹去的痕迹，一步步逼近那个我们在进行历史编纂时有意无意远离了的事实，我们需要福柯这样的人不时跳出来提醒：尽信书不如无书。但我们并不因此认为历史编纂是无意义的。相反，编纂也是人的本能和需要，必要的简化也有其建设性，发明一个模型来解释散乱的现象，历史才有机会变成"有效历史"。

至于只强调和并置"差异"的系谱学却不是大多数人所能满意的。物性之不齐，乃人所共知之事实，每一片树叶还都有些不同呢。我们除了知道每个人不同之外，还更关心他们或许有所通，同在那里。我们更需要知道的是关系。若把我们书架上的书，按照它的极端原则乱放在一起，固然每一本都和它旁边的书很有差异，要用的时候找起来却很不方便。分门别类地放好，把相同性质的放到一起，用起来舒服，可是，每一本还是一样和它旁边的书有差异。差异并不因为我们创造了"类"和"同"而消失殆尽，差异还在那里。

相比之下，当维特根斯坦建议我们"不要把同当作理所当然之事，而要把异当作理所当然之事"的时候，他的提醒显得更中肯。我们要做的只是，不要对"同"感到理所当然，而要保持警惕。所以，差别只是态度问题。在福柯的消毒之后，历史叙述还在继续，还会继续，当然人们编纂时多了些反省。

考古学是一种态度。在这样一种态度之下，我们得以警惕目的论的叙事，既能建立平行叙述的可能性，寻找被压抑的叙述线索，把历史还原成多种力量、多种线索斗争的现场，重新去释放现象的不驯服的力量，也能获得我们和过去与未来的尽可能丰富的关系。未来考古学的态度就是：把我们和未来的关系放置在可能世界的逻辑之中。

考古的任务本来是为历史叙述提供素材，提供证实。或者说，它本是历史叙述的砖块。但是我们不难注意到，每一个重大的考古发现总是在这样的句式里被叙述的："这一发现把人类……的历史提前到了……年。"事实经常是：一个考古发现总是颠覆了既有的历史知识，迫使历史论述进行调整，总是论证了某种叙述的不可行，证伪了历史叙述。考古学的发现一再地刷新了我们的视野。可以说，借力于考古学的同时，也就是采用了一种证伪主义的历史观。

相应地，我们可以说：这里的艺术家被选择的标准就在于，他们是否能够有效地颠覆我们今天关于艺术的叙述，和未来学家们关于我们的未来的定性与定量。

考古是一种技术

考古学对自己的定义是：通过调查、发掘、分析和研究与过去人类行为和生活有关的物质遗存，来达到认识人类早期历史和文化发展过程与规律的目的。考古学家通常认为自己工作的程序是：发现——整理——分析——解释。[3]

这个工作程序之前还存在着一个理论建构的预设和知识储备，这样的预设和储备决定了调查的方向。从一开始考古就需要想象力，从一开始考古就是一种创作。在调查与发掘工作中，我们需要敏锐的观察力、细密无遗的记录，我们必须每隔一米就挖一条探沟。我们标明每一个遗物所在的位置和它们相互的关系。我们不能不反省可能的不确定性。我们不可能不关注所有易被忽视的蛛丝马迹。"夯

3　曹兵武撰，《考古学与公众》，载《中华读书报》，2003 年 9 月 3 日。

土中的杵痕、坑壁上的锹迹、房屋中的柱穴、道路上的车辙、田地中的脚印。"[4] 在描述今天的艺术现象时，我们将它们置于一个互相引证的框架中，来构造一个年代学和类型学的双重叙述。然后，我们寻找解释的逻辑，试图去理解艺术家与艺术家、作品与作品、意象与意象之间错综复杂的层位关系。我们知道，这些地层之间依次覆盖，但也渗透和错乱。

就其传统形式而言，艺术曾经从事于记载事实、记录情绪、装饰、创造愉悦等多种功能，它在诉说着些什么的同时又无声地讲述着另外一套东西。而今天的艺术的定义已经大不相同，它所无声地讲述着的东西已经上升为倾听的对象。反思习惯的表达方式成为人们对于艺术的主要要求，这便是实验艺术阶段。今天的艺术家和他们的艺术的关系，本身也成为今天的艺术观测的一个组成部分。不应把艺术当作一种自然地得心应手的工具，而应把艺术行为当作一种表述，也就是未来的考古研究中的一种遗物。通过这种遗物，并在各种遗物之间建立共存关系，我们得以建构对于我们自身作为一种文化聚落的想象。"在研究考古学文化时，必须注意各类遗物之间以及遗物与遗迹之间的共存关系。——这样的共存关系，便构成了史前考古学上的'文化'，称为'考古学文化'。"[5]

同样，今天的人们怎么表述未来，这些表述应被视为一种物质，它的物质性成为影响未来的直接力量。在这种意义上，考古的技术就是如何成为无知者的技术：我先得成为一个无知者——成为，或者重新成为对于未来的无知者，才可能获得有风险的未来，

4　夏鼐撰，《考古学方法论》，载《图书季刊》新第三卷第一、二期合刊，1941 年 6 月。

5　同注 4。

而不是一个不回头地奔向理所当然的未来的人。在这种意义上，福柯依然是值得借鉴的：不要把过去、现在和未来简单地看作一条单一方向的，且分成若干晶格的发展曲线。那是金融分析师的曲线。在另一种时间观中，这三个想象的单位有没有机会重新洗牌，乃至重叠？就在我们"前不见古人，后不见来者"的时刻，我们真实地感知了历史和自我的关系？

考古是面对浑沌、深入厚实的工作，考古的技术是猜测和解读的技术，是管中窥豹的艺术。考古的生活用联想和填充空白，来将偶然的获得、记载、传说和风格"还原"成令人敬畏的整体。在考古的技术和态度之下，我们的世界和人生可能是一个垃圾堆，或提前是一个垃圾堆。今天将有机会和过去一样藏污纳垢，作为腐败和孽生的温床。

写作的工地上键盘的推土机在热火朝天地推进。翻出来的记忆的淤泥中隐约露出墨迹，直觉驱使我去查看，发现了一枚古代的简牍。那是四年前我在冥冥中写下的一篇名为《数字考古》的无用文章：

> 当数字的系统遭遇病毒之时，我们性情的脆弱和本质的无知将水落石出。而考古将更加认清自己的能量：不仅是鉴别和论证，不仅是归类和标定，不是给出知识，更是揭发我们对于世界和自身的无知。今天的考古将是更加狂放的想象和建构，而这将是数字化之后的考古，关于未来的考古。[6]

---

6 邱志杰撰，《数字考古》，载《重要的是现场》，中国人民大学出版社，2003 年，第 201 页。

地质学报告

正如第四纪地质学剧烈气候变化导致冰川的扩进和退缩，形成了寒冷的冰期和温暖的间冰期，两者的多次交替导致海平面的大幅度升降、气候带的转移和动植物的迁徙或灭绝等一系列事件，这些都对早期人类体质的进化、文化的发展及居住范围的变化发生过极大的影响。[7]新世纪开始之后，当代中国艺术的发展也进入了一个新的制度性的转型期，表现为：

实验性的艺术活动越来越为人们所熟悉，大众传播媒体更多地关注原本"圈子化"的当代艺术，并力求达到平易性与专业性的平衡；专业媒体的权威性由传统的纸上媒体迅速向电子媒体和网络转移。

主流意识形态对实验性的艺术活动表现出比过去更多的宽容、理解和支持，但是具有明显的选择性。这股力量的介入改变了长期以来实验艺术的另类色彩，并导致整个权力关系的重新调整。

民间资本也在对实验性的艺术活动初步表现出兴趣并力图将其纳入商业运作之中，实验艺术活动与商业、时尚活动的妥协与合作成为普遍被认可的策略，其成效和模式正在磨合的过程之中，但是民间资本的主要兴趣点仍然更多地集中在传统形态的艺术样式上。

中国实验艺术的主要发生场所由海外转移回本土，但是收藏的力量主要还是来自海外购买力，在国内，则由北京、上海、广州、杭州、南京这样的传统上的艺术中心城市持续向内地的中型省会级城市扩散，包括贵阳、昆明、长沙这样的城市正在加入合唱。

美术馆体制建设得到更多的讨论和重视，但仍不完善；独立艺

---

7 同注4。

术空间在各地的艺术活动中扮演起重要的角色，作品走向艺术市场的渠道渐渐畅通并形成了多种机制并存的杂乱现状；展览活动的数量剧增的同时，专业策展人取代了艺术批评家，成为艺术活动的主要组织者。

专业艺术教育中的教育者和受教育者都不同程度地受到社会上活跃的当代艺术活动的影响，并对传统的教育方式产生反思，实验艺术教育的实践开始在各家重要的美术学院展开；美术学院的急剧扩招和教育产业化的趋势正在改写专业艺术教育中受教育者的自我预设。

不管是在院校、官方还是民间，跨领域的和国际间的交流日渐频繁，学习和知识背景越来越多样化，使当代中国艺术的思想资源更加多元。来自非传统艺术教育背景的创作者出现，具有海外学习和生活经验的创作者加入，非职业创作者的出现，都极大地改变了人们对艺术的经验。

类型学报告

"类型学断代的要旨，是将遗物或遗迹按型式排比，把用途、制法相同的遗物（或遗迹）归成一类，并确定它们的标准型式（或称标型），然后按照型式的差异程度的递增或递减，排出一个'系列'。"[8]

"未来考古学"的主题展在"转基因"、"失忆"、"透支"和"未来日记"这样四个小标题的名目下展开。这四个概念是同一个地层中的不同功能区。当然，他们本身也是一些理论假设，或者是一

---

8 同注4。

"未来考古学——第二届中国艺术三年展"展览现场　2005年

些发掘工作中假想的甬道。对于年轻的艺术家来说，它们既是一种
生活策略，又是一些美学策略。

借自生物技术的"转基因"概念应加以扩大，成为隐喻性的文
化概念，它涉及年轻的当代艺术家们对于技术变化的态度。狭义的
生物技术创造的转基因食品已经无所不在，新材料技术产生出新的
物品形态和质感，建筑变成了最大的雕塑。晃过眼前的是变性人和
整容美女，这些在我们周围的物体形成了一个超现实主义的视觉环
境。这还只是客体的转基因，转基因在主体身上也正在发生。电脑
中的虚拟空间带来了交往和自我想象的新模式，我们的身体和心理
经验将更多地与技术和媒体相交缠。人类据说正在迈向后人类或超
人类。变性的艺术家在中国已经出现过，由试管培育出来的艺术家

也不会令人惊讶。展览的第一部分集中了诡异的物体质感、畸形的生物体、假想的机器、幻觉和异样的反应模式，以及不可思议的能量爆发。

"失忆"这个精神病学的概念在这里转义为对于文化和身份的暂不定位，也是对于个人经验和历史叙述的双重不信任感。失忆的起因是文化的急剧变迁，信息过剩和混乱的焦虑导致的抑制。我们也可以把它理解成选择性和自我保护的本能，失忆从来都是政治性的，它的另一面则是忧郁凄美的怀旧气质。它的症状是发呆、意象的碎片化的漂浮状态、单位与单位之间的疏离和背景的匮乏，并且搜肠刮肚地强化只鳞片爪的记忆行为。它的疗法是涂鸦。我们在展览的第二部分可以看到所有这些症状和疗法。

作为一种经济行为，"透支"既是非理性地听命于消费欲望的自我破坏行为，又是一种自信力的表现。作为一种身体和精神的使用方案，透支既是痛苦的却又创造快感，透支是被迫的同时也是自愿的。它是更具有风险性的，交易更加频繁的经济生活模式。在个人与他人的契约中，透支者纵容了自我或进行了自我强化的重构，他挥霍身体和情绪，搁置了制度的要求。在展览的这个部分，我们看到了负荷重物的身体、寻求平衡的身体、受到牵引和挤压的身体、穷尽所能的身体、及时行乐和不计后果的身体。所有这些图像都表明了：为了畅快的感官，透支者提前使用了未来。

"未来日记"可能是一种以上的写作策略，但它更多的是一种不拒绝假设的基本态度。这个时代的日记本已然经过转基因，它不一定和"私密"直接有关，但依旧和建立一个定位系统的欲望有关。这样一个定位系统可能是空间轴线的，也可能是时间轴线的，或者两者交叠的。这种定位系统与其说是预留痕迹，不如说是在城市的一角抢险给自己占一个位子。它带着一些权力的计较，更多的是一种自我管理和身份确认的过程。今天的日记本既可以上锁，也可以在网络上公开成为博客。正像博客网站所宣称的那样，日记变成一种媒体，"可以提供个性化的模板和多样化的风格"，或者针对他人或者针对自我。别人是不是看不见已经不是第一位的，自己是不是能够找得着，变得更为重要。未来日记有着所有日记的流水账的天性，但是它预设了读者，并带有游戏性和假设性。在展览的最后，我们看到一种通过书写来建立起痕迹与自我的日常关系的表现，通过书写所建立起来的主体是一种对反自我（alter ego）。[9]

　　这四种类型的生活 / 创作形态是这个"考古学文化"中的艺术家们对于技术、政治和经济、文化历史和身份等不同问题的回答。这四个类型直接也相互勾连或重叠，我们不难在它们之间建立起某种福柯所攻击的"因果关系网络"——可以互相派生、类比关联。失忆的起因可能来自转基因的客体环境，或者基因技术对主体的重组错误所致，也可能由过度的透支导致。而诱惑我们去进行自我透支的力量，也正是这个因为转基因而前所未有的新异的世界；未来日记可能是对失忆和透支症状的自我防范和治疗，但更直接的修复甚至应该指望转基因所象征的技术进步本身？

一个类比性的发掘记录

　　现场发掘中收集到的种种痕迹、器物，是这些类型学分析的证物。首先是在一种叫作"绘画"的古老的纺织业中又重新触摸到了某类纹路。

9　［德］胡塞尔著，《纯粹现象学通论》，李幼蒸译，商务印书馆，1992 年。

我们注意到，更古老的下一个沉积层中，绘画经常由简单的构图组成，特征极其鲜明的人物形象出现在尽可能单纯的背景上，笔法上则是收敛的。这样的绘画在很大程度上接近于设计：它的机心和创意在于设计时独一无二的、可识别性极强的形象中已经完成。绘画行为更多的是一种技术惯性，这一阶段的绘画是图像中心论的，绘画是一种图像处理机制。在新的地层中我们看到了架上绘画行业中这种可识别的图像式创作方式的式微。

架上绘画中书法性的笔触的回归，这标志着身体的出场，个体时间痕迹的呈现重新成为一种表达的愿望。在构图上，远景和中景镜头取代了近景，非中心的构图重新得到青睐，这是为了重新容纳戏剧性和引入叙事空间，有些叙事的铺陈甚至溢出了画框的边界。架上绘画中剧情的回归，这是关于记忆的讨论。关于记忆的真实性，关于记忆对于现实生活的功能的讨论。我们常常见到记忆中的一个事件，未经精心设计地被搬上画面，这样的动作把记忆拖出了自身的洞穴，这需要勇气，而这种勇气受到了整个时代风尚的鼓励。

我们也出土了那种被称之为"卡通"的瓷器。

我们观察到，从数年前的广州到今天的重庆，不同代际的艺术家们在不同的阶段先后选择了卡通图式作为混战艺术江湖的策略，他们所依据的往往是历史决定论色彩浓厚的代际推论，并由拥有上述知识背景的理论家加以拔苗助长，因此，他们必然呈现出明显的聚落现象。这几乎已经是任何一个以年轻艺术家为主体的文化群体描述所最容易陷入的话语策略了。事实上，由一些专业艺术家引用的卡通图式无论如何都是老谋深算和别有用心的，不可以直接沿用青少年亚文化的"无忧"话语来加以解说。遗憾的是，这样的常识错误已经被中国艺术界一犯再犯！并且诱导着很多专业艺术家们一边日渐衰老一边继续"装嫩"。可是这种话语甚至连如下现象都解释不了：被引用入专业艺术家笔下的卡通图式经常是忧伤甚至暴虐的，再不然就是充满了力本论的扩张性。

实拍的电影电视以运动的真实影像夺走了传统写实绘画的天下，卡通化的动漫形象以人工绘制的图形模拟电影中真实物体的运动轨迹，这本身就制造视觉愉悦。这种愉悦对于成人和儿童皆然。它更具有改变正常的运动轨迹，做超现实主义的自由变形和运动的能力，从而为神话和童话叙述提供了最佳视觉载体，这是为什么人们优先用它来服务于儿童。但是神话和童话的核心并不在于"趣味性"，而在于寓言性和象征性。卡通形象总是象征主义的，一个卡通的人形比一个纪实摄影中的人类形象更适于作为"人"这个类别概念的替代物。

因此，卡通的基本的力量是它易于识别。卡通是一种简化世界的努力，卡通试图忘记世界的复杂性。它删除细节，只有这样，生活才有望进行下去。卡通使我们有机会暂时性地全局把握世界，这是因为整个真实的世界已经不再可能全面地把握。所以，借助这传统上属于儿童的语汇来构造一个世界的镜像，这样的成人卡通其实深深地根植于一种无力感和虚无感，卡通是弱势者扳回一局的地方，卡通成为一种抗议的形式。这些少年老成的卡通形象，它们的内在起因正是"失忆"与"透支"的文化现实；它们可以作为"转基因"选择的一种适应力的表征或者出口，它在"未来日记"的表演性的书写中作为匿名的演员一再出场。

摄影的图像来自既存的现实世界，因此我最好把它类比为植物，在这个地层中我们发现了极为丰富的种属。可以说，这是一个种植业与采集方式并存的时代。一边，是以展厅悬挂为最终目标，进行表演和摆拍，使用大底片相机的摄影行为。它具有明显的创作艺术品的意识，成为精耕细作的农业。另一边，是用数码相机甚至于乐摸（LOMO）相机所进行的随机的、日记式的采集。这两极中间存在着丰富的品种。值得一提的是，这种在后农业时代刻意采摘野菜野果的行为，经常是一种有目的性的选择，成为生活态度的表态。

如果静态的摄影被类比为植物，我只好接着把动态影像类比为动物了。与摄影的两极对应的情形相似，这些影像动物留下的遗迹也分处于畜养和狩猎这两种形态之间的广阔领域。畜养的状态包括展厅化的录像装置和互动多媒体创作，或是影院化的——经过精心导演、表演和剪辑的用于流式播放的艺术创作。狩猎式的影像则呈现为各种即兴的日记式的短片、或长或短的纪录片。盗版数字光盘（DVD）影碟的观影经验在青年影像创作者中影响极大，事实上，由于动态影像作品创作周期较长，电影名著的播映，就经常成为各地的青年影像创作小组日常活动的内容。这些青年影像小组在各地均由狂热的核心人物所领导，成员流动性较大，以低廉的经费运作；他们之间的互通声气事实上形成了一条非营利的独立影像"院线"。

由实验戏剧和舞蹈、行为艺术、多媒体表演等各种要素汇合而成的现场艺术，由于它的不可拆解的整体性和现场性，只能以节日的方式留下痕迹。

另一方面，从事装置艺术创作的年轻艺术家，由于媒介对于空间的占有，他们不可能像从事绘画的同龄人那样，可以在自己的工作室中一件接着一件地完成作品。他们也只能在展厅中完成创作，节日般的展览过后就得撤离庙堂。这也导致另一个意外的后果：就同龄人而言，画家们比使用别的媒材的艺术家们更容易达到风格的成熟，因为那些综合媒介艺术家只能在展厅里进行工作，他们获得锻炼的机会更少，平时，他们只能在方案中进行假设。

策展人这一角色在近年来的出现，引发策展模式的实验，使实验艺术的展示活动也趋向一种综合的事件艺术创作。展示设计与现场艺术的结合，进一步推动了艺术形态的节日或祭祀化，策展人则或多或少地成为职业祭司。而节日化的现身方式本身，又反过来推动了现场艺术运动的勃兴。

年代学报告

我们所发掘的这个地层的最早上限是 1968 年，第二年美国宇航员登上了月球。可以说，这个"考古学文化"中的艺术家出生的时间，正好是"未来学"在欧美兴起，并先后译介入中国的时段。1977年中国开始把"四个现代化"作为新时期总任务，这批艺术家则先后进入小学就读。邓小平关于教育要"面向未来"的题词写于 1983年，而这一年是我们展览中的下限——最年轻的艺术家出生，而我们的上限，1968 年出生的艺术家将进入高中。

这些数据并不想用于论证历史宿命论，相反，我个人更相信孔子的生理年龄决定论，"三十而立，四十而不惑，五十而知天命"之类。1968 年生的人，今年 2005 年是 36 岁。自己或朋友的孩子出生，自己或朋友的父母故去，迎来送往之际该就此安身立命了。此后所要的只是坚韧地挺立，方堪做社会的中流砥柱，未来想象正好适时终结。而 1983 年生人正当青春，此时不启动未来想象的，我们就认为他没出息了。

这个展览中的艺术家们，刚好各自走在未来想象的开幕和谢幕之处。而人类奔向未来的冲劲，也正好是在这个时段内骤然加速，今天似乎又渐渐迟疑滞重，这就是"未来考古学"这个展览的机缘。"机"者，时间对于人的意义。没有人，时间只是钟表；没有时机，人只是肉块。在人和时间相"机会"的地方才有生机。机不可失故需当机立断，得机者，得考古，得未来。考古与未来俱得，忘机相对。

回到考古学的操作，绝对年代可以确定，相对年代却还可以再细分。

1968年，很多这个年份出生的艺术家事实上已经成为中国当代艺术的重要艺术家，对于他们当然已经不存在"发掘"或"推出"的问题。但是把他们放回到中国艺术的代际语境中来解读依然是意味深长的，尤其是当他们的很多同龄人依然在为了成为"新锐"而奋斗的时候。

稍年轻的一代，很多人陷于基本生存条件的保障和艺术理想的难于割舍之间反反复复的心理争斗，他们在艺术上的尖锐性正在日渐闪现，但他们也已经开始透支。这一代人注定要经历大浪淘沙。

比他们更年轻的一代人，有着我们在"青年"这个概念上所期待看到的"勇敢"之类的品质，他们平时精灵古怪匪夷所思，在"正经场合"却会胆怯；他们将奇异地集没心没肺不管不顾和老谋深算于一身；他们会一边急着为自己的合法性寻找论据，一边收藏1968年的儿童玩具。为什么幽默感变得如此重要，是因为奔向未来的理想曾经伤害人，这种伤害变成一种遗传基因，遗传到了新一代的身上，使他们少年老成，甚至于未老先衰？也许幽默感已经变成一种进化的器具？

未完成的未来

一个宣称要集中展示青年艺术家的展览——很多小型展览已经这样宣称过——虽然一个堂皇的三年展这么宣称这还是第一次——将如何规避风险？这个问题甚至应该转换成：这一代的艺术家本身是否已经准备就绪？也许人们对他们的期待实在是过于着急了？反过来，这种过分着急的期待是不是正是因为今天的中国的局面已经让人有点不耐烦了？

他们是在整个中国社会正在进行大规模的未来想象的背景下展开他们的工作的。中国社会的未来想象远未完成，但已经不再是全社会整体性的未来学狂热，而正在走入一个理性得多的格局。主流意识形态的"三个代表"中"先进"这个词的再三出现，说明了整个民族对于落后就要挨打的焦虑依然根深蒂固。"和平崛起"较显温和与耐心，但同样带着强烈的未来预期。民间社会的未来想象是两极的交织，一方面是高涨的经济成长想象，具体表现为房地产泡沫。另一方面是对中国经济透支的焦虑，不同声音的呈现说明未来想象进入了一个比较理性的阶段。从视觉文化中可以看到明显的例子：1990 年代，从大城市的大型城市雕塑到乡镇企业的小型标志雕塑，大都是以倾斜的箭头作为基本型，充满了奔向某个目标的运动性。而今天，尽管城市在继续扩张，但每一个新的工地都在试图使"景观规划"成为一个完整的闭合系统，其理想妙境是让人们徜徉其中不舍离去。

这个展览中的艺术家的年龄层，决定了他们是中国社会中进行着未来想象，并能够将这些未来想象表述为视觉形象的主体人群。就我们的类型学分析来看，一方面，来自整个中国社会的"走向未来"的主流意识形态多多少少对他们的工作发生影响，构成他们工作的语境。他们的工作既是这种全民性的未来想象的一部分，也是对它的批判。他们所提出的多种替代性的未来生活方案，本身就是对面临困境的未来想象的超越。我们的类型学分析表明他们对于技术的警惕，对于记忆的权利的要求，对风险的承担和自我建构的努力。

今天的年轻艺术家的工作或许成熟，或许不成熟，我们却不可能用一种必然出现的未来的指标来对他们的状态加以裁决。相反，他们的工作将构成我们的未来考古的基本素材。我们必须以一种提前的带有历史感的眼光来反思他们今天的工作。这种历史感并不是逻辑推理和价值判断，而是一种放弃成见的心情。

宣称要推出新一代人，作为一种展览策略其实并不是特别新鲜的，虽然它必将非常投合大众媒体的宣传口吻。我们并不特别为此而洋洋得意。相反，我们倒是诚惶诚恐。倒不是担心遭到策展人同行的批评：有的批评可能会说我们言过其实，事实上的情况并没有什么"真正的"革命性发生；有的会指责我们拔苗助长，更有的会发现我们只是隔靴搔痒，真正的"青年"早就逍遥地走在他们自己的路上，用不着我们来"推出"了。

如果最后的这种情况真的发生了，就将是这一次的中国艺术三年展的最大成功。但是，我们的惶恐不是这个，而是这一切并没有发生。我们真正担心的是，关心"青年"，或者说关心真正意义上的未来的人，并没有我们所想象的那么多。

这些艺术家们的工作共同构成了一个未来想象的家族，从来不允许把今天当作某种命定的未来的必经之路，从来不允许把个体贬低为理想的工具。这是由一种考古学的眼光所开启的：考古学的意识不允许我们轻易相信时间隧道式的历史描述，考古者总会在这条隧道的石壁上敲一敲，听一听，他们一不小心就可能会捅破一些洞，展开一些新的选择。从那些洞口走出去，也许一片光明，也许一片漆黑。但他们知道，只有当未来不是必经之路，未来才是路。

在一位少年的博客上，我看到了这样一封《写给未来的信》：

2063 年 7 月 17 日

天气不错

星期六

离去原因未知

离去地点未知

本以为周末的时候他们有时间来看我

但他们已在另一场旅途之中了

祝大家一路平安 旅途愉快

2004 年 6 月 10 号 星期六 11 时 15 分

2005 年

第三章

把可能性还给历史

将可能性还给历史

1928
2013

献给中国美术学院八十五周年

中國美術

"八五·85——献给中国美术学院八十五周年"校庆特展　2013 年 9 月

第一节

八五·85

献给中国美术学院八十五周年

展期： 2013 年 9 月 6—15 日

展览地点： 中国美术学院美术馆

'85 与一所艺术学府

展期： 2013 年 11 月 22 日—12 月 25 日

展览地点： 中国美术馆

　　作为中国最早的国立高等艺术学府，中国美术学院在 2013 年建校八十五周年校庆之际，于新学期开学时举办了展览"八五·85——献给中国美术学院八十五周年"。之后，学院又于当年底在中国美术馆举办了"'85 与一所艺术学府"。全校上百位师生共同参与策划、研究与创作，展览聚焦 1985 这一年，对美院的众多人物和事件进行历史考古，以 1985 这个时间切片作为美院八十五年历史的载体，将这段历史投射在这个时间切片之上加以展现。展览意图匡正人们对八五美术新潮的简单化理解，在对历史情境的重构中，多维度地再现那场声势浩大的艺术思潮的历史成因，并试图在 20 世纪中国艺术现代性的整体脉络中，探讨艺术运动的历史与社会意涵。

"85 与一所艺术学府"展览现场，1920 年代末艺术运动社所办杂志《亚波罗》封面所用亚波罗像（左图）
与耿建翌作品《第二状态》（右图）在展厅中对峙

视昔尤念传统　感今不忘创新

写在"八五·85"校庆特展之前

许江

"八五·85"，以 1985 年作为一个岁月的平台，截取 85 位经历者的人生片段，还原那一年校园往事的几个重要现场，来体现中国美术学院 85 年来一贯的学脉精神，凸显几代人传承不息的艺者品格。这是"八五·85"校庆特展的基本内涵，也是将这个展览作为八十五周年校庆主要学术活动的充分理由。

历史是一个暗箱，多少真实发生过的事被存入这个暗箱，由后来不同年代的人们出于不同的动机去寻幽探秘，曝光显影，从而呈现为历史的叙事。历史到底发生了什么？什么样的往事被经历、被定影而成为记忆？这是历史的回顾与叩问的共同命题。这种回顾往往依着历史的大线索来寻踪逐影，应和着时代的大背景来讲述成因，形成叙事。因此，这种叙事往往带着意识形态的征候，成为强者的叙事，那往事的记载，难逃历史决定论的深刻影响。当我们要用这种记叙来代表某个群体历史之时，如果这个群体个性够强、路向够繁杂，甚至出现诸多纠结的情况下，这种记叙将难以担负起书写历史及其所揭示的深刻归宿感的使命。尤其当这段历史并非遥远，众多的亲历者都因亲身历验而记忆犹存。在这样的情形之下，撷取众多鲜活个体的记忆，形成闪光的碎片，并通过观者、读者的经验来拼缀而成这段历史岁月的还原，这个历史片段中丰沛存在着的总体发生，这些正在成为当代历史考古的新办法。"八五·85"恰是校史和美术史研究在这个意义之上的一次蕴意丰饶的探试与拓新。

将可能性还给历史，将历史还给岁月。让亲历者在现场说话，抚今追昔，去钩沉那段曾经经历的岁月，重叙那段岁月于上下文之间涌动的意涵。仿佛万米长跑之后，回放竞跑的过程，在其中的一个关键点上不断还原，不断重复，细细分析那个冲要缓急的位置，揭示其千钧一发、至关重要的意义。很多当其时想而未想之事，被放大为历史书写的关键；很多被忽略的岁月重新放光；很多生命的碎片，被重新拼缀成历史的发光体。

1985年的校园到底发生了什么？其时，恢复高考已历七年，一批批老教授回到工作岗位，教学秩序逐渐恢复，教学条件逐年改善，通过图书和讲学的渠道与西方现当代艺术的逐渐照面等，学院正日益从意识形态的紧箍咒中解放出来，从一种禁锢的状态中步步突围。在众多亲历者的记忆中，那段岁月有两个突出的征候是之前甚至之后的很多年代所不具备的。一个是开放。打开国门，打开历史之门，众多久违的事物蓦然出现，尤其半个多世纪以来的西方前卫艺术的变革浪潮，及其蕴藏着的新学思想，走马灯似的影响着中国的学院，仅仅1985年就有美国史学教授维罗斯科（Roman Verostko）的持续二十四讲的讲座，赵无极绘画讲习班及其展览与学术活动，万曼壁挂艺术初来学院掀起跨媒介的艺术运动；与此同时，以学报为核心的编译者们正加快阅读与译著一系列揭开形式思考和艺术诘问的西方名著。另一个突出的状态就是解禁。学院的开放可谓步步为营，但每一步都以某种思想和学术的解禁方式突破出来。正是这种解禁深深地诱发着一代青年的叛逆和趋新，也诱发着那种源自民间、源

浙江美术学院（现中国美术学院）校园一角　1980年代

自底层的自我解放的力量，具体地、持续地给予每个创造个体以变革驱动的活力。虽然那个时代的开放程度远不如互联网时代的今天，但解禁仿佛是在向思想解放、人性解放的无边大地不断地开拓，时代的思想者们如垦荒者一般被赋予了那个时代特有的顽强而丰沛的实验激情。所以，"八五"往事中记忆犹新的有关于油画系创业创作的论辩，学院中青年创作组的展览，关于素描教学、新水墨画教学的论争与探索，同时还有在燎原全国的关于艺术形式的自觉与讨论，清理人文热情的观念端倪，各种后来被称为"八五新潮"的新艺术大爆发。所以，我们说，开放与解禁，它们历史地将中国艺术的命运与学院的实验内涵粘连在一起，与众多鲜活的艺术个体生命粘连在一起。

开放与解禁真正激活的是学院学脉中深蕴着的实验精神。这种实验精神不是化学实验室里的量化积累，也不是物理实验室里的理性判断，而是艺术生态和内涵中所包蕴的那种不同寻常的开发和拓新，是知其不可为而为之的，因而也是在常识常理之外的"道动"之"反者"。整部近现代艺术史都证明着这种实验精神的正能量，也记录了它与社会习俗之间难以预料的冲突和纠葛。这种实验精神也是构成学院的力量与品格的最深邃而隐秘的因素。这种实验精神在建院的林风眠先生那一代人那里，曾经蕴含着"以美育代宗教"、以美心唤人心的实验宗旨，澎湃着以艺术运动来"为艺术战"的实验理想，践履着重视学生个性培养、自由成长并辅之以方法与工具的实验教育。而在 1985 年这个特殊的岁月，一切仿佛重回开端。那种源自底层的学术与实验的视野和激情，那种禁区突破前夜的战斗姿态，那种临对新的思想工具箱的激动和敏思，那种将自己置于艺术的十字街头的孤单与挑战，像火种一般在学院中燎原，在 academy 的氛围中将众多个体锻造成钢。在展览的 85 个个体中，有林风眠、吴大羽这样的老一辈大师，也有肖峰这样的学院组织者；有"八五新潮"开创新风的一代，也有众多当时一线的教师和学生们：他们构成多向多元的整体，向着历史与未来的天幕倾述"八五"。

历史并未终结。"八五·85"的意义正在于让八五精神，让美院 85 年持续的精神，重新和不断地活在校园，让美院的历史活化为一个未竟的事业整体，让参加"八五·85"学术活动的青年艺术家们涵融其中，代代传承，梳理振兴，发扬光大。

为了"八五·85"活动，我曾设计过两个标志：一个是将"八五"字形设计成一本打开的书，"85"如书钉闪耀其上；另一个

2015年8月12日

※、八五·85的人气Logo,是否有些老?

(一). 八五——中文的左撇像一本书,打开的书。
(二). 85生发的从书中读到的85年的图书精神

▲ 经典的"八五·85"的交车Logo:
八五年像一个举着火把
燃烧着的是85年的图书精神

"八五·85"校庆特展标志设计　2015 年

是"文革"版本:"八五"构成一个火炬,"85"化身为一片跳跃的火焰。负责设计的青年艺术家是否采纳,我不知,但我要将这种不懈的思考和实验精神传递给他们。一千六百六十年前,王羲之在《兰亭集序》中慨然写道:"后之视今,亦犹今之视昔,悲夫!"我们今天也站在历史长河的一个点上,向另一个年代怀想致意,内心必然感慨系之,此所以兴怀。但我们不悲观,而是努力将曾经的生命能量留存在那里,让将来的兴怀者,"有感于斯文",有感于代代传承的学院精神。

2013 年 8 月

"八五·85——献给中国美术学院八十五周年"校庆特展开幕现场　2013 年 9 月

"'85 与一所艺术学府"在中国美术馆展出　2013 年 11—12 月

历史的交响 人的解放

高世名

让我们共同面对那段来自 1985 年的老影像。那些来自往昔岁月的平凡日常的记录，它不是对某一重大事件的报道，而是逝去的风景，找寻回来的时间。它是曾经存在过的世界，如同一艘搁浅在 1985 年的小船。而现在，它似乎是一个封闭而独立的世界、时间的琥珀、历史的原质。那略显粗粝的、灰白色的世界，它始终粘连在 1985，那是我们的镜中时光，倒映在这一眼时间的古井之中。当我们探向大地的深处，那里倒映出一片星空，依稀可辨的，是我们往日的面容。

一

作为中国最早的国立高等艺术学府，自 1928 年创立迄今，中国美术学院已走过了整整八十五个春秋。八十五年来，学院与中国社会的发展相伴相生，与中国艺术的探索相携相随。中国美院的历史与中国艺术与社会的历史始终紧密地交织在一起。

在蔡元培先生的倡导下，在以林风眠先生为首的第一代学院艺术家集群的努力下，中国美院在建校之初就确立了她的理想和风骨：文化会通的视野、艺理兼重的精神，诗性沉思的气质、艺术启蒙的使命。八十五年来，时代变革、风雨沧桑，学院历代艺术家和历届学子们始终坚守着这一独特的精神遗产。值此建院八十五周年校庆之际，我们深入挖掘美院深厚的艺术传统、系统梳理多元互动的学术格局，从丰富、生动的校史脉络中汲取资源，建构前沿性的思想史视野和艺术史观，在新的时代境遇中坚守与弘扬这一独特的理想和风骨。

本次校庆主题展以"八五·85"为题，聚焦1985这一年，对这一年美院的众多人物和事件进行历史考古，以1985这个时间切片作为八十五年历史的载体，将美院八十五年的历史投射在这个时间切片之上加以展现。我们在校史学术脉络中选择了八十五位校友作为个案，重访他们的1985，以作品、文献、访谈、短片等多种表现形式，生动地呈现几代人在1985这一时间节点中的历史经验和艺术实践。

在通行的艺术史叙述中，1985这个年份与"'85新潮美术运动"紧密相连，而当时的浙江美院恰是这场新潮运动的重要策源地。1985在艺术史论述中被分配给了新潮美术。然而，在现实的历史情境中，1985却并不止是新潮美术的八五。1985对学院意味着什么？在美院人的记忆中，1985年发生了太多影响深远的事件：赵无极绘画讲习班、万曼壁挂运动、"八五新空间"的展览……同样，对美院人来说，那一年也有太多难以忘怀的记忆：毕业展的论争与激辩、中青年创作组的深耕与探索、中国画教学研讨会的系统建构，以及当代水墨画的激进实验。在1985这个历史"切片"上，无数相异的个体在各自的历史线索中探索实践着，而在当前的艺术史写作中，他们往往被分割、遣送到一部线性历史的不同单元之中：林风眠只在三四十年代现身，方增先、李震坚、全山石被分配到五六十年代，

"'85 与一所艺术学府"在中国美术馆展出现场之赵无极绘画讲习班　2013 年 11—12 月

而众多艺术家却在现行的艺术史叙述中找不到任何位置。

　　艺术不止是艺术史中记载的东西，更重要的，艺术是一种生命历程。1985 对每个个体意味着什么？这些隶属于不同世代的个体，都在 1985 这幅历史画卷中真实在场。1985 年，林风眠在香港进入他生命中最后一个创作高峰，陆俨少出版《陆俨少课徒山水画稿》，吴冠中提出中国油画家的"泾县起义"，方增先开始担任上海美术馆馆长，初任院长的肖峰正在为美院的建设运筹帷幄，全山石正在酝酿着绘画的再次"变法"，范景中在艰苦地翻译西方艺术史名著，潘公凯发表《中西方传统绘画的差异》等一系列文章，提出"互补并存、两端深入"的学术思想……除谷文达、王广义、张培力、吴山专、耿建翌这些"新潮美术"的旗手之外，1985 同样是林风眠、吴大羽、艾青、沙孟海、郑圣天、赵延年、金一德、许江、范景中等几代美院人艺术生命中的重要时刻。

"'85 与一所艺术学府"在中国美术馆展出现场之万曼壁挂研究所　2013 年 11—12 月

在这次"八五·85"展中，1985 是八十五年的共同故事，汇聚着无数个人的历史，这些历史的主体，他们或承接传统、活化转换，或直面当代、挑战实验，或扎根本土、坚守抵抗。艺术史的不同线索在这里平行或者异轨，循着每一条轨道，都发展出一番动人的风景和故事。1985 年，被线性历史抛掷入不同历史单元的艺术家们同时在场，向我们展现中国艺术现代性在每个个体身上的点式迸发。

在展览中，我们试图打破中国"当代艺术"的通行历史论述，尝试着从 20 世纪的百年语境中，对中国现当代艺术史的叙述模式进行长时段的反思。历史没有终点线。我们都"在当代之中"。"在当代之中"，是不同世代当下性地同时在场，是历史与主体的重新连接、重新叙事。让我们从历史的汪洋中打捞起古今中外所有的意义碎片，那些在今天依然起作用的情感与智识，构建一种扎根历史脉络、面向当下现实、具有主体意识的新的"当代"视野。

"'85 与一所艺术学府"在中国美术馆展出现场　黄永砅作品　2013 年 11—12 月

通过中国美院八十五年的 85 故事，我们要追问的是：应该怎样去理解这众多的 85 故事之间的差异和彼此的疏离？如何看待个人的小历史与大历史、生命经验和历史知识之间的矛盾和错位？在艺术史的长河中，艺术家个体的生命史具有怎样的意义？如何使被摆置在线性史学单元中的艺术家个体获得解放？

二

在"八五·85"的展厅中，有一段略显粗粝的、灰白色的老影像。那是来自 1985 年的消息。看着屏幕上那熟悉的环境、那些熟悉的忙忙碌碌的身影，他们都还活着，都还那样年轻，似乎被时间留

"'85 与一所艺术学府"在中国美术馆展出现场
"新潮"单元中张培力、吴山专作品　2013 年 11—12 月

在了许多年前的那些时刻。此刻，那影像中的世界，封闭在屏幕之后的世界，它距离我们如此切近，又如此遥远。1985，耿建翌说，就像上辈子的事。

历史何以成为可经验的？时间恒转如流，时间中的存在何以被我们记忆？

在普鲁斯特看来，记忆就是影像，在记忆中，现实因为疏远于当下而成为可把握的真实的场所。在他那里，现实位于已经过去的远方，影像却表明了接近现实的当下之路。当物体在影像中消失之前，它铭刻下镜头前的那个时刻，这是现实消失、影像得以存在的时刻。在那一时刻和现在（我们注视着影像）之间，是一个小小的

"'85 与一所艺术学府"在中国美术馆展出现场　谷文达作品　2013 年 11—12 月

时差，当初和此刻的两次凝视将一段时光封闭起来，这是影像内在于自身的历史。

任何发明都将人的历史一分为二。影像同样如此。在摄影术出现之前，人对过去的记忆是一系列印象，平时它潜伏在意识深处，等待着追忆将它从黑暗中唤醒，如同被闪电照映出的黯夜屋宇。那时，通过写作，记忆可以固定、成型，伟大史家的生花妙笔可以使那灰飞烟灭的人间往事重新现形成像。那时，图像之于历史是传奇般的呈现，瞬间的视觉经验尚未完全确立，"光之书写"只是在个体内心鬼魅般成像。而在今天，现实被建构为一个巨大的屏幕，我们的身边世界如同一部冗长、沉闷、琐碎、不着边际、始终未完成的老电影，我们的身体则是一部不断摄录——播映的机械。于是，影像成为历史最直观的显现，成为事件的证据和历史这场赌局的抵押物。影像之于历史学家，如同深埋地下的岩石之于地质学家。地质学者通过岩石中固结的结构，确凿地推断出地球漫长的历史，这些岩石就是静止的时间与地壳运动的证据。一段记录过去的老影像，成为历史学的符号化身和欲望客体——历史学家似乎总在寻找那段隐秘的过去之影像。这绝不是说历史学家像警察那样企图依赖影像作为某种事实的证据，而是说，历史学越来越把历史把握为一段老影像、一幅整一性的历史景观。甚或，在人们对历史的对象化的占有欲中，那段可能的自动播放的影像已经逐渐成为历史的替代物，真实之魅影。

然而，究其实质，这段老影像却并非历史的可信证物，它只是一种历史学的安慰剂。那在普鲁斯特处被莫名召唤回来的记忆和逝去的时光，凝成了一段影像，如同确凿无疑的证物，我们的记忆却由此被阻隔在这冰冷凝固的证物之后。这正如罗兰·巴特对照片的提醒："在照片里，时间被堵塞住了。［……］照片从来就不是一种记忆，而且它阻断记忆，很快就变成有碍记忆的东西。"

那么，历史何以成为可经验的？若历史只存在于公共媒体与史学家的字里行间，那我们记忆中的、我们生命中的又是什么？在这里，我们不可避免地涉及私人历史与公共历史的关系。在一次题为"历史在何时？"（When Is the History?）的讲演中，艺术史家柯律格（Craig Clunas）说道：个体经验的历史是切身的游历，是散漫的、局部的、具体的，而公共历史则正如一张包罗万象的地图，无数次

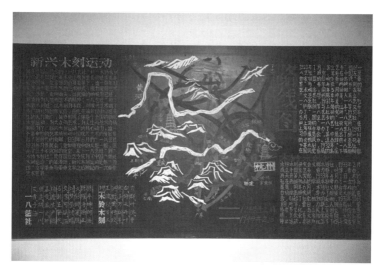

"八五·85——献给中国美术学院八十五周年"校庆特展现场
版画系集体创作黑板《新兴木刻路线图》 2013 年 9 月

个体的旅行不过是地图上不同路径的选择性实现。对于 1985 年的这
85 位个体，私人历史之于公共历史，正如一次旅行之于一张地图。
作为一次性发生的历史来说，这 85 位个体的旅行总是先于"八五"
这张地图的。而这张作为公共历史的地图恰恰是非历史的，它只是
提供了位置，却无法设定行程。地图是一套与现实平行的标识系统，
而不是具体事物的归纳或抽象。那么，那段历史学老影像中的公共
历史，就不过是一个没有讲述者的故事。

　　真正的历史在何时发生？在存在学的意义上，历史本身就是发
生（Geschichte, Ereignis），是变迁，是沧海桑田。它在变化中发生，
也只存在于变化之时刻。而这一切发生与变迁都要由白驹过隙的个
体生命来丈量。历史何以成为可经验的？这个问题已把历史预先设
定为等待着我们去经验的现成对象，那段潜在的老影像。然而，历

"八五·85——献给中国美术学院八十五周年"校庆特展现场
版画系集体创作黑板《艺术运动社》 2013年9月

史或许从来首先就是"向来我属"的。罗兰·巴特说,那是经过个人的存在测度过的小小的历史。而所谓公共历史,则是一种不可经验的意识形态虚构,真实存在的,只是那无数小历史的鸣响与嘈杂的和声。

对我们大多数人来说,历史是曾经的社会仪式——纪念仪式与身体实践的集合体——的现场。人们讨论历史并不仅仅为了记忆申述,而是要建构一种社会符号的考古学。我们都是社会记忆的收藏者,然而此社会记忆却不是为了重构历史的宏大叙事,而是可经验的历史、作为经验的历史——是那"经过个人存在测量的小小历史"的众声喧哗的节日。

从这可经验的小小的历史出发,1985,就不是线性历史中的一瞬,甚至不是时间之流的一个横切面。因为时间与我们的存在是不可分的，它只是"人生在世"的一个生存论环节。就像博尔赫斯所说："时间就是构成我的东西。时间就是裹挟我向前的河流，不过我就是那条河；时间是扭伤我的老虎，不过我就是那只老虎；时间就是燃烧我的火焰，不过我就是那场火焰。"

这些年，我的思绪时常被一个"景象"所牵引：脱开线性叙事的幻相，历史乃是一片汪洋，所谓"当代"只不过是海面。海面只是我们看上去的那层"表面"幻相，实则与大海同体无间。这一片汪洋，起伏不定，动荡纵横，在我们身体内外穿梭往复。它不但"无界"，而且"有情"。在历史学家所欲把握的潜在图像中，我们每个人都是一张有标题的照片的局部。而在"八五·85"中，整一的历史图像——那张"有标题的照片"，崩解为八十五位个人的故事。它所触及的，却不是历史的碎片，而是平行、交错却各自完整的生命历程。历史不止是持续发生、变易着的一连串事件之集合，而且是从我们身上开始倒叙的话语构造，是一种不断自我回溯和自我解释的行动。个人从历史图像中的出离，并不是躲入个体生命史的秘密花园里寻求解脱，而是历史可能性与个体能动性的激活，它牵动的是生命政治旷日持久的斗争。

"八五·85"讲述的是1985年，一所学院、八十五个人的历史。在历史学所叙述的大事件中，我们都是一张有标题的照片的局部。事件本身越强大，每个局部碎片所被分配的意义就越微小。然而，事件并不是构成历史故事的情节或主题。"事件"之为"事件"，首先在于它的上下文还没有闭合，它始终承载着历史的势能。

如果"八五"是一个"事件"，那么它还尚未终结。它不是必将烟消云散的坚硬的历史事实，所以不是一段"被追补的历史"。它不是一去不返的逝去的风景，所以没有怀旧与乡愁。"八五"是延伸

"八五·85——献给中国美术学院八十五周年"校庆特展现场
版画系集体根据胡一川作品再创作黑板《到前线去》 2013 年 9 月

"八五·85——献给中国美术学院八十五周年"校庆特展现场
关于"三个艺术世界"的思考　2013年9月

到我们脚下的那条路，是由我们生命中的时刻、意志和行动构造出的集体事件，是与我们自身命运再也分割不开的东西。在这个意义上，吴山专说："我一直在 1985。"

据说，我们都是一张有标题的照片的局部。在历史学的景观中，成为琐碎的、不完整的局部，似乎已是现代人的命运。然而，不正是那张"有标题的照片"把我们变成了它的局部？

无论是对 1985 这个年头，还是对八十五年中的 85 位个体，"八五·85"所要打捞出的，并不是从那些"局部"出发的历史；它所要建造的，也不只是 1985 年这个时间点上，无数个体漫游其间的小径分岔的花园。它所指向的，是要在对历史关系和事件的再造中建构出更多的意义、更激烈的现实和更强大的主体，是事件中不同历史线索的交错与鸣响，是历史的交响中人的现身与解放。

时间的遗产没有任何遗言。时间恒转如流，历史变动不居。唯有从那张"有标题的照片"中解放出来，才能摆脱"局部"之命运，成为历史的主体；只有成为历史主体，进入一种尚未被定义的"无题"状态，才能在"无题"中发掘我们的内在之可能，从命运中赢得我们每个人与所有人的未来。

在所谓"后历史"时代，历史任务还在，人却消失了。"八五·85"期待着历史叙述中消失的人们重新现身；"八五·85"，愿成为众人的节日。

2013 年 8 月 20 日
于当代艺术与社会思想研究所

"八五·85"

一个星丛辉映在 1985 年

唐晓林

> 根据占星学的学说，一颗孤独的行星本身无所谓好与坏，只是按照它在占星天宫图里的位置的不同，来决定它那对比悬殊的好坏特性。
>
> ——埃德加·温德（Edgar Wind）

2013 年 9 月 6 日至 15 日，中国美术学院美术馆的大堂里，深情绵长的钢琴声循环回荡，宽大的银幕上不断隐显着 1985 年前后关于浙江美术学院（现中国美术学院）的碎片般的黑白影像，有师生，有课堂，有校园，有宿舍，有游戏，有展览……进门右手边是两层圆形大厅，圆厅的墙上均匀地挂着等大的电视机，下方分别有一张长方形展柜，展示的是上百位师生共同创作的 1985 年在世的美院历史上 85 位不同世代的人物的艺术短片和他们关于 1985 年的纪念物，是为"85"。进门左手边是四层方形的展厅，呈现的是 1985 年关于美院的集体记忆，由下而上分别是四个展览单元——论争、突围、历程、新潮，是为"八五"。这是献给中国美术学院八十五周年校庆的主题展览："八五·85"。

"八五·85"展带我们走进辉映在 1985 年的浙江美术学院这个

星丛之中，与 85 个"发光体"的生命故事相遭遇，探索他们的艺术生活，又通过他们的光彩与关联去探析 1980 年代的艺术和社会中的一个个重要历史事件的星座，引导我们思考其原委，并与今天相比照。

"八五·85"展所呈现的浙江美院的 1985 年，一个重要的特征是开放。我们看到 85 个"发光体"中，有已经成为法国总统艺术顾问的老校友赵无极。1985 年，他回到母校举办了一个为期一个多月的"赵无极绘画讲习班"，参加这个讲习班的同学除了当时浙江美院的 1985 届油画班学生和本院的年轻老师，还有来自全国各大美院的青年教师。85 个"发光体"中，有美国的艺术史学者、艺术家维罗斯科。1985 年的春天，他带着两千多张幻灯片、大量录像带以及十几堂讲座的讲义来到浙江美院，系统讲授了 20 世纪西方现代艺术史，听众除了这个美院的师生，还有来自中央美院、湖北美院和天津美院的青年教师。85 个"发光体"中，也有保加利亚功勋艺术家万曼（Maryn Varbanov）。1985 年他以自己的作品为抵押，在巴黎艺术城为浙江美术学院购买了工作室，此后，这个学院源源不断地派送师生前去巴黎驻地考察和学习。1985 年底，万曼来到杭州与浙江美院的师生会面，筹备翌年建立"万曼壁挂研究所"。85 个"发光体"中也少不了郑圣天的身影。作为文化部公派赴美国访学的艺术界第一人，他 1983 年回国之后，便不断到全国各地去做讲座，分享海外艺术与社会发展的信息。1985 年，他任油画系主任兼外事办主任，美院的外事相关活动都经由他办理，前述自海外而来的"发光体"们无不与他有直接的关联与沟通。此时美院已带着前瞻的眼光与浙江大学联合筹办起计算机研究中心。此时也有来自美国明尼苏达大学、旧金山艺术学院的日本东京艺术大学等外国名校的教师与

"八五·85——献给中国美术学院八十五周年"校庆特展现场　2013年9月

学生在这里学习中国传统文化，次年美院还派出卓鹤君、洪再新出国巡讲中国画与中国书法。之后，1987 年又有"开门之后：中国当代绘画展"（Beyond the Open Door: Contemporary Paintings from the People's Republic of China）在美国洛杉矶举办。1985 年，浙江美院图书馆拥有大批的国外图书，这是它几年前通过中国图书进出口公司整批购置的，这吸引了全国各地的艺术师生簇拥而来，从这些图书上阅读到的图画参与了他们对现代艺术的构想。1985 年浙江美院的学报《新美术》和期刊《美术译丛》由"发光体"之一的范景中领衔，正在集结全国各地的师友同仁进行西方艺术史的系统梳理和译介。此时的范景中，已经完成了贡布里希的《艺术的故事》（*The History of Art*）正文的翻译，并且他编译的《希腊古代雕刻》也就在这一年出版。整个美院气氛开放活跃，不仅积极地把国外的信息、知识、思想拿进来，与国内艺术界、知识界分享与探讨，也主动地把国内的文化艺术产品拿出去，参与国际艺术平台上的对话与交流。"国际"这个因素成为当时人们改变令人不满的现状的一条有效的道路，而这个"国际"所包含的丰富复杂的面向却似乎还来不及分说。当时浙江美院这片开阔的星丛正聚集了各种星体的运转往来，他们争相闪耀，又相互辉映，让这片星丛格外明亮。

　　"八五·85"展所呈现的中国美院的 1985 年，显得特别的复杂。在这个年份的时间切片中同在的"发光体"们，有人受教于中国传统艺术文脉，有人留学苏联习得"规范的""苏派"社会主义现实主义艺术，有人留学欧洲钟情于法国现代主义艺术，有人足未出户，从书刊杂志上学来欧美前卫艺术的潮流。他们分别出生于从 1900 年以来的不同年份，属于不同的世代，各自信守着自己的思想和观念，一同在 1985 年的浙江美院相遇，经历着这个时代的激荡。在这诸多

的事件里，我们看到不少个人先后出现在多个不同的场合，串接起学院内外的艺术联动，冲破一些固化的思维模式。我们说起林风眠、吴大羽，似乎他们的名字就应该出现在 1920 年代末美院建院之初，殊不知，1985 年，身在香港的林风眠还创造了自己的一个艺术高峰，而吴大羽也拿着画笔继续勤奋作画，他的画《色草》还获得了前一年举办的第六届全国美术作品展的荣誉奖。又如谷文达，他作为陆俨少指导的传统中国山水画专业的研究生，曾进行过大胆而狂烈的实验水墨探索，也曾进入万曼壁挂研究所学习壁挂创作，使自己对

"'85 与一所艺术学府"展览现场　2013 年 11—12 月

汉字变异的实验游戏突破水墨的范围，进入新的媒材的领域，他还创作实验性小说《他和他的屋子》，甚至有人把 1986 年称为艺术界的"谷文达年"……以往那种把一个艺术家固定在一个具体的历史时段或者一个单一的工作领域来理解和叙述的方式，在这个时候明显地现出其限度。

　　1985 届的毕业答辩是呈现这种复杂状况的焦点之一，"八五·85"展场一楼的"论争"部分不仅展出了当年的毕业作品，节录了毕业生的创作陈述，也呈现出来自院方或教师的批评与之对应。

我

我你

我你他

一个世界

相同的世界

与不同的世界

我们存在的世界

我们共同享有世界

　　这首宝塔诗是浙江美院 1985 届油画系毕业生专门为他们的毕业创作展写的前言（见洪再新：《自我同一性和创作教学问题》，载《新美术》，1985 年 04 期），"我"—"我们"—"世界"，构成了这次毕业展的核心主题。从中我们可以读出，在美院经过了四年时间的学习，这些二十多岁的年轻人满怀着信心和抱负，要走向广阔的世界，走向新的生活的世界和艺术创作的世界，兴奋的情绪溢于言表；当时的中国社会正日益向世界开放，各种新鲜的信息、技术、思想涌流进来，中国的大学生正如天之骄子，要去迎接挑战，创造新时代的美丽新世界；从世界到我们，从我们到主体的"我"，这种群我关系的"同一性"和个人与世界辩证的共在正是他们意识到的重点。宝塔诗的三角形也无意间透露出一种稳定的关系。作品、艺术、创作、个人并不分离，这是他们当时极为关注的问题，也是他们进行毕业创作的思考起点。他们的作品显示出注重从自我出发去看待现实，探索新的现实观照；尝试以技术入手探索艺术创作，回避内容先行的影响，进而去除题材决定论；以平面的、冷静的意象主导画面，展现出荒诞感、距离感，从而不同于反映论、文学性、绘画性，他们的作品质疑"艺术给人以美感"的判断，尤其强调与当时流行的人文"热"拉开距离。

展场的文献柜中可以看到这场毕业答辩的详细记录，连现场众人发出小声议论或笑声也记载在内。值得提及的是，在学生进行一天的毕业答辩之后，学院召开了持续三天的院内学术、学位委员会闭门会议，各种批评的声音指向指导老师们，他们似乎也经历了一场"答辩"。主要的批判声音有："难道创作的最高追求是真诚吗？""'自我'已经强调得太过分了！""如果再不抓创作方向，将来要后悔的。"（郑圣天：《并非对创作的评论》，载《新美术》，1985年10月）后来，《美术》杂志在1985年第9期对这场论辩进行了专题报道，题为《浙江美院的一场辩论》，将来自学生、教师、院方和院外的多方意见进行了综合报道。这使这场论辩扩大到学院之外，进入社会舆论，毕业生们得到普遍关注和肯定，学院也由此给予他们一个比较好的处理方式，使他们毕业后得以自信地继续展开刚刚开始的艺术尝试。后来，1989年出版的"80年代新潮文学丛书"就采用了好几件浙美毕业生的作品做封面，可见他们已经得到了文艺界的广泛注意和接纳。

在浙江美院1985届学生毕业之际，从他们的创作和写作里，我们能看到对现实主义进行活化的不自觉的尝试，然而，在那之后的相关艺术史论叙述中，现实主义艺术传统却几乎被搁置，乃至中断了。究其根本原因，恐怕就在于1950年代中期开始，文艺理论大体走了一条以苏联社会主义现实主义为主流的道路，并且逐渐教条化、极端化，直至1960年代中后期开始僵化成把艺术作为政治意识形态宣传工具，把社会主义现实主义狭隘地表述为革命现实主义与革命浪漫主义的合体，对艺术发展造成了伤害。所以，在1970年代末

1980 年代初，开始有条件摆脱先前的政治、美学禁忌约束的时候，人们心里对之抱着对立甚至全面离弃的态度，结果就是整个现实主义被表述成了某种陈词滥调，成了体制内部的某种敷衍的套话，失去了真正关照现实的生命力，在面对新的历史语境时无法活化自身。这甚至成了一段时间里人们思想变化的主流，一种二元对立的认识结构逐渐被型构出来。

之后很长一段时间里，虽然文艺理论和美学思想已经基本克服了先前的极端教条的约束，但事实上仍然被限定在这个二元结构之内，其表现就是把个人化的情感抒发当成尊崇人文主义的艺术表现，把艺术语言本体当成最高的艺术追求，等等。正如前文所述，所谓的"'85 新潮"的叙述，就遵循了所谓的新启蒙思想的向导，认为这是一种"人文前卫"，是借鉴西方进步的多样的现代主义思想，改造中国因"文革"动乱造成的僵化的社会思想状况，西方 20 世纪轮替的各种现代主义文化艺术和思想即被当成实施启蒙和拯救的救星，所以有人会宣称中国在十年的时间里走完了西方百年的现代主义艺术历程。然而，艺术史论梳理工作遵循新启蒙思潮的方向一直往后延续，影响到 1990 年代乃至今天的很长时段，并没有给予社会思想以有益的启发，反而在很多情况下使得艺术创作成为社会思想或理论成品的插图，艺术实践和艺术理论之间相互活化、相互滋长的辩证关系常常断裂，艺术与其所在的社会和历史之间的关系也容易脱节。可以说，现实主义艺术机体中特别富有积极意义的部分，比如有关历史感觉和辩证法这些含义和方法的逐渐失落，可以说是对 1980 年代艺术历史的叙述中最可遗憾之处。

再回顾当时，不仅学生们在寻求激进的改变，教师们也在努力寻求突围。除了前述赵无极绘画讲习班、万曼壁挂研究所等，1985

年，教师们以半官方的形式成立了中青年创作小组，组织各个专业优秀的中青年创作骨干，一起搞创作、办展览、开讨论会，试图突破束缚，开创新的创作领域和局面。1985年谷文达、卓鹤君、王公懿、陈向迅、梁铨等正在进行水墨的实验性创作与思考。谷文达说："要寻找新的压力，把以前的自我打个粉碎。"这是他们进行这些实验的时候所试图保持的勇敢姿态。他们带着很强的使命感，开启了日后的一场水墨之变。1985年浙江美院承办了一场全国范围的"中国画教学座谈会"，针对一时甚嚣尘上的所谓的中国画"穷途末路"说进行探讨，并在此前完成了各专业教学大纲的修订。同样是在1985年，浙江美院研究了美术师范班的教学成果，决定在全校范围内开设选修课，学生可以跨专业选修课程，由此开始尝试培养学生破除媒材的限制，活跃创作思路，丰富创作面向。

爱德华·卡尔（Edward Carr）说过："历史事实是关于个人在社会之中的相互之间的关系的事实，它是关于通过个人行动产生出结果的那些社会力量的事实。"重访1985年的浙江美院这片曾经闪耀的星丛，我们不满足于辨析出单纯的个人行动，而是希望厘清那些产生出一定结果的社会力量。这提示我们回顾中国美院自1928年建立以来85年的历史上所发生的多次艺术运动和潮流，反思有关历史意识的变更、艺术与革命的关系、艺术与生产的关系，反思"现实主义的回环"、"苏派"的形成，以及展开对今天中国的艺术格局的分析，等等。这些问题被抛掷在三楼方厅的大小数十块黑板上，邀请观众参与思辨。这些黑板上，有中国美术学院早年历史上的"艺术运动社"，也有新兴木刻运动；有革命历史题材画，也有福柯所说的"我愿我的作品像手术刀、颜料瓶或地下通道一类的东西，我愿它们被用过之后像爆竹一样化为灰烬"，也有马克思说的"我们

"八五·85——献给中国美术学院八十五周年"校庆特展现场的发光体与道具箱　2013 年 9 月

的生产同样是反映我们本质的镜子"；还有从收藏、空间、作者、传播、社会性等几个方面对艺术在传统的、社会主义的和资本主义的三个世界之间错综交杂之状的辨析笔记；有对历史感觉、类真理与历史动能的辨析，有台湾《人间》杂志发刊词节录，也有刚起步的《人间思想》杂志期望做"在人间的思想"和"为人间的思想"的愿景……

　　回顾和检视中国美院八十五年历程中纷繁复杂的历史，对比艺术运动与革命艺术的不同脉络，辨析其间现实主义与现代主义之争，再来看 1985 年前后那段被称为 avant-garde（前卫、先锋）的"'85新潮"中的最核心的力量组成的前卫星火。我们可以看到，1980 年代中后期，以浙江美院为策源地，有"'85 新空间·池社"、"红色幽默"、"厦门达达"、"北方理性"、"部落部落"、"最后的画展"等艺术星火撒播全国各地。这段时间，这些年轻的前卫艺术家们通过自我组织建群体，搞创作、办展览、拼才智、比能力，热闹得不亦乐乎。他们的创作和联结，思考和写作引起很多的关注，受到《美术》《文艺研究》《中国美术报》《美术思潮》《江苏画刊》等具有全国影响力的媒体的报道，尤其后三者特别偏重对年轻人的实验性艺术探索的关注、记录和探讨，因而在全国形成联结，掀起一场艺术运动。年轻艺术家变得更加自由和活跃，他们借助美协、美院等官方机构的平台，有时甚至不必取得其允许或者支持，就能在各地开展活动。从此，一个艺术的新空间——一片当代艺术的江湖开始形成。

　　黄永砯、吴山专、张培力、耿建翌、宋陵这些 1980 年代前卫艺术运动中激进的年轻人，并不是从国外艺术潮流中寻求一个流行的艺术样式来对中国艺术进行"启蒙"，以图"一劳永逸"达到终极的现代，而是调动自身的主观能动，观察与体会当时中国社会思想和文化艺术的现实状况，试图从那些令人不满的问题出发，不断更新现实认知，不断刷新问题界面，去探寻属于自己时代的历史感觉和艺术方向。他们的工作方式与吴冠中、赵无极这些老一辈艺术家所倡导的重新现代已经不同。1980年代，中国经历了共产主义革命的几十年甘苦历程，并且恰在"文化大革命"之后的这么一个时代状况下，在年轻一代人来说，革命的影响远比新文化运动的影响更贴近、更切身。他们的血液中流淌着怀疑一切、挑战权威，以及改天换地的革命精神，他们的思想中一直就有现实主义脉络存在，但并不是那个被当成风格、形式的教条的现实主义，而应该是其历史的、辩证的工作方法，包含把艺术返回到现实当中来工作的那种努力。但是，纵观中国20世纪的艺术历程，我们又必须得问，1980年代的这些被现有艺术史大力书写和彰显的艺术潮流是不是真的前卫或先锋？这和1930年代新兴木刻的前辈们身上以艺术走上十字街头的"先锋"性相比，差异在哪儿？和林风眠、林文铮、吴大羽们当年所倡导的现代主义式的艺术运动相比，又有什么不同？

不同世代的艺术人如一颗颗星体在中国美院历史中的1985年这片天空中相互辉映，结集成灿烂的星丛，他们形貌多样，关系并不稳定，他们相互独立，又相互影响。"八五·85"既试图呈现这星丛的丰富现象，也试图梳理其复杂、多变的内在结构，并将二者结合起来重新进行感觉与认识，进而争取将其光辉折射进今天艺术工作的现场。

1985年社会的开放程度也许不及2013年的今天，但当时艺术生态的丰富程度一定超过了今天。1985年的学院大有领社会风气之先的势能，可今天的学院却并不一定如此。"八五·85"引导我们去重访浙江美院的1985年，这重访要求把今天的工作与历史续接，带着历史感觉和问题意识去寻找发言的坐标。我们只有不断激活现实感觉，把它当成基本的工作方法，把自己放在连续的历史进程当中，从当下的现实语境出发，把现实实践和理论思考当成一个相辅相成、不断往复的辩证过程，才能保证思考和创作的先锋性；才能真正创作出富有生命力的艺术；同时，也才能真正使艺术担负起解放我们的感受力的责任，令其敏锐和丰富，使我们超越社会革命的弊端，从感觉、感知的层面进行真正的思想革命，追求真正的解放。回想起展览的开幕影片中，许江激昂而凝重地说道："不猥琐、不颓废，也不奢侈。"——借鉴马克思的墓志铭，我愿意把这理解为我们立足当下的历史和社会现实，从事艺术领域工作的一种主动的选择、一种自觉的态度：问题不在于解释世界，而在于参与对世界的改变。

2013 年 9 月撰，2017 年修改

"八五·85"策展札记（节选）

翁桢琪

今天的中国拥有为数众多的高等院校，但恐怕很少像中国美术学院这样对校史回顾倾注如此巨大的心力，这其中一定有不易概言的原因。

相应地，"八五·85——献给中国美术学院八十五周年"特展的策划实施，也正是被这种不易概言但却十分强烈的历史意识所点燃，热情驱使着参加者全身心卷入。随着工作规模的扩大，策划的意识结构所驱动的展览实现过程本身也成为这种历史意识－感觉－欲念－况味进一步发生和增强的缘由，于是这种情感进一步感染和散播开去。整个行动中的能量来自一种超越日常的激情，它所召唤和持守的是一种在历史和现实之间纠缠不息、极富意志和精神性的心态。[1]

在这种激情和心态的驱使下，无论是策展的意识构造，还是对研究和展览内容创作的动员，都主动保持着对创造性的追求。在喧嚣与沉默之间，这种追求可能是由理智所构造并推动，也可能是激情运动中无意而自然地开启。

1　海德格尔在《艺术作品的起源》后记中谈到"问题不是我们做什么，也不是我们应当做什么，而是什么东西超越我们的意愿和行动与我们一起发生"。

一

我们声称"八五·85"的策展以"电影作为方法"。这个想法从一次概念推想开始——对于一件我们称之为"艺术作品"的东西，是以观摩"作品"的姿态展开观看，还是应该将它视为一件出土"文物"？

如果采取前者，我们不仅有现成艺术史叙述可供遵循，更可以有一些崇敬的心情等待着共鸣，而作品也将得到目光和精神的供奉。如果采取后者，那么我们就要好好地考察求证，经过一番思考和研究，看看它是否能够进入文脉，并且，在这件文物上，我们可以建立哪些叙述，这些叙述是否也改变了已有历史叙述的整体面貌。

这样，"八五·85"的策展核心"电影作为方法"的要旨为：

"85个发光体"是对艺术家本人及其创作的工具箱、周边物、作品本身等"原件的表现"，而"论争"、"历程"、"新潮"、"突围"的场景则是对"事件之重演"。八十五位艺术家像穿越者一般现身；"发生在浙江美术学院的一场争论"、"赵无极短训班"、"万曼壁挂研究所"、"编辑部（《新美术》与《美术译丛》)"、"中国画教学研讨会"、"中青年创作组"、"八五新空间"、"池社"、"厦门达达"、"红色幽默"、"新学院派"等故事，则以场景的方式一一展现。

我们知道，史料范畴的扩展和变换成为1930年代中国现代史学结构变革的核心。事实上，关注史料的目光是什么，历史学的意识和状态就是什么。[2]

那么，可能的目光会是什么，它会有多少种？

事实上，任何一束目光都将启动包括这三重疑问：

---

2 傅斯年将之概括为"历史学就是史料学"。

我们怎么看？

我们想怎么看？

我们假设自身是谁，从而以这个假设的自身展开何种形式的看？

在目光的启动与滑动中，人类的实践领域和场景化存在开始翻涌。不同的生活场景，各种职业、身份、行业、群体、国家、民族、历史主体的经验和叙述将争夺着对"目光"的占领。成为一种人类存在的光之频闪。表面上无限多重的观看，往往沿着由人类已有生活形式所构造的经纬线，它其实就是不同文明系统、实践传统、学科经验等积累和构筑起来的意识结构，偶尔也将出现人作为基本生命体 / 身体 / 赤裸生命 / 存在者的状态与假设。

那么索性让我们暂时抽离它一切的含义，删除投向它的目光和叙述一切攀附，将其称作"档案（件）"——随着一连串"观看"的切换和漂移，一件普通的东西将成为我们意识世界中的"道具"。我们将清楚地意识到，进入每一个叙述——拍摄 / 投射所构造的剧情和场景中，它都表演为故事和叙事中的一个物品，它可以出入不同的故事、剧情成为不同故事中的一元。而它最不容易遗失的状态，就是将它的物质实体与某一个道具库编号相对应，成为一个登记在册、可以随时被"动用"的物品。

"物品的道具化"和"观看的叠切化"将给策展带来新的感觉。而"关注"、"观看"、"观望"[3]等"观看法"的演变本身也将成为一部历

3　本文将"观看"、"观望"、"关注"、"探视"、"洞见"、"觉明"等概念相互联系，形成关于目光和视觉投射的不同状态之间切换、递进、演化的描述。其中"观望"一词笔者初见于陈传兴的《"稀"望——试论韩愈〈画记〉》一文，该文收录在《木与夜孰长》一书第二章，行人出版社，2009 年。

史。就像罗兰·巴特说：我想有部观看史。[4]

它可以是投身、变位、逆转、回返、代入、脱离、交织、取消，也可以是放大、缩小、切换、漂移、淡入、淡出，可以是聚焦、虚化、迟滞，可以是高速摄影、慢镜头、快进、闪回……它成为我们"视域—视界—观看法的形式"的一种边缘之框。这个"形式之框"的历史本身也是改造工具的历史，它是"我们的生产构成了我们存在本质的镜子"的更具体更精确的例子：打磨镜片，改变镜片组，设计新的摄影－投射－采样装备，并且让信号在媒介之间交换转译，重新"成象"知觉。

"目光的转换和开放"和"观看的历史"已经成为我们主动寻找和探索创造性可尝试和运用的基本方法。因此，站在历史学和"观看史"的肩膀上，策展（及其延伸出的研究）所运用的"档案"绝不再是狭义的概念，它应该包含"作品物件"、"文字物件"、"影像件"、"概念件"、"叙述件"，甚至包括作为编档印记的"索引件（数据结构）"等东西。事实上，一切可能的，被史学意识、策展意识、研究意识所关心、注视的"东西"，甚至包括"情感－审美模式"、"诗性"、"史感因素"等非形式性的心理流动，诸如心境、体验、感悟，这些流动的心灵态势也可以在某种意义上"档案化"。

这就是"电影作为策展方法"。

站到更开阔的位置，我们可以豪迈地认为，"资料／档案"的极限集合就是"万物"本身。作为人类"观望"模式和"观望"所及之"物"的总和，"资料／档案／万物"就是马克思所说的"自然的

4　［法］罗兰·巴特著，《明室·摄影札记》，许绮玲译，台湾摄影工作室，1997年。

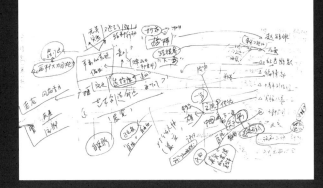

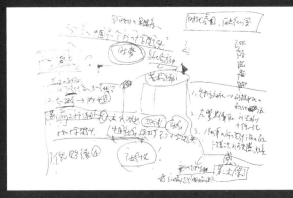

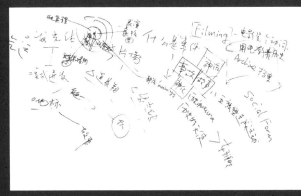

"八五·85"策展思维导图 2013年

人化"和"人的对象化"⁵最终依托和实际坐落之处!"观望万物"所投射目光以及跟随这种目光而持续的研究,不就是那个原本被中国人叫作"格物"的科学吗?或者更精确地说,观望－格物的科学是一种人间－科学／哲学／思想的自然统一体。一旦回到和采取这样的"观望"姿态,那么在原理上,基于艺术(科学)的精神性和真理性,文化的社会性,社会的自然性的认知与实践,将不再被学科建制和社会场域所归置的意识分裂。意识将重新回到对"学科－实践领域经验"的综合继承和对媒介间之裂隙(即 inter-media 原意所指向之处)的倾听。

推敲至此,策展似乎即将获得由"观望"而"格物"的自由境地,进入一片作为实践的人类自然的广阔之域。

但是,问题也随之产生。

既然"观望"的形式如此层叠、繁多而又复杂,那么是否一切目光都不再能被长久托付?作为"观望者"的我们如何能在身心不断卷入、脱逸的世间对世界和生活建立(发觉—重构—自"觉")真正的信任呢?伴随着"观看史"的浮显,对世界／世间的信任(信任感)仿佛已无法通过纯然的"认同"来确保。我们面前展开的任何一个版本的叙事都难免下降为一种"临时表达"——其所给予的感受性环境将不再厚实可依,叙述的真理性将越来越难以触及,"现实感"则随时表现出一种"现成的疲倦"。我们不免发现,假如我们不主动做出重大的科研贡献,在实践领域取得突破性进展,研究和创作没有能力破出自身和人类"知识之圆"的最外层空间,我们凭什么能自信地展开任何一种"叙述"呢?开启"叙述"的激情

---

5 [德] 马克思著,《1844 年经济学哲学手稿》,人民出版社,2000 年。

将从何而来？如果我们不向客体的凝视奉献欲望，我们还能确保引燃事件的能量吗？在日常和非日常状态的生活里，我们又将依托什么完成自身对"观望"的自性之持有呢？这是一系列有难度的问题。

我们权且搁置难题，继续展开对观看的推想。

二

试想我们可能迎接的那些目光：

林风眠会如何看？吴大羽会如何看？黄宾虹、潘天寿、李可染、陆俨少、赵无极、吴冠中、朱德群、莫朴、肖峰、全山石、司徒立、许江、范景中、曹意强、黄永砯、张培力、耿建翌、吴山专、王广义等，学院谱系上互相关联的艺术家们都分别会展开什么样的观想和观看？还有塞尚、弗洛伊德、安迪·沃霍尔、里希特、霍克尼……以及牛顿、笛卡尔、斯宾诺莎、黑格尔、马克思、爱因斯坦……

我们常说，"人的一生是一个长镜头"。这个煽情的表达可以运用在任何一个人身上，甚至可以在"有情世界"中一切具有视觉能力的生命体上加以印证和观想。但是，作为生命影像的内在，只有那些对创造性主动追求和不断努力者的身上，在一个又一个"长镜头"所各自展现的景象才有可能成为一个真正新颖的世界。

策展迫使我们暂时以浓缩的方式触及这些长镜头所展示的世界：那是蔡元培的"以美育代宗教"，林风眠的"中西调和"、"艺术运动"，黄宾虹的"山川浑厚、草木华滋"、"国画之民学"，潘天寿的"东西方各有其极则"、"一味霸悍"，吴大羽的"飞光嚼彩韵"、"第一百零一个王国"，赵无极的"两种传统"，万曼的壁挂编织的"下一步"和"产学研"，施慧的"质物素心"、"我织我在"，全山石的"历史长河中"、"油画的本体语言"，许江的"历史的风景"、"葵园"、"望境"，司徒立的"具象表现"、"家居物事"，黄永砯的"以用为体"、"艺术不祥之物"，张培力、耿建翌、王强等的"新空间"、"池社"、"第二状态"，吴山专的"今天下午停水"、"赤字"……

对熟悉他们的人来说，这些关键词已经开始传神，但对于不熟悉的人来说，恐怕还无法饱满地领会这些长镜头的内在精神。就像有艺术家曾明确地表示，"任何人要用一篇分析性的文章去谈论某个具有表现力的画家或艺术作品时都不免产生担忧，人们会觉得唯有艺术才有与艺术对话的权力"[6]。因为在每一个创作者的生命体验中，"长镜头"都是漫长的思考和艺术实践的证悟。

艺术之为艺术，总是先有目光的转向，而后心灵才有可能启动或完成转向，如果有条件，技能将在心灵的指引下逐渐积累，在训练的改善和发展中成为携带在身上的本领。而艺术家的观点也十分清楚，对这些追求创造过程者本身的理解和研究，尤其是对他们创造性的关注和领会，也必须沿袭这样的过程才有可能触及艺术实践的真理，甚至进一步超越。

只有沿着"长镜头"本身，才能将我们的身体带入到与观望对象同一的境地。这是一个通过观望启动的观望者有所皈依的身体过程，绵延的时间构成了这种"皈依／带入／同一／共同体化"的基本条件，而心境之符合际会甚至无法由主观意愿所决定。这必须是一种全身心的投入。于是，作为一种交错层叠之物，观望所牵动、耗费和积累起的目光和心体，将眼力落实为一种"判断力之判断"的实质性难度，并将之树立为一种高度和品质的要求。

---

6 楼森华撰，《观董源〈夏山图〉》，载《浙江工艺美术》，2000 年第 4 期。

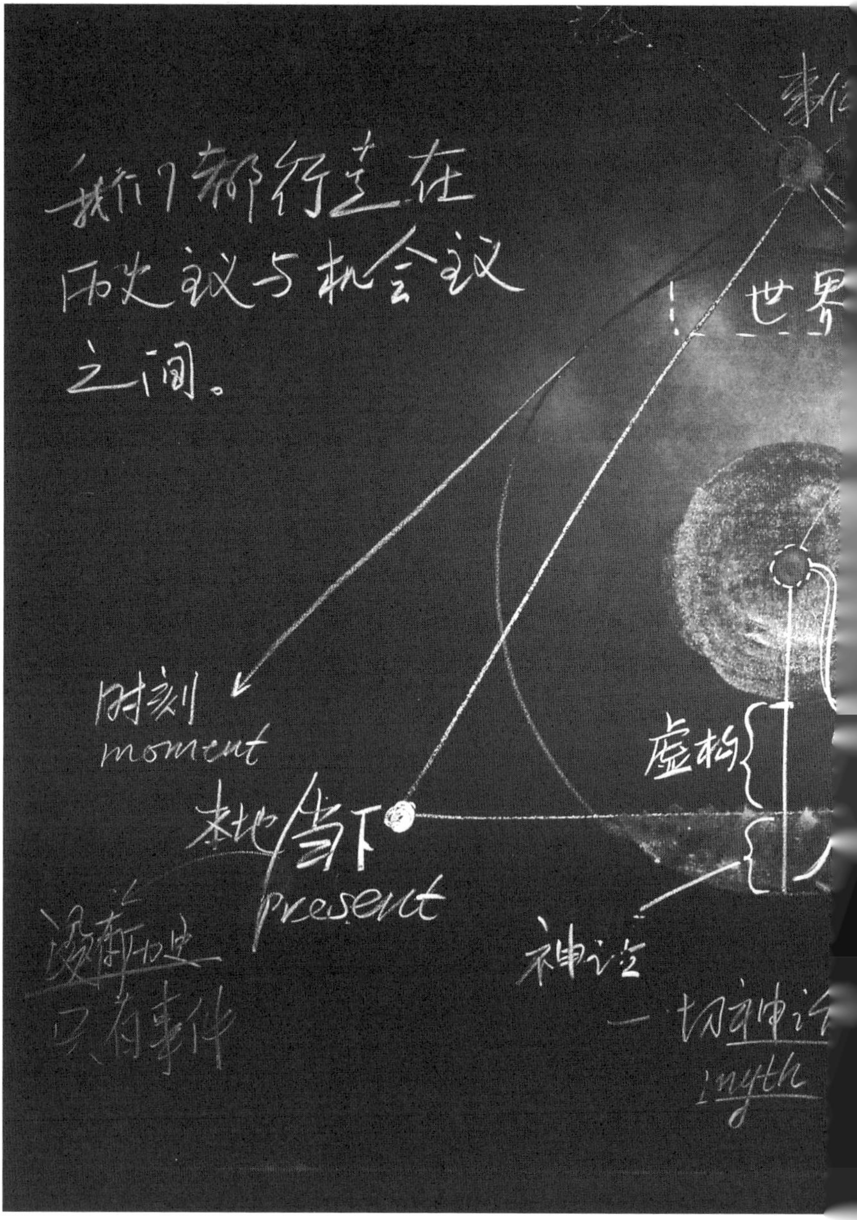

我们都行走在
历史议与机会议
之间。

世界

时刻
moment

虚构{

本地当下
present

没有历史
只有事件

神话
一切神话
myth

运动 movement

类真相

事故
accident
开仓↑普遍性

↘反对故事

本质来说排足神话学。
mythology

美术学院是培养感受力、创造力，实践美育理想的地方，也是一代一代的人们依之而生的地方，人们在这里寻找艺术和真理，在这里日常地生活、工作、求学、教学、研究、创作、相会、交流、论争、别离。学院是"引导心灵转向，推动社会更新"的策源地，更是愿景和生活交织的土壤。它是一片因为艺术而出现的田野，艺术的理想性将它升起为一座象牙塔。艺术世界、社会世界、文化、历史、思想世界在象牙塔的内部交汇，让这片田野成为运动的身体，成为艺术和世界共同表现的十字街。流动的目光、灯火、脚步、声音不只从 1928 年的春天开始，心灵与心灵交流，事件与物质穿梭，探视的目光于是通向人类经验和意识的各个时代和角落。

1985 年如同一张造影切片，为我们的目光提供一个平面。我们的返身将如同"造影"的手术切面般切入学院自身。关注的意识将在这个影像的平面上不断滑动，在外部和内部之间游移变换。在这个平面之上，我们仿佛更有能力和信心去谈论一些原本与我们疏离的事物，它仿佛拉近了我们与国家、民族、世界、国际、艺术、思想、历史、文化等概念和事物的距离。

学院的历史和 20 世纪以来中国的现代之路纠缠在一起。每一次纪念都是对"学院自身"、"我们"、"中国"、"20 世纪"这些主语的再次辨位，从而重新认识这些由主语所集合起的"我们自身"。而这一认识过程沿着个体、时间切体、学院场景、艺术世界等线索，逐渐通向更广阔而纵深的空间。在这个意义上，以关心自己、照料自己、认识自己[7]为中心的策展和研究不再是怀旧和自我取悦，开始成

---

7 本文的"自己"、"自身"、"自我"的使用，与福柯所谈论的"关心自身"、"照料自身"、"认识自身"、"回返自身"相一致。《主体解释学》，上海人民出版社，2010 年；《自我技术》，北京大学出版社，2015 年。

为对他人和社会世界有益的"为己之学"。"八五·85"的策展印证了这一点。

以学院自身为反身之地，象牙塔和十字街头的学院将现实展示为一个更为真实的上下文环境，将艺术的心灵展示为一种社会处境。这样的展示表现为诸种"史感因素"，包括"文化追怀"、"历史气概"、"抗战和战争记忆"、"造反精神与生命政治的自觉"，等等。"史感因素"是情绪的实体，是我们对观看自身所产生的历史感觉的记录：所谓文化追怀，就是那种我们从名师校友身上升起的心理寄寓。它既包含了对艺术家在世纪变动中个人命运的感慨，也包含了对旧时代的先生气质的认同。对这些"人物"的共鸣正是20世纪中国人同体共认的往昔经验，一种个人身上的命运感、时代感扑面而来。

历史气概则更多地落在建院理想上。国立艺术院创立是蔡元培美育思想的实践，也由此上升为1928年南京国民政府训政建国的理想之一部；在梁启超的"新中国"构想和1949年的中国共产党建立"新中国"伟业之间，以中西调和的精神更新。历史气概和英雄气概中既包含成年人的浑厚和哲思，又有青年人的能量和活力。因而无论是国民革命还是艺术运动，构成国立艺术院创立时期的开元气象的正是这一股艺术现代性朝气蓬勃的气概。

此外，20世纪的中国人对英雄气概不会陌生，中华人民共和国成立以后人民民主、为人民服务、革命的英雄主义情感的塑造深入人心。学院既是这种英雄气概的建构力量，也是这种气概的受享者。

抗战和战争记忆则包括抗日战争、解放战争、抗美援朝等20世纪中国公共记忆的重大事件，国立艺专的西迁、奔赴延安的艺专学子，例如莫朴组织的国难宣传团、李霖灿的西南人类学考察，都是

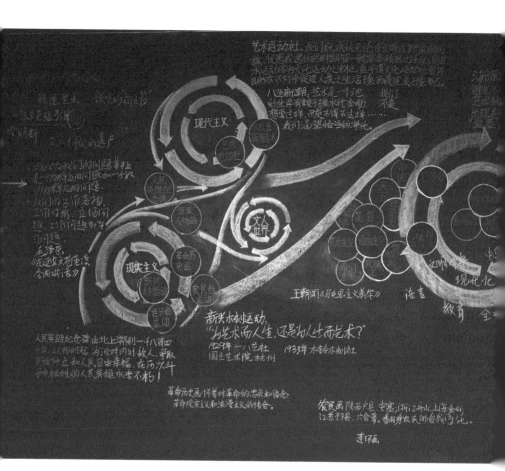

"八五·85"展览 "历程"单元黑板《现实主义回环》 2013 年

历史事件的内容和情节。这些重大事件将国家—民族—学院这些不同层面的主体相互卷入、融为一体。

造反精神与生命政治的自觉，则是"八五新潮"的参与者从"文革"的造反经验中所获得的自主意识，经过 1980 年代文学和思想的互动和选择，通过艺术而自觉开启的种种生命政治的实践。

"中国"、"近现代"、"以美育代宗教"、"美术"、"国立艺专"、"革命"、"为艺术战"、"到前线去"、"人民英雄纪念碑"、"民族形式"、"苏派"、"社会主义现实主义"、"红光亮"、"资产阶级自由化"、"八五新潮"、"当代艺术"——"史感因素"如同这些概念所具有的味道，这些有着特殊味道的词汇原本是一个又一个艺术创作的宣言和实践，是个人和团体的能动和社会世界的共振。而我们自身的定位就是在一款款不断搭配组合的配方的提醒和跳跃下，逐渐清晰地感觉到残响的纹路（"学院"的褶皱、象牙塔的轮廓、十字街的串流），最终发现精神的位置。

三

1938 年抗战时期的嘉陵江畔，林风眠写下一个激动人心充满能量的表达："为艺术战！"

如果说艺术的创造力根源于生命力，那么战争的激烈正是在于它和死亡的不相离。有人说"基督教通过提倡死后得救——在某种程度上推翻或扰乱了自我关注的平衡"，而对死亡的关注和弃绝带来的也可能是 passion（献身激情）[8] 和勇气。在基督教的结构中，死亡作为关注的焦点，它是时间的终极目标，也是自我的极限。这样

---

8 passion 的拉丁文原意为献身。我们在同时涵盖"激情"和"献身"的意义上使用它。

的认识同时为艺术和战争提供了原型。事实上，轻率的快感、崇高的经验、优秀的品味、获得能力的能力、对创作中难度的熟知和战胜、暴躁自狂，这些与"勇气"和"激情"有关的事物构成了艺术经验的青春秘方。它用蛮力撕开了实体的裂隙，为创造性打开了一个出口。

吴大羽说，"艺术的根本在于道义"，"师生之间是道义关系"。[9]

为什么是道义？——它既不拥有绝对客观标准，也不是无理由地表现好恶，既不完全依照逻辑，也不完全依照情感。它必须在真实的处境中选择，它必须说出真话，指出什么是对的，什么是不对的，在真实处境中说真话，就是道义的根本。这是非常难的事情。作出这样的是非判断需要高要求的"勇气"，它必须是思考、行动、道义、身体四种勇气的合一。从轻率的勇气进入思考的勇气，从思考的勇气进入行动的勇气，最后成为身体自身的勇气，最终到达道义。

策展状态即艺术经验与战争经验的汇合。

今天，策展人和策展团队一个"社会位置"绝不是一种理论说辞，一系列工作将之构造成开放而立体的场所。战争性和伦理性同时存在其中。一方面，它将启动一系列"观望"，策动意识的发展；另一方面，它是一个多维度的角色，理论储备、艺术研究、策略引导、创作动员、协调指挥、视觉设计、项目管理、公共推广、社会传播等，是身份和经验的混合。它要建立目标、解决问题，取得策展的胜利，也要协调有序，观照策展状态中浮现出的一层层具体的人—群—感性的结构与关系。

---

9 见《师道——吴大羽的十封信》，辅仁书苑，2015 年 1 月试印版。

于是作为一个社会空间，策展状态将参与者化零为整，成为一个集结式的社群。认同、欲望、价值在心理和工作临场中都处于一种临时、动员、喧闹、拾遗的状态。意识和社群中流动的知识、情感、欲念也让"主体"在事物、现实场中纷纷现身。多加留意我们将会发现，策展的能动性实际将遭遇一系列可能的关于主体及其自身变化的状态，诸如超主体（有可能认同，但超过任何一个单一的主体）、间主体、解主体、去主体、先主体（主体之前的主体）、后主体、无主体（主体间之裂隙或实体之全能）等一系列关于主体的感知和设想。这将成为我们主动追求策展创造性的原野。策展状态的主动调试也有可能让社群、诸众、民众、人民在事物展开的过程中一一出现，将自身的实践空间展露为艺术人类学、社会学和社会工作的田野。

由此，艺术之为一种民学的愿景，也将在策展的内部化过程中遭遇真实的当代结构，并重新思考其实现之途径。

基于这些认识，如果我们要在策展的眩目状况中获得真正的自由实践，那么勇气、激情和道义都不再是虚幻的表达，它应努力成为一种真实的训练，尤其让自身的观望成为"平等觉"[10]的修习场，从而在意识世界的内部承托起事物与主体的"万物并作"，媒介与经验的"俱分进化"。

四

将可能性还给自身。

"八五·85"仿佛至今尚未结束。我们还在各种观望、行动、

---

10 "道之为物，惟恍惟惚。惚兮恍兮，其中有象；恍兮惚兮，其中有物。窈兮冥兮，其中有精，其精甚真，其中有信。"恍恍惚惚近乎道，在迎接"有精"、"有真"、"有信"的过程中，仿佛可遗忘一切与"我们（主体）"有关的问题，徜徉出自由应有之"平等觉"与"宽厚"心境。

日常状态之间进出漂移。

作为学院周年纪念传统中的一环，"八五·85"得益于近四十年的回返、讲述、文献搜集、再论述、再创作的积累。从建校至今，每一次周年纪念活动和校友的研究和回忆，都丰富着这个"校史资料库"——一个记忆和欲念集结的域所、社会记忆的发生场。这个"资料库－集结域－记忆场"成为一个艺术真理性与共同体真相的回落之地，它是一种对自身经验的照料的反复打开和凝结。尤其重要的是，建筑起这个"资料库—集结域－记忆场"的回返之力，既是一种欲念，又是一种理智，既是个体的能动，也是互动的参与，既源于私人的意识，又不断成为集体之物。

在策展状态中，我们全身心地投入，因为我们强烈地相信，这是在为彰显一个大写的"自身"而努力，通过彰显一个个艺术生命来照亮这个大写的"自身"。那些心情、关切、执念、精华也许寂静自守，也许芳华有年，但都将在回返中重现为一股生生之气。"八五·85"对学院自身过程的反复探视，是绵延、脱溢、游移、交织、折射、多重凝视的混合。历史感觉、历史认同、历史愿景的混合着对策展创造性的追求，强烈的情绪意志点燃着创作激情的策划结构，这种混合的、结构性的激情，成为展览各项实现工作的驱动力，使意识形态无法维持图像的凝固，历史主体、艺术主体也将无法延续机械的轨迹。作为理智的构造将"观看"演化为"观望"，在大规模的策展和创作活动中层叠[11]，为新的"洞见"和"觉明"提供条件，它面朝历史和艺术真理性的"变动"，以叙述的面貌表现

11　层叠、反复、回旋、变换、通过、停留所累积起的"观望之地"是实体和可感自然的边境，混合了人类目光和经验的投射。

为一种新的艺术史意识和历史观结构。最后，意识的亮光和显影，则进一步指引着个人或集体的一系列实践、行动、研究，参与到更宽阔的因缘际会之中。

因此，"八五·85"的本质不是一次校庆文献展，它是一场以集体行动的方式自我理解、自我解释、自我塑造、自我表现、自我超越的运动。它既是对艺术精神的自我分析，又是对原本在中国现代性中起伏不定的历史主体的解释和探视。真实发生的事件超过了理论的探讨，从"感·觉"通向策划、构思、动员、启发、指导、创作、协同、注视、卷入，策划者被事情感染，策展组渐渐无法掌握全情，创作团队似同洗礼，观众记忆犹新。在这场复合的身心运动中，"可能性不只还给历史"，一切都将进入"自身"，一种"自由－自主－自然"的实践之境。

于是，作为运动和事件的"八五·85"，将不断地表现为一种涌动之力。

2013 年初记，2017 年再撰

第二节

给"圣天作业"的一份提案

给"圣天作业"的一份提案 *

提案者： 中国美术学院当代艺术与社会思想研究所、长征计划

工作团队： 第一阶段团队成员包括当代艺术与社会思想研究所的唐晓林带领在读研究生张杨、程艺、袁安奇、王世桦、童欣欣、王艺盟、雨嫣（Marisol Villela）、娜娜（Zhanna Khromykh），共同参与项目所涉内容的研究、两次"世纪：SHENG PROJECT"策展工作坊的组织，以及第一阶段展示方案的设计与推演。第二阶段主要由唐晓林、张杨执行编辑《我本来是要去墨西哥的》，并由莫艾执行编辑其中的"世纪：SHENG PROJECT III"策展工作坊部分；长征计划团队执行编辑《Yishu ≠ Art》和《圣天读本》。

---

* 传主姓名有"郑圣天"和"郑胜天"两个写法。"郑圣天"为其原名，因他出生在河南老家一座孔庙中，取名为"圣"天，以纪念他的出生得到圣人的庇佑。"文革"期间，郑圣天更名为"胜天"，取"人定胜天"之意。自2015年"圣天作业"计划启动，他决定改用原名"郑圣天"。

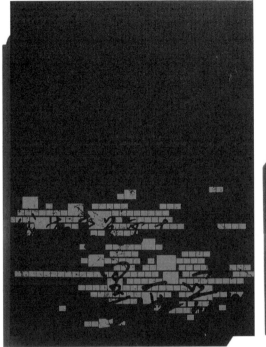

"给'圣天作业'的一份提案"提案书　陈正达、陈蓓设计

我本来是要去墨西哥的

给"圣天作业"的一份提案

当代艺术与社会思想研究所 长征计划

"给'圣天作业'的一份提案"由中国美术学院当代艺术与社会思想研究所和长征计划于 2015 年联合发起，以中国当代艺术的重要推动者郑圣天先生七十多年来的艺术生涯为研究对象，目的并非是做郑圣天的个人回顾，而是试图以其跨越大半个世纪的艺术际遇与人生经历，重新理解中国 20 世纪艺术史，借以重新启动我们对中国艺术与社会的历史感觉，进而把可能性还给历史。

郑圣天 1938 年出生在河南老家一座孔庙中，名为"圣"天，是纪念他的出生得到圣人的庇佑。"文革"期间，郑圣天更名为"胜天"，取"人定胜天"之意。郑圣天是浙江美术学院一批"'85 新潮"艺术家的老师，是中国新潮美术的重要支持者之一，也是中国当代艺术生态的重要建设者之一。1980 年代，他积极推动年轻艺术家的实验和探索，使他们刚刚萌发的艺术潜能得以持续、发挥。郑圣天是当代中国艺术史上一个极为复杂的个案。一方面，他旺盛的精力和好奇心使他参与了艺术世界的方方面面，他是艺术家、教育家、学者、策展人、写作者……也是艺术杂志、画廊与博览会、艺术基金会等当代艺术机构在中国最早的推动者与创办人。另一方面，从新中国成立之初直到今天，他的人生贯穿了当代中国艺术史的各个时期，从 1950 年代到"文革"，从新时期到新世纪，从国内到国际，中国艺术史上的一系列关键节点、重大事件以及核心现场中，郑圣天始终在场。从郑圣天个人的生命史出发，我们可以叩问跨历史、跨文化的语境中艺术的意义、价值与理想。20 世纪以来中国的革命与发展从未孤立于世界史进程之外，艺术正是贯通内外两个语境的最敏感的文化症候。在其漫长艺术生涯的后期，郑圣天旅居海外，深入参与了中国艺术在国际语境中的发展和自我建构，也见证了三十年来国际艺术现场中的一系列事件与运动、观念的兴废与力量的消长。我们相信，"圣天作业"不只是八十年中国艺术史的一个超级个案，而且对于今日世界范围内的艺术反思和历史批判，具有重要的研究价值。

"圣天作业"是郑圣天自己的发明，他建立了一个开源的文献资料库网站，就叫作 shengproject.com。"圣天作业"网站集合了照片、速写、小稿、信件、文稿、简报、期刊、杂志、画册等各种档案，展示出一部从个人生命经验出发的开放的历史。"Project"或者"作业"，这是郑圣天对自己的人生历程和艺术生涯的双重命名。

一

郑圣天说：我的人生就是一个广场，人来人往，熙熙攘攘。八十多年来，他在这熙来攘往的广场中的遭遇、观察、应答与行动，为我们提供了丰富的研究资源。他的人生犹如历史的精心构造，透过他，我们可以发现百年中国艺术史与社会史中的复杂曲折、彷徨歧路、机缘聚合，从中感受到无数暗礁与潜流，以及持续涌动、汇集的历史能量。

面对"圣天作业"的第一个方案，是在长征空间做一次"展览"。准确地说，那并不是一次常规的展览方案，而是一次"占领"行动。以郑圣天这样一个难以归类的艺术人的生命史档案，占领"长征"的话语、展示与商业空间。这个"占领"方案分七个单元。第一单元"我的人生是一个广场"是一座生命之流展开而成的世纪广场。它占领的是长征空间的主展厅，融合了广场、河流、迷宫的多重意象，将郑圣天艺术生命里的观察、思考和实践顺次排列在时间之流中，时而宽阔，时而逼仄，个人生命史和公共大历史的种种遭遇，那些相关、映照或对峙的关系使这条河流产生一次次蜿蜒和回转、连续或开口。人生中的遭遇和事件有如大大小小的礁石，它们在时间之流中冲撞出生命的浪花。郑圣天从 2008 年开始进行的百幅肖像创作计划被置入这个"广场—河流—迷宫"的复杂结构中相应的位置，是生命史和艺术史小径交叉的一个个路标。绵延在墙面的绘画、组织在空间中的历史档案形成一种映射与呼应，提醒我们，艺术创作与历史现实之间、公共历史与个体生命之间所产生的无数歧路和异质空间。

第二单元"YISHU ≠ ART"是一场不及物的辩论。它占领的是长征空间的会议室。我们把《Yishu》(*Yishu: Journal of Contemporary Chinese Art*)(典藏国际版)作为话语背景，提供一个"艺术"和 ART 之间的论辩空间。第三单元"ASK SHENG"是一次因 Sheng 而起的"微 IP"的网络集结，占领的是长征空间的 VIP 接待室。第四单元"跨越太平洋"是一个行进中的计划，它占领的是长征空间集体办公室。第五单元"摩登 VS. 革命"希望探讨新中国艺术史中的两种现代主义，占领长征空间画廊展区。第六单元"圣天教室"是一个"没有学院主义"的临时课堂，占领的是长征空间项目展厅。最后一个单元"江南"希望呈现出一种羁绊，一种对当代艺术所排除的"抒情性"的挽留，占领的是长征空间内部展厅。

经过多番斟酌与慎重探讨，我们暂时搁置了一次性发生的"占领"行动，转而投入一场马拉松式的研究与思辨，为了让这个计划持续生长，以更加深入的方式厘清我们的历史脉络、问题意识和发言位置，同时期待着以更加开放的方式吸引更多的朋友、同事加入其中。我们以书籍的方式，将几年来围绕这一个案所做的思考、研究、猜想与困惑呈现出来，作为向中外艺术界同仁以及向郑圣天本人发出的一项提案。

二

"给'圣天作业'的一份提案"分为《我本来是要去墨西哥的》《YISHU ≠ ART》以及《读本》三册。

《读本》中收录了一百年来中外作者在不同时期、不同语境下写作的 27 篇文章，涵盖艺术、文学、哲学、政治不同领域，以此作为整个提案的观念史参照。《读本》尝试构建一个思辨的框架，让我们反思中外不同历史语境中的现实主义与现代主义之争，探索"社会主义文艺"这一历史建构形成过程中，艺术、社会、政治之间的动力机制；也为我们提供了若干个角度，去重新检讨前卫与革命、革命与国际、国际与国家、国家与政治、政治与艺术、艺术与革命之间的复杂关系。

《YISHU ≠ ART》收录了郑圣天不同时期的绘画作品。2002 年，旅居温哥华的郑圣天创办了一本关于当代中国艺术的英文期刊，他将之命名为"YISHU"。汉语世界中"艺术"与英语世界中"ART"之间有着诸多的差异，郑圣天希望用这本期刊呈现出中西文化和艺术之间的不可转译性。同时，他跨越六十多年的绘画也为我们提供了理解"艺术"的另一种角度。我们试图超越"画家"和"作品"的观念来理解郑圣天的绘画生涯。我们追问的是——绘画对郑圣天来说究竟意味着什么？所以这不是一本绘画图录。无论是学院画室中的习作，还是"文革"时期的宣传画、领袖像，无论是1980年代出访美国时充满激情的形式实验，还是温哥华郊区庄园中一次漫不经心的风景写生……一切都是平等的。因为对郑圣天来说，这些绘画是他生命史的另一部影集；这些不同状态中的绘画，无关艺术成就，是他在生命旅程中的不同时刻，邮寄给自己的一张张明信片。

"我本来是要去墨西哥的"，在"圣天作业"的第一次提案工作坊上，郑圣天回顾自己首次出国访问时平淡地说。这句平淡之极的话在四十多年后显得意味深长，我们以这句话作为本次提案的核心主题。郑圣天作为1980年代至今中国当代艺术和"西方"对话的重要推动者，本来是要去墨西哥的。这无疑是我们在多年之后收到的一条意味深长的历史讯息。如何解码这条讯息，如何发掘出它复杂深刻的历史意蕴？郑圣天的人生从1938年开始，串联起中国社会史与艺术史的数个时代，也穿越了多个艺术世界，他的艺术生涯连接着"两种现代主义"、"两种国际主义"。"我本来是要去墨西哥的"——在郑圣天跨越两个世纪的人生历程中，这条脉络始终若隐若现，却从未消失。

以我们在郑圣天身上观察到的"两种国际"为主体架构，这本书分为两幕：第一幕是"一种国际：世界的地平线"；第二幕是"另一种国际：我本来是要去墨西哥的"；最后附有一个尾声，同时作为序曲。本书包含了郑圣天的人生引导我们观察到的一系列历史事件，在各单元中，我们先以"提案者语"抛出观察者视角，然后呈现相关历史档案，再以郑圣天的写作为结尾，构成多层次的对话关系。

第一幕，以郑圣天在 1981—1983 年的"世界大旅行"为前奏，从 1980 年代的"八五新潮"和 1990 年代之后的"走向世界：摩登与现代"两个阶段来展开叙述。1981 年，郑圣天作为"文革"后受文化部委派的艺术界第一人，到美国访学两年。他不仅看到了美国新奇而多元的艺术生态，也游历了欧洲十几个国家，包括苏联，如饥似渴地了解西方世界艺术的发展与变化。这趟"大旅行"对于郑圣天之后的艺术经历非常重要。他回国后在各地举办讲座，分享见闻，举办展览，并且在杂志上发表文章和作品，对很多年轻艺术家产生了影响。

在"八五新潮"一节中，我们希望通过郑圣天在 1980 年代中后期的遭遇和行动，呈现一个与既往叙述有所不同的"八五"。浙江美院 85 级毕业展览和答辩引发的一场辩论，让我们看到当时艺术界对社会现实冷热两极的体验与表现，更重要的是，这场辩论呈现了当时对个性与风格、艺术与现实之关系的另一种思考。1985 年前后赵无极、维罗斯科、劳生柏以及万曼在中国艺术界的同时出场，既是现代主义的"第二次来临"（Second Coming），又是 20 世纪上半叶、下半叶西方艺术的"同时到来"。这一切伴随着"文革"之后现实主义艺术的大退潮，给中国艺术界带来了新的刺激。一代青年艺术家以巨大的热情和勇气开辟出艺术创造的新空间，改变了当代中国的艺术生态。三十多年后，我们试图辨析，所谓"八五新潮"到底是再次前卫，还是重新现代？脱离了社会维度的艺术运动，是否还能称之为"前卫"？

"走向世界：摩登与现代"一节主要以 1990 年代之后郑圣天在海外的艺术经历展开叙述。他筹办英汉双语的《中国艺术通讯》（*Chinese Art Newsletter*，后更名《艺术中国通讯》，*Art China*

Newsletter）；参与策划"中西之汇"展（When China Meets the West）；参与"不想和塞尚玩牌"展（I Don't Want to Play Cards with Cézanne）；参与筹办中国艺术博览会并与香港艺博会（Art Asia Hong Kong）联动；参与筹建和主理华人艺术基金会和画廊；联合策划"江南计划"和建立温哥华当代亚洲艺术中心（Centre A）；促成中国艺术家在第48届威尼斯双年展上的集体亮相；促成第十一届卡塞尔文献展策展团来华访问；持续举办电台节目《当代艺术风景线》；联合创办艺术专业期刊《Yishu》（典藏国际版），联合策划2004年上海双年展"影像生存"和同年的"上海摩登1919—1945"（Shanghai Modern 1919–1945）展，促成温哥华美术馆亚洲艺术馆的建立……对郑圣天本人来说，所有这些都可视为促进中国艺术与国际语境的交流，是推动中国艺术走向世界的努力。本单元聚焦他在新世纪策划的两个专题展览——"上海摩登1919—1945"（慕尼黑）和"艺术与中国革命"（Art and China's Revolution，纽约），探讨"革命与现代"这一中国20世纪历史与艺术中的双重变奏，继而尝试着在殖民 / 后殖民、革命 / 后革命的历史结构中理解这一双重变奏的复杂意涵，及其对今日中国艺术和国际艺术的启示。

第二幕"另一种国际：我本来是要去墨西哥的"，从郑圣天这一代人的"墨西哥梦"谈起，尝试着发掘五六十年代"社会主义艺术"自我建构过程中那些多元、丰富的探索，这些探索向我们揭示了当时墨西哥壁画所代表的"另一种国际"、"另一种现代"。2015年，郑圣天开始了一项新的研究计划——"社会主义现代主义"，其中最重要的部分是"风起扶桑：二十世纪的墨西哥和中国"（Winds From Fusang: Mexico and China in the Twentieth Century）主题展览。2017年，79岁的郑圣天联合孙景波等艺术家，集体创作了关于20

世纪中墨艺术交流的大型叙事性壁画《风起扶桑》，重新发掘了中国与墨西哥为主的拉美各国在"世界革命"和"第三世界运动"背景下的艺术交流史。它既是对六十年前中国艺术家"墨西哥梦"的回应，也是对那个时代国际主义艺术精神的致敬。这件作品随"风起扶桑"展览在南加大亚太博物馆首展，次年又到墨西哥里维拉壁画博物馆巡展。沿着这条线索，我们试图去重新发掘六十年前那个多元、生动的艺术现场，去重新感知一种观念、视觉与情感连带着的"社会主义国际"，去重新认识——民族与国际、艺术革命与革命艺术、现实主义与现代主义的辩证，在社会主义文艺的视野中曾经具有何等丰富的历史潜能。

最后，我们还需要把目光投向郑圣天出生的 1938 年。这一年，反法西斯战争的远东第一战场是武汉会战。武汉不仅汇聚了中国各界的抗战力量，更吸引了大量左翼国际主义战士的支援。伊文思（Joris Ivens）、卡帕（Robert Capa）、白求恩等人随"国际纵队"从西班牙马德里转战武汉，斯诺（Edgar Snow）、柯鲁克夫妇（David & Isabel Crook）、斯特朗（Anna Louise Strong）、史沫特莱（Agnes Smedley）等人也怀着伟大的国际主义精神来到中国，支援中国的反法西斯斗争。同时，欧洲艺术界也正发生一系列影响深远的改变，在革命与自由、艺术革命与革命艺术甚至托派和斯大林派之间的路线斗争中，超现实主义团体于 1938 年走向分裂，左翼思想所推动的国际先锋文化和艺术运动也逐渐走向终结。战火纷飞的武汉成为马德里之后国际主义最后的高潮。1938 年这一系列意义深远的事件共同结构起一个辩证的历史画面，我们以之作为本提案的尾声，同时这又是郑圣天个体生命史的序曲——我们称为"1938，最后的国际主义"。

三

　　这项提案得到了郑圣天老师毫无保留的支持，他不仅坦诚地向我们开放他所有的资料，两次亲临提案工作坊，还多次参与项目的研究和推演过程，并就本提案的具体内容和结构给出宝贵意见。郑老师以八十多岁的高龄，至今仍保持着旺盛的工作热情和行动力，"圣天作业"依然在不断地更新。这对我们这些晚辈来说是非常重要的感召和鼓励。

　　六年来，这个项目得到了许多朋友的关心和支持。我们举办了三次提案工作坊，邀请了来自国内外艺术、文学、历史、政治、思想等各领域的朋友，一起分享材料，共同探讨问题，其中多有精彩的火花，给予我们重要的启示。从一开始，这些讨论就帮助我们厘清了工作的出发点：不做个人回顾，不试图通过文献工作还原历史现场，不做个人"小"历史与公共"大"历史的比较研究，不造神，不投射，拒绝历史决定论……可以说，"给'圣天作业'的一份提案"以现在的结构呈现，是各个阶段所有参与者集体智慧的结果，我们对此深表感激。为此，我们把这三次工作坊的主要内容精选出来，作为"插曲"编入本书之中。

　　"我本来是要去墨西哥的：给'圣天作业'的一份提案"，意在打通中国 20 世纪历史叙述中被分断的"三个三十年"，以郑圣天八十余年丰富的生命史文献为基础，汇聚一条穿越多个艺术世界的人生河流，展开一个熙熙攘攘的世纪广场，形构出一个错综复杂的命运迷宫。无论是河流、广场还是迷宫，这多重意象所呈现出的，不只是中国艺术史中的多种可能与潜能，还有个人生命史中几代人的遭遇、斗争、羁绊与创造。

　　我们期待着，通过这次提案，可以邀请更多朋友进入到历史的

"有我之境"去感知和感觉，去触及一种从个人生命经验出发的开放的历史理解。我们希望通过几代人的共同工作，使不同世代的心情能够彼此通达、重新连接，使被遗忘、被阉割的记忆与故事重新成为当代人的经验。我们相信，只有在身心响应中，在自我与事件撞击的火花中，才能照亮过去；只有再造一个现场，才能跟历史照面——只有成为历史，才能把握历史。

世纪：SHENG PROJECT

给"圣天作业"的一份提案策展工作坊

第一次策展工作坊

时间： 2015 年 12 月 30 日

地点： 中国美术学院贡布里希纪念图书馆

主办： 中国美术学院视觉中国研究院、当代艺术与社会思想研究所

主持： 高世名

与会者： 郑圣天、陆兴华、张春田、刘大鸿、耿建翌、赵川、董道兹、董冰峰、蔡涛、牟森、孙善春、孔令伟、余旭鸿、刘畑、高初、石可、周诗岩、徐晓东、唐晓林等

第二次策展工作坊

时间: 2016 年 3 月 30 日

地点: 中国美术学院贡布里希纪念图书馆

主办: 中国美术学院视觉中国研究院、长征计划、
当代艺术与社会思想研究所

主持: 高世名、卢杰

与会者: 郑圣天、张颂仁、汪建伟、邱志杰、杨小彦、张闳、杨振宇、乔安·伯尼·丹兹克尔（Jo-Anne Birnie Danzker）、大卫·乔斯利特（David Joselit）、斐黛娜（Diana Freundl）、刘畑、卢迎华、翁子健、郑绩、张冰、石世豪、姜亚筑、唐晓林、张杨等

第三次策展工作坊

中国的社会主义－现代主义经验及其问题

时间: 2017 年 5 月 6 日

地点: 中国社会科学院文学研究所

主办: 当代艺术与社会思想研究所、长征计划、北京·当代史读书会

主持: 高世名、卢杰

与会者: 何吉贤、萨支山、冷霜、姜涛、何浩、莫艾、程凯、符鹏、唐晓林、陈玺安、沈军

特别致谢: 贺照田

"圣天作业"第一次策展工作坊"世纪：SHENG PROJECT"现场　2015 年 12 月 30 日

"圣天作业"第二次策展工作坊"世纪：SHENG PROJECT"现场　2016 年 3 月 30 日

高世名："圣天作业"计划主题

一个世纪，两种国际。

人生就是一个广场，人来人往，熙熙攘攘。

"圣天作业"这个计划的此次工作坊主题是"世纪：SHENG PROJECT"。"世纪"这个词并非郑老师这个谦逊之人的本意，而是我们作为晚辈通过对郑老师的了解提出来的。之所以认为他当得起，一方面因为他足够年长，更重要的是因为，郑老师从早年在校学习，后来进行艺术创作，到之后做策展，以及组织、推动出版，所有这大几十年的工作，贯穿了20世纪一直到21世纪的今天中国艺术史的各个时期。中国艺术史的历史叙事和它背后的动力关系是我们长期思考并想推动研究的。我们发现，所有的动力关系中，郑圣天老师非常"奇迹"地都触碰到了。郑圣天老师认为，在1950年代新民主主义时期的各种文艺思潮中，蕴含着一种社会主义现代主义的潜能，所以这是一个世纪里面的第一种国际。这种情况一直到"文革"发生了根本性的逆转和变化，在"文革"之后，郑圣天老师亲自侧身其中积极推动的是另外一种国际，就是今天大家讲的当代艺术的国际化潮流。"一个世纪，两种国际"，是我们对郑圣天老师艺术生涯一个简要、粗线条的理解和界定，也希望大家做分享、讨论和批判。

"人生就是一个广场"，这是郑圣天老师自己的感触，它是"人来人往，熙熙攘攘"。很少有一个个体能够用他的人生经验、身体经验串联起中外艺术史，这不仅限于中国的艺术史，它是整个国际的艺术史，甚至有些是思想史和社会史的脉络。郑圣天老师晚近出了几本书，其中有一本叫《偶遇人生·把自己扫描一遍》。大家当时觉得这个特别酷。郑老师这一辈人，除了他之外没有第二个人会用这种思维去面对自己的历程——把自己的人生扫描一遍，会发现这是

郑圣天在化装舞会上　约 1956 年

一个熙熙攘攘的广场——这样一种对自己的人生姿态，是一个非常开放的姿态，这是非常了不起的状态。

我们面对的不是一个人的故事，而可能是这个人所串联起来的几百个人物的故事。我们知道，浙江美院系在"'85 新潮"里面扮演着最有智性、最有深度，也是最锋利的一股势力。同样地，郑圣天老师的弟弟叫郑洞天，熟悉电影界的朋友们知道，第五代导演的导师就是郑洞天。1980 年代，中国美术界和电影界的两股创造性的新潮的动力，他们的老师竟然是两兄弟——他们在那个时代，引导、呵护学生们，某种意义上甚至是帮着学生们抵抗那个时代的一些体制的压力。他们两兄弟是异曲同工，在不同的领域做着同样的工作。因此，我们希望由郑圣天老师出发，通过由他所串联起来的众多人物的生命经验来重新丈量 20 世纪的艺术史叙述。

郑圣天老师的《郑胜天艺文选》里面有一个意象，他的人生是一部偶遇的艺术史。郑圣天老师的"世纪：SHENG PROJECT"之所以可以称为"project"，有几个意义。

第一，郑圣天老师这一代人曾经经历过他自己称为"社会主义现代主义"的时期，那个时期存在国际化的理想／观念，这一点是非常重要的，它重新展示出一种特别开放的姿态，就是中国跟世界上的很多个区域、很多种文化和社会进程是联系在一起的。这样一种姿态是新中国成立的时候曾经有过的理想。那个状态是另外一种国际，它是一个开放的时代，它是一个有比较高的精神诉求和历史意识的一个状态。后来怎么就变成了一个排他的、专断的状态呢？这里面的政治过程和历史过程是怎么样？

第二，郑老师的人生经历贯穿了一直以来被分割、分断的三个世代的历史叙述，也就是所谓的新中国、新时期（"后文革"时期）、新世纪。郑圣天老师的个人经历是贯穿了这三个世代，这种贯穿的意味是很重要的。

第三，他打开了开放的中国艺术史的视野，其实还通向另外一个事情，就是在整个所谓的 20 世纪世界艺术史的叙述里面，有一种东西是被压抑的，是被遮蔽的。比如说当时曾经影响重大的墨西哥壁画，不只在中国，在整个社会主义阵营都形成了一场运动。我们在艺术史上经常看到的 20 世纪初被称作"无题"的作品，认为纯粹是形式主义的东西，曾经都有意义，都有功能。从 1910 年代末 1920 年代初，一直到 1955 年，世界艺术史发生了一个逆转，有一种东西被转化成了它的反面。

我一直强调两个过程，政治过程和历史过程，我们很容易被意识形态化那种上行叙述所迷惑，没有进入到政治过程中，没有进入到历史的经验脉络中去进行思考和判断。我们需要克服意识形态的上行叙述、理论化叙述，从另外一个角度来深入到历史的经验内部，去思考政治过程和历史过程。这是"世纪：SHENG PROJECT"能够给我们的最重要的启示。

郑老师是非常有公心的人。我不欣赏以个体主义为中心的"私"的创造，我一直憧憬的是一种"公"的创造力。公民关注社会，但是人民创造历史，这是不同的姿态，不同的期许。现在有非常多看上去由公民理念所发起的社会运动，它所形成的公共性恰恰是被公众性所掩盖、所置换了，所以是"众而不共，共而不公"。郑老师是从来不爱谈自己的人，而且也不给自己做事，他都是给别人做事，给大家做事。这次的计划也是他被动地给自己做一件事，算是第一次被大家推动着，拖了十年才开始做这个计划，所以说他的事情就是我们大家所有人的事情。

郑圣天：我的艺术经历与工作

我本来是"孔圣人"的"圣"，出生的那一年遇上抗战，日本人开始轰炸，战火迫近家乡。临时医院设在孔庙里，我是在孔庙里出生的，所以我母亲就给我起名叫"圣天"。但是"圣"字在 1950 年代，特别是"文革"时期，有负面意义，孔圣人以及其他圣贤都是被批判的对象。所以"文革"时，学生告诉我写大字报"圣"字最容易被攻击，要打"X"。所以我就改成"人定胜天"的"胜"。这是政治思想的转化。后来被外国人念成"Sheng"，干脆用英文。

"圣天作业"这个计划十多年前就开始提了，一直到去年，我开始有一点比较明确的想法，不是做一个常规的或者传统的展览，是想做一个计划。这两年来很多学者都在探讨这一个世纪以来中国艺术发展的轨迹，牵扯到各个方面，国内外对此有很多新的看法。在这种情况下，把我自己的经历作为一个个案提出来研究，可能会有一定的价值。

人生的三个阶段

我的人生可以分为三个阶段。我是 1938 年出生，1953 年到杭州，在当时的中央美术学院华东分院读书，读了五年的油画系，毕业后又到中央美术学院油画系进修。正好在这段相当活跃的时期，中国 20 世纪那些大师们都还活着，倪贻德、颜文樑、关良、方干民、董希文都是我们的老师，虽然没有直接上过林风眠、刘海粟的课，但是也见过，与老一辈都有接触。当时留学学习苏联社会主义现实主义的新一代艺术家，也在那时候开始进入他们的黄金时期，对我们也产生很大的影响。但是同时，还有一个现代主义的潮流，它并没有完全熄灭，在各种不同的层面上根据当时的可能在延续发展。所以那是一个非常活跃、非常多样的时期。我很有幸自己经历过这个时期，而且还能对这个时期有相当清晰的记忆。

第二个时期是"文革"以后，"八五运动"一直到 1990 年代当代艺术发展的时期。我能够亲身参与，当然有很多自己觉得很难得的经历，包括经办维罗斯科现代艺术史系列讲座、赵无极绘画讲习班等等。

第三个时期就是我出国以后，基本上在国外参与中国当代艺术发展的进程，把中国艺术介绍到国外去，把外国的一些当代艺术介

郑圣天（中）与徐君萱（左）、周瑞文（右）合作油画《人间正道是沧桑》（1960 年代）

绍到中国来。比如说我们在 1990 年代初，在国外搞了一些大型的展览和学术活动；参与创建支持当代中国艺术的基金会、画廊等工作；支持蔡国强、陈箴等艺术家出展威尼斯双年展等国际性的大型展览；参与创建了英文杂志 *Yishu: Journal of Contemporary Chinese Art*（《艺术：当代中国艺术杂志》[典藏国际版]），把中国当代艺术的信息介绍到国外。这本杂志现在差不多是唯一一本西方各个大学图书馆都订阅的关于中国当代艺术的杂志，我们很高兴能让这本杂志一直延续下来，到现在已经进入第十四年了。

我在这三个阶段参与的历史，确实能够从个人的角度对研究中国当代艺术发展的进程提供一些材料。我这个人是喜欢收集材料的人，我个人的笔记或者跟一些艺术家交流的书信、图片，这些东西我都尽可能保留下来。前一阶段才发现我收集了很多 1950 年代以来在中国举行的外国展览的图录。这个资料，大概现在很多图书馆都

郑圣天在脚手架上参与画毛主席像　1967 年

没有，包括 1951、1952 年开始的丹麦、瑞典、印度等很多其他国家艺术来华的展览。这些图书资料有助于我们重新回过头来看 1950 年代。因为很多人认为 1950 年代是一个非常闭塞的时代，其实不然，当时这样的外国展览还是相当多的。类似这些资料，提供给研究中国当代艺术的学者来作参考，应该还是有一定价值的。这是决定要做这件事情的想法。

人生就像是一个广场

我说的这个广场的意象，并不是想到天安门广场或红场（Red Square），或者 the Agora。其实从一开始我想过的一个词就是 Zócalo，这是一个西班牙词。我在 1983 年写的一篇《墨西哥壁画印象记》里有这样一段话：

> 走出墨西哥总统府，是一个宽阔的广场，称为"索卡洛"。后天是新总统上任的日子，广场上已有一片喜庆气氛。忙碌中透出紧张和期待。左侧是一座古老的大天主教堂。门前人头济济，还搭着彩色的篷帐。我以为是摊贩，走近时才看到一张英文告示："游客们：我们为抗议秘密逮捕我们的亲人，在此举行绝食示威，请支持。"转向右也是一股簇拥的人群，那里是不久前出土的蒙提祖马旧城遗址，正在施工开辟成一个露天博物馆。我惊异这么多不同事件同时在人们身边展开，大家习以为常，而有朝一日我们将称它为"历史"。

我当年到了 Zócalo 这个墨西哥市中心的广场之后，有一个很强烈的印象，因为那种历史感是非常奇异的：一边你看到现在的政治状况，墨西哥新总统要上任了；另一边你看到革命者在游行示威和抗议；又有一批工人毫不理会这两边发生的政治事件，他在挖他的出土文物，在把蒙提祖马的废墟建成一个博物馆。这样一种平行的活动，在我们身边展开，其实几乎是每天都会发生。所以我就很喜欢这个词：Zócalo。

大约五年以前，我被邀请到洛杉矶盖蒂美术馆去参加一个讨论会，那个主办的机构叫作 Zócalo Public Square，我跟他们交谈，我问为什么叫这个名字。他们说，因为我们邀请的是全世界各种各样的人物——政治家、学者、艺术家、科学家什么的，我们觉得这就像一个广场一样。他们每个月都会邀请几个人参加讲座，把这个讲座全部视频都放在网上了，非常好看。你可以看到各种各样的人在发表演讲。那次受邀的还有谷文达、纽约亚洲协会美术馆馆长招颖思（Melissa Chiu）、南加大建筑学院院长马清运，我们四个人谈中国当代艺术，题目是"注目新中国"。

所以我一直对 Zócalo 这个词念念不忘，以至我在这次做这个展览时就很自然地出现了广场这个意象。但是我这个意象还是回到了墨西哥，回到了墨西哥城中心的这个 Zócalo。

策展作为工作方法

关于展览的形态。我不想做一个回顾展或者一个作品展，而是想把它搞成一个项目来做，英文里面我们叫"project"。在国外大家都叫我"Sheng"，所以后来我做自己的一个网页时，就把它叫作 shengproject.com。所以我的第一个想法，是想把这个展览做成一个网页，因为互联网能够让更多人接触到，而且我也希望这些资料能够让大家共享。我这个人是一个从来就喜欢做"自媒体"的人，以前上学的时候喜欢办报，后来在电台做过当代艺术的节目，然后出版书，也在网上出版 iBook 读物。我喜欢做这样的事，所以用网页来把我的这些想法或者这些资料呈现出来，应该是一个比较好的方法。我从 2014 年年初开始，就把 shengproject.com 注册上网了，希望真正想要了解一些中国艺术发展历史轨迹的人，能够到这儿来找到需要的东西。当然到现在为止，资料还是很不够，我只是做了一个最初步的基础，好像画画打了一个底子的意思。我希望

郑圣天（中）访问墨西哥，与墨西哥艺术家布斯托斯（左）和莫西亚克（右）会面　1982 年

"SHENG PROJECT"是一个研究过程，不止最终呈现为一个展览，而是有机会把这个题目作为起点，利用这些材料来探讨我们共同关心的中国当代艺术的问题。

实际上我从 21 世纪初开始，在策展方面就有做一个比较深入的系列展览的想法。我的展览计划和工作基本上分三个阶段。

第一个阶段的展览是想研究 1930 年代中国艺术和西方现代主义的对话，所以当时花了两年多时间合作策划了"上海摩登"，2004 年在德国慕尼黑斯托克美术馆（Villa Stuck）展出。那个展览比较全面地介绍了上海 1930 年代的文艺场景，以及中国和西方当时的一些对话。视觉艺术、设计、服装、电影、建筑，以及 popular art（大众艺术）这些方面都包括在内，虽然规模不是很大，但是涉及的面比较广一点。这是中国 20 世纪第一个阶段很重要的一个对话。

第二个阶段的展览以 20 世纪五六十年代为主。这个展览是于

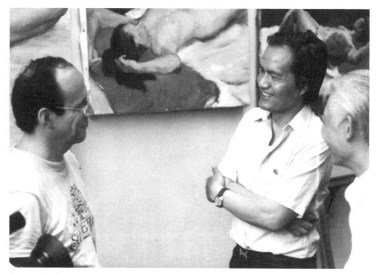

郑圣天（中）与来浙美讲学的赵无极（右）一起接受法国电视二台记者鱼得乐（Cloude Hudelot）（左）采访 1985 年

2008 年在纽约的亚洲协会博物馆（Asia Society Museum）展出的，叫作"艺术与中国革命"。那个展览以"文革"的艺术为主，探讨从 1950 年代开始苏联传入的革命现实主义如何影响中国，展现在社会主义现实主义基调上中国当代艺术的发展。

第三个阶段的展览，我已经筹备了两年，将于 2017 年在洛杉矶南加州大学的亚太博物馆展出，内容关于中国和拉丁美洲的艺术对话。从 1950 年代开始中国和墨西哥以及其他一些拉美国家之间的艺术对话，在美术史的研究中是长期被忽视的。很多人都基本上不了解，但是这方面的历史其实相当丰富。为什么这也是一个很重要的阶段呢？前面两个展览关注的都是我们所谓的 fine art（美术），而中国和拉丁美洲的对话中间大部分涉及 popular art 部分，是比较公共化的艺术，比如说壁画、漫画、招贴这类一些比较大众的形式，这对中国 20 世纪艺术的发展是一个非常重要的方面。

我们所谓的"人生是个广场",是想呈现偶遇的状态,会有各种各样的人物出现在展览中间。例如美国教授维罗斯科,他是"文革"以后第一个到中国来介绍西方美术史的人。例如我的启蒙老师王琦,他在 1950 年代最先给我介绍欧美革命现代主义艺术,意大利古图索、墨西哥的里维拉等就是通过他的课了解到的。墨西哥壁画家西盖罗斯 1950 年代来华访问就是王琦参与接待。例如美国人尼尔逊,他在 1980 年代最早收藏王广义、张培力等中国艺术家的作品,在美国举办展览。我最近这些年对他们这样的人物做了很多视频访谈,他们是重新认识 20 世纪艺术史的很好的引路人。

唐晓林:"圣天作业"研究策展的问题意识与初步思考

主动地把我们自己的人生和前辈们的经验关联起来,有助于使我们的历史感觉变得更加活跃、敏锐,有助于我们更好地去理解历史,从而辨析今天我们自己所处的历史语境。所以,把我们自己与通过郑老师的个案所牵涉的历史相联系,以身在其中为一个基本出发点来开展研究,应该是我们在"圣天作业"这个计划中需要一直坚持的。

在收集和整理档案的过程中,我试图做一个关于郑老师简历的表格,逐年列出他的人生大事记。这是我们做艺术家个案时常用的基本方法,似乎可以让我们比较容易且相对清晰地把握一个个案。但是我发现自己常常不自觉地想要先去对应哪一年发生了哪一件历史大事,然后郑老师在这样一个大的背景下有什么样的事情发生。我在想,这是不是工作方法上的倒置?我们是不是在大的历史叙述框架之下对个人的命运进行解释?或者在用个体关涉的细节叙述来应和、充实、证明那个既有的历史叙述？这样的方法是不是需要质疑？

通过郑老师，我们发现了很多历史材料，让我们可以进入很细致的艺术与历史的环节，但这些细节何以有所关联，何以织成有意义的丰富的画面？我们如何不陷入其中，而能够抽身出来，带着较长历史时段的宏观层面的关照，去重新丈量既有的历史叙述？——我们始终需要背负着这些问题去面对和整理可能涉及的大量的历史档案。

今天我们可以看到，艺术界有很多关于1980年代艺术史的研究活动，有一些研究方法确实是我们需要借鉴的，但另外有一些方法也需要警惕。当投身到诸多历史信息之中的时候，我们必须要辨别，什么样的事实才是历史事实，什么样的时刻才是历史时刻。我们永远也不可能穷尽一个已经过去的历史时段的全部信息，所以在这些信息当中，如果不能发现天使或者魔鬼的话，那么再多的材料也不一定有用。

我最早近距离地接触郑老师这一个案是在2013年做"八五·85"展的研究和展览工作的时候，郑老师是我们研究的"85个发光体"之一。从"八五·85"的工作中吸取的一个值得延续的工作经验是，用创作性的方法来呈现我们的研究成果——这是我们面对"圣天作业"时想要遵循和进一步发展的方法。我们希望不要仅止于汇集史料搭建一个资料库，这应该是我们工作的第一步。我们要用更主动的方式去使用这些材料，就是说，要通过这些历史研究来激发我们的艺术创作。

对我来说"圣天作业"有两重含义，一个是郑老师的人生，另外一个是非常具体的，郑老师所做的艺术工作，二者都是持续性的。

郑圣天与施岸迪在柏林墙边　1989 年

在一重含义上，艺术给了我们理由，给自己的人生设想多重的可能性，它也给我们一些机缘和动力，去重新看待既有的历史叙述。那么与之相对应的，在第二重的意义上来看，艺术与人生是一体的，做艺术需要当真。我特别感谢郑老师的慷慨和坦诚，给我们这么多的材料，并且他自己有很多非常有思考力度的工作呈现出来，让我们有条件把我们的思考和研究继续下去。

策展工作坊讨论节选

高世名：我们讲到不要用个人的历史来对应时代这个问题，我有一个注释：四年前，在香港，我们开过一个研讨会，是关于钱理群先生的书《毛泽东时代与后毛泽东时代：另一种历史书写》，这可以说是钱先生的一个精神自传。我觉得这本书是钱先生以巨大的诚意来写的，但是我们说真诚并不一定真实，就是说，真实不是态度而是能力，很多时候是这样。我作为晚辈这么说显得有点轻浮，但的确是这样，因为钱理群这本书，可以说是一种历史的"有我之境"（用王国维的说法）。但是这里面的整个叙述，是一种症状性的写作，也就是说他的毛时代和后毛时代，都是"我和毛的时代"，他把自己对应到了毛的一个对镜上去，他的叙述显得是"有毛而无党"。这是一个错误的世界观。这是其一。

其二，最重要一点是什么？这点我感觉在郑老师的工作中已经克服，就是当你在思考通过自我来反思一部大历史的时候，钱理群所有的个人人生历史节点，竟然跟大的历史框架的节点一模一样。比如说"文革"时期在 1978 年结束，这些仍然是一个公共历史的大历史的节点，但这是不真实的，在个人经验中显然不是这样。以前我在一篇文章里引用柯律格（Craig Clunas）的一个讲演，题目叫"历史在何时？"（When Is the History?）。他的意思就是说，在人们的个体经验中，经验到那个"文革"，那个新时期，其起点和我们官方的历史节点可能是不同的。如果说你不能在这里爆破这点的话，那你的个人经验只是官修历史的投影而已，所以说，你个人性的这一面能量根本没有爆发，而且你只是一个大历史的症状，个体症状。我们和郑老师就这个问题的讨论当中，他这个方面是很开放的，我觉得这一点他和钱理群的差异是，他有西方的长期体验。

陆兴华：刚才几位老师都说到"偶遇"的问题，郑老师把人生看成广场，广场里面的人和人的照面，才重要。这种偶遇串联好几个时代。最近出现的关系美学里面也讲到这个。它说艺术在社会中只有通过人与人、人与作品之间的照面，才存在，才算数。这个说法的源头在哲学家阿尔都塞（Louis Pierre Althusser）的辩证唯物主义那里。阿尔都塞认为，人在不同的场合偶遇，相互照面，这个不同的人之间的照面或偶遇，才是构成历史的真正材料。所以说，郑老师在不同的时间点上面出现，那些照面，我认为是 20 世纪艺术史里面很关键的构成材料。我是倒过来想的，我们本来在说中国的艺术史，或者说现当代艺术史，大家以为已经确定了，但你把郑老师的艺术人生往里面一放，原来的那些艺术史接龙，就像冰那样化掉了，不见了，就像我们把它涂掉了一样。我觉得细说这个主题对于我们做"圣天作业"这个计划会有帮助的。

刚才世名讲的公共性和共同性的问题，我也想点评一下。现在在欧洲、美国很多的展览都是在标榜公共性，好像我们中国的艺术家做不到，据说是因为我们还没有公民社会。像郑老师这样出生于社会主义时代的艺术家，我觉得他身上的这种共同性，在他晚年带到了北美，这意义重大，因为这东西的版本比那边的公共性要高。他将自己定位为社会主义现代主义艺术家，就体现了这一意识。

赵川：对我来讲，刚才一会儿时间的历史材料分享好像一场飨宴一样，我们今天在这里偶遇这些东西。有些东西我蛮感兴趣的，因为自己之前也做这方面的写作，但是有很多东西还是出乎意料。我想对我们现在来讲，素材资料可以不断地出现，不断地发掘，最后如果要进入历史写作或者历史讨论，还要回到一个方法论的问题，我们到底以什么样的方法来讨论。比如我们现有很多展览，包括很多事情大家都很重视，或者拿文献说事。但这些东西最后我们如何找到一个方法，跟我们自己关联起来，那个所谓的激活的过程，可能是在工作坊里应该挖掘的东西。

耿建翌：选择把郑老师作为历史这个方向很对，不单当作艺术家或策展人、历史写作者，而直接就是历史。另外一方面，因为郑老师的线索非常丰富，我们再也不会碰到像郑老师这样的情况。所以作为 1985 年前后几批特定时期的学生对世名团队的工作抱有很高期待。希望接下来能看到团队工作很好地驾驭材料。

牟森：我对工作坊召集函里的这句话印象特别深，说"郑老师的一生就像历史的一个精心构造"。而且郑老师自己的传记叫《偶遇人生》，刚才陆兴华、赵川都谈到了这个偶然性，我觉得我更好奇，郑老师整个创作和生活跟历史、时代的关系，它就像一个命数，这里面有偶数和奇数的关系。我最好奇的是，如果把郑老师整个存在当作一个历史的精心构造，这个偶然后面的必然性是什么？我觉得一定有天数、命数。为什么是郑老师？为什么是郑老师这么一个巨大的存在？

张春田：如果说 1980 年代的文学承担了社会思想文化的助推器，很多重要问题都是首先在文学和文学批评领域最先提出然后才波及整个社会的，那么在今天当代艺术及批评显然已经替代文学，成为刺激整个社会文化的兴奋点，也是各种鲜活的、及地的、有生产性的思想和历史意识的交锋地带。

"世纪"这个问题很重要，让我想到几本书：一本是意大利的历史学家阿瑞基（Giovanni Arrighi）的《漫长的 20 世纪》（*The Long Twentieth Century*）。他在长时段和世界体系理论的框架中看待资本主义的发展和危机。他虽然谈 20 世纪资本主义，但是追溯资本主义体系的崛起一直到地中海的热那亚时代，然后梳理从荷兰到英国再到美国这样一种体系霸权的转移。也就是说资本主义的发展不能仅仅局限在 20 世纪来看，而是要注意到每一次普遍危机所带来的体系变动，以及资本主义本身的相应反应。因此，20 世纪资本主义有一个"漫长的"前史和纵深感，甚至为某种周期性摆动所决定。20 世纪以现代艺术为主的艺术潮流和机制其实是内在于这个"漫长的"资本主义发展史的，这是"世纪"这个标题给我的第一个联想。

第二本书，是英国的马克思主义历史学家霍布斯鲍姆（Eric Hobsbawm）的《极端的年代》（The Age of Extremes）。这本书是他的"年代四部曲"的最后一部，也是写 20 世纪，可是他把 20 世纪称为是"短暂的 20 世纪"。他的界定是从 1914 年到 1991 年，从"一战"开始到苏联解体结束，这充斥了战争和革命的事件的世纪，也是社会主义运动兴起、建制化和衰落的世纪。社会主义的"短暂"，与阿瑞基讲到的资本主义的"漫长"，构成了一种对比。但是因为社会主义的出现，20 世纪又构成了对资本主义"五百年"历史的一种巨大的否定，跟此前是断裂性的关系。20 世纪社会主义艺术的各种实验至少也构成了 19 世纪以来以欧美为中心的现代西方艺术的"他者"，在艺术的功能、艺术的本质以及艺术的价值的理解上，都非常不一样。无论是作为经历革命和社会主义的国家，还是作为世界格局中的第三世界国家，中国在这个"短暂的 20 世纪"中位置都很突出。如何在社会主义的兴起和危机化的结构中看待郑先生的艺术生涯，我想是"世纪"提示出来的一个特别有意思的视野。

还有一本要提到的书，是法国哲学家阿兰·巴迪欧（Alain Badiou）的《世纪》（Le Siècle）。这是巴迪欧在 1999 年和 2000 年左右，也就是一个"世纪末"之际，在法兰西学院的系列演讲。书里

郑圣天主编的《世界美术信息》 1988—1989 年

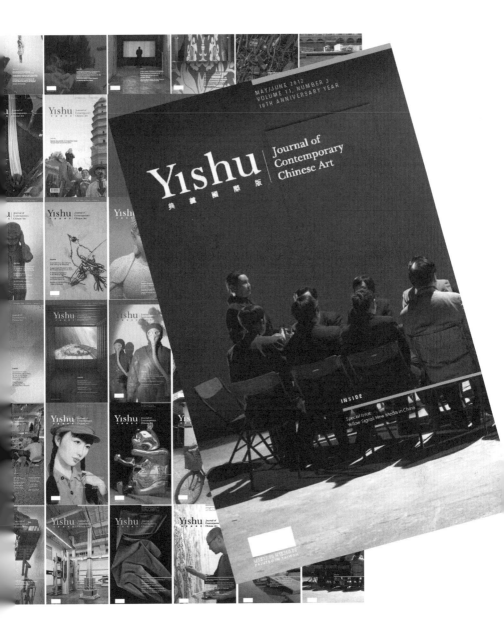

郑圣天在温哥华主编的海外唯一一本关于中国当代艺术的英语杂志
《艺术：当代中国艺术杂志》（典藏国际版）（*Yishu: Journal of Contemporary Chinese Art*） 2002 年起

面谈到的问题非常多，包括前卫、蒙太奇，特别也谈到了毛泽东的哲学，比如一分为二。对毛思想做了一些重新解释。我觉得有意思的是，在 20 世纪行将结束的时候，他要发掘和激活"一分为二"，强调新世界的乌托邦意义。这对我们破除后冷战结构下的很多简单化的意识形态很重要。对 20 世纪中国的历史遗产是不是也要"一分为二"？比如，刚才郑老师谈到 1950 年代到 1970 年代的"社会主义现代主义"。这个概念很有意思，这个概念所指称的那个时期的各种开放性的艺术探索，以及通过艺术形塑的"世界观"，是不是必须认真对待，而不是轻易否定？以往在文学史、艺术史的主流叙述中，好像多把社会主义与现代主义截然对立起来，有意造成社会主义排斥外在世界、自我封闭的一种印象。但是郑老师的经历，以及他发掘的当时对第三世界艺术的介绍和引进的资料，不是打破了各种"想当然"，把历史的复杂性给呈现出来了吗？

所以，我觉得以"世纪"作为这个 project 的题目，用意很深，把 20 世纪复杂的历史记忆带进来了，正好构成与当代的历史叙述、当代的理论叙述一个直接的对话。

周诗岩：我延续刚才谈的广场的意象。因为我是建筑师出身，一提广场，我脑子里面出现的是截然不同的几种东西，有的是现代性的广场，它自己本身就有一个设定的方向，有一个序列，先在地就有一种秩序。还有一种广场是前现代的广场，就是本没有广场，人聚多了就成了一个广场。我觉得这种意象可以有更多的挖掘。"圣天作业"计划实际上也是一种有矢量的东西，而广场的矢量性和前现代的广场这样的一种遭遇，中间的几个词对我有所启发。

石可：我坦率地讲，我不喜欢中国当代文化建构中的任何神话塑造。所谓的事实变成故事，故事变成传说，传说变成神话，然后到神话的时候就没好了。可能这是我们做郑老师的"SHENG PROJECT"要避免的第一件事。

第二，我在看刚才这些历史资料的时候，脑子里一直出现的画面是电影《俄罗斯方舟》，角色在那个大房间里去亲身访问历史的那个景象。

第三，我在想，历史性和我们现在有什么关系？更年轻的艺术家，看到过去的这些热血沸腾的事的时候要想想，这和我们现在有什么关系？这些档案材料以什么方式才能活过来起作用？

第四，档案原来可以作为研究用，可以作为储藏历史资料用，但是我觉得如果能够让它起作用，也就是当成所谓的"performing the archive"。不管这里说的是"表演"，或者说"激活"，就都牵扯到一个问题，在具体操作上，是谁来用这个材料？可能不仅仅是我们在座的各位。那么这个实践的方式甚至和刚才说的"公共性"有关，可能很多人都可以来和这些材料互动，那就真的是面向大众了。

孙善春：刚才说的广场我觉得是一个很有意思的东西。西方的广场跟所谓的古老的民族传统有关系，跟中世纪以来的教堂以及由此引发一系列宗教殖民性有关，这跟我们中国人想的广场不太一样。

陆老师刚才提到公民社会，有很多可以谈的东西，比如说公民社会的公共性到底是怎么回事？可以上述到歌德年代，庸俗的市民社会。我们往往讲我们没有公共性，我们没有公共社会等等，这里面有很多东西可以谈。

如果把这个策展会议延伸到关于历史的写作跟个人的命运，当然有更多可以谈的。我觉得郑老师身上有古风，他有很多解放前的旧士人、知识分子的风采。我不是民国控，我不喜欢民国，但是我觉得他那一代人有很多值得考虑的东西，个人跟时代之间的关系。我现在看在美国待了很多年的张秉钧他们这一辈人写的回忆录，有很多这种感觉，他们对家国的思考、个人的思考，的确是蛮让人动容的。

我听陆老师讲这个话，我一想到"偶然"，就想到徐志摩的诗《交汇的光亮》了。他刚才讲到偶遇，可能我会想到尼采所说的思想家、历史学家的任务，这种真刀真枪、刀剑碰撞发出的光亮，可能是郑老师的内心波澜，值得我们来好好地探讨。讲到他的偶然性，郑老师出现在勃兰登堡门等等，我就想到，就像托尔斯泰晚年写《战争与和平》的时候，他就用了很多很多篇幅来谈历史，最后他认为命运很重要，不能逃避，但是人怎么办？我又想到像奥古斯丁这样的经院哲学家，他说，"如果人不能够做他想做的自己，那么这个事也不能怪上帝"，他用这样的话来调侃所谓的命运。

金亚楠：当我看到投影，又看到 project 这个词的时候，我觉得它更像是一种投射。我担心的是，project 最后变成了另外一种形式的再造。我会联想到像齐林斯基（Siegfried Zielinski）的《媒体考古学》里面的一幅插图，是一个由火光和透镜以及材料、投射面构成的一个暗房，它里面也包括各种其他的东西，比如油灯的烟，也包括那些恍惚的影子。也就是说，project 应该是一个比较恍惚的历史的面貌，而并非像是一张张好像确凿的历史证据一样的存在。

高世名：这里我稍微整理一下刚才诸位谈的几个要点。第一，该项目不是作为"偶遇"的艺术史，并不是呈现历史的在场者或是见证者，而是希望个体在场应该呈现出意志的力量，改变我们对历史事件的理解和认知。第二，我们并不是要构造"小历史"和"大历史"的关系、个人历史和公共历史之间的二元性的对应。这是我们希望克服的。第三，反对任何神话的塑造。我们的"神话"不只是高高在上的神话，同时也是潜伏的、透明的、隐性的结构。正如通过郑圣天老师所呈现出来的偶遇的艺术史，在这里面可以看到当年的主旋律以及当代艺术实际上都不是现成的东西，它是历史性的过程所形成的建构。第四，不要把"SHENG PROJECT"转化成为一种"projection"，当成简单的历史投射。

赵川：今天看中国的现当代艺术的时候，如何把它放在更长的经验里面？这里提供了一个机遇，比方说国际性。郑老师在上海读书的时代，然后到浙美的时代，然后到 1950 年代、1960 年代的跨越，这是否在"国际性"里？我们刻板印象里容易认为这个时期是完全封闭的。

我也有关于当时那些展览的印象。我家里也有一些 20 世纪五六十年代留存下来的关于外面世界的介绍信息。所谓封闭，它不是一刀切的。但是，五六十年代的国际性跟 1970 年代"文革"结束之后转向西方的国际性之间存在明显差异。讨论国际性的时候，应该注意差异与矛盾。不同的"国际性"就是讨论与谁链接，与谁在同一个所谓的国际里。

今天重新梳理国际性，需要发现其中的矛盾与差异，发掘政治运动、政治运作、政治实践促使矛盾推演的过程。上午播放了郑老师在柏林墙拆除之前到柏林墙的画面。柏林墙拆除其实是另外一个节点，一个视觉上的节点，它显示了从一个阵营向另一个阵营转化，即国际化如何转化。我觉得应该在整个脉络与叙事的过程当中，持续地看待矛盾与矛盾的发展。

此外是叙事的问题。牟森谈到偶然性背后的必然性。就叙事来

提案书里呈现的郑圣天珍藏的部分 1950 到 1970 年代海外来华展览画册

说，其实就是对偶然性的选择。如何用结构的方法处理偶然性，这包涵了方法论跟意识形态的问题。整理叙事结构的时候，"SHENG PROJECT"不应停留在素材上，它提供了很大的延展空间。郑老师有自己的思路，比方说他讲的那几个人物，每个人物其实都是一个点，从每个点出发可以延伸到更大的面相上，可以帮助我们讨论和处理"国际性"的问题。

陆兴华：郑老师比我父亲大四岁，郑老师给我的第一印象是让我想到格罗伊斯（Boris Groys）。像郑老师这样的前辈，我们做一个计划来展示他的工作，展示应该是开放、放射的，而不是投射。我没有跟郑老师很深入地聊过，但是感觉郑老师豪爽的气概不亚于格罗伊斯。所以关于策展，这个项目应该像敞开的大麻袋，把我们都包裹进去。

巴迪欧说过论述 20 世纪有两个方案。一是用数论方式。数论方式是确定作品的点，找准坐标。他以为这是可靠的。写书的时候，他发现这是不对的。当时美国数学集合论的代表人物科恩（Paul J. Cohen）用"想象集合"的概念来论述 20 世纪。"想象集合"就是说集合里面的 2/3、或者 1/3 是空的。所以我想大麻袋的结构是一个选择。第二个选择就是郑老师项目里面的 2/3 是年轻人。展览留了很多演戏的位置。最近艺术界很时髦的理论是关于思辨实在论。思辨实在论对整个人类文明的看法带有科幻感。就是说，在我们的展览里，郑老师、徐悲鸿以前的人，包括宋代人，他们的戏都没有演完。于是，到了某个点上，很多代人汇合在一起，几代人要一起演一次。就像郑老师项目中的很多线索中断了将近三十年，我们现在要把它重新汇合在一起演。

关于郑老师个人的历史处境，上午的讨论理解都很历史主义，而我现在很科幻，我认为郑老师的三次"变形"很成功，这是像卡夫卡所描述的"变形"。变形者没有历史。如果妖怪变成孙悟空，真实场景马上变得科幻。然后，它又变回到妖怪，真实场景再次科幻。我觉得郑老师是很成功的"变形者"。这是展览需要考虑的。同时，郑老师又很网络化。在另外一个项目里，我曾听郑老师讲述他认为展览的概念是要网络化。他对网络的信仰，几乎跟宗教一样。他并不在意现场。这一点也要考虑到。

郑老师使用"社会主义现代主义"的概念有很大的问题。西方的现代主义在欧洲有重要的政治意义。其中很重要的原因是社会主义情怀在欧洲不可能实现，在美国更不可能实现。但是允许艺术家代表人们表达对社会主义的向往。在这个意义上，现代主义要分中国和西方值得怀疑。中国"文革"时期的现代主义实践更正宗，它是当时苏联、德国、英法艺术家想做的。

关于"世纪"的定义，张春田老师也讲到这个问题。弗洛伊德第一本重要的精神学著作里面认为1909—1968年是欧洲的20世纪。巴迪欧认为中国作为拥有革命经历的民族，它的20世纪只有五十年，即1917—1967年。从弗洛伊德《个人精神心理学》到利奥塔的《后现代状态》当中的1983年，这三个时间节点可以进行平行的讨论。

"偶遇艺术史"，是阿尔都塞最早提出的一个很重要的哲学问题。所谓"偶遇"，就是"照面"，比如郑老师跟柏林墙照面。阿尔都塞说"照面"之后，历史材料才算数。也就是说，必须用另外一双眼睛、另外的历史事件照亮你的面孔，你在历史里面才算存留。所以"照面"、"偶遇"是人在历史中出场以后，才能作为生产历史的材料存留。

关于关系美学的问题，阿尔都塞谈得很多。关系美学里面把"偶遇"抬得很高。他是说不要艺术史，而是要嵌入当代社会。虽然星星点点，但却生效。能够"偶遇"或许是运气好，或许要寻找才能发生。"偶遇"落下的点可能比美术馆展览的历史定位更清楚。

最后再说国际性。我在《新美术》发表过一篇文章叫《从照片－小说到艺术－小说》，文章说，能够展览艺术家一生的最好格式就是"艺术小说"。我觉得郑老师非常幸运，他的艺术史地位在那么明确的情况下仍然活着，而且健康、开放。《从照片—小说到艺术—小说》里有一个非常经典的结论：作者或者艺术家强悍到最终能够很鲜活地生活到自己的作品里，或者生活到自己的展览里。我认为这样敬礼的姿态非常好。作为旁观者和围观者，数码时代非常强调自我编辑。我们与郑老师的关系，研究者、艺术家与郑老师的关系，是两种编辑的关系。数码时代，我们各自编辑自己，如同搏斗一样地编辑。两种编辑之间有交集，或者搏斗。它可以是电子游戏或者电子战争似的比赛结构。

刘大鸿：提到郑老师的项目，我立马想到"你办事，我放心"这句话。因为在我的印象当中，郑老师要做院长的印象根深蒂固。1980年代，浙江美术学院民意测验院长人选，我们都觉得郑老师合适，但最后院长的职位没有交给郑老师。

郑老师与革命的交集很多。他现在进行的拉丁美洲的艺术研究和"文革"时期的艺术作品都交织着革命的主题。今天，郑老师能够这么活跃也有革命的影子。

高世名：大鸿，这里要批评你一下。你看墨西哥壁画是真正在公共空间、生活现场的艺术，你的创作最后还是把它变成了架上绘画。

刘大鸿：这是持久战问题。要向郑老师学习，足够高寿才能够回顾一些问题。

董道兹：我们今天认为历史是断隔，其实历史一直在积累，并没有断裂。清理历史的线索应该鼓励或者引发大家去延伸历史。

关于展览叙述和项目的呈现方式，个人叙述应该包含历史与个人经验。郑老师可以根据他的视野说明每件事情。展览的一种形式可以例如是，设计一个名为"提问郑老师"（Ask Sheng）的界面，软件首先搜索郑老师自己的文献和资料库，再可以通过网络收集其他关于这些问题的内容。

刘畑：刚才提到的"广场"的意象，可能对最终的展览现场是非常有意义的。这给我两个启发。第一个，我总结为"芸芸"和"冥冥"。"芸芸众生"和"冥冥之中"，一个是众生感，一个是宿命感。在广场的熙熙攘攘、人来人往之间，有些人其实根本不相识，但是冥冥之中相互链接，被转入到一个不可见的"世纪"计划里面，他们之间的各自的角色、他们所携带的信息和能量，其实可以通过一个计划，再次地进行回收。

郑老师本身就是一个非常丰厚的档案，里面蕴藏着大量需要被解压的能量。我想到的是本雅明一句话："历史只有在危机饱和的时候才向历史学家展露它的真实面容。"所以我会期待展的"现场"，或者说人工制造的"广场"，它应该是危机高浓度的现场。通过这个现场，我们可以重访、重新定义"世纪"之中的瞬间，把蕴含的能量引回当下。

我一直反复看曼德尔施塔姆（Осип Мандельштам）的那首《世纪》（Век）——因为听说展览的题目是"世纪"，我马上想到了这首诗，而且也是巴迪欧写那本《世纪》的出发点，包括前面讲到世纪的几种评估方式，敲定世纪的常用方式。那么可能这里有个现象是，虽然我们可以探讨郑老师个人生命史的顺序递进的叙述，但是恰恰在这个计划中，我们可能需要反过来，把它压平在某一个平面上或者空间中，不再以线性展开。做"八五·85"展览的时候，我们是把一个年份的时间点（1985 年）拓展。而郑老师的项目反过来，首先可能需要进行"压缩"，但压缩、挤压、浓缩，恰恰是为了让那些能量被解压缩出来。几种世纪的测量方式，可以扩展转化成几种世纪的属性，或者几种"世纪性"之间的斗争。比如共产主义式的超越个人的创作的，以及这种创作在新自由主义复兴时所转化成的另一种东西等等。几种"世纪性"之间的碰撞，可能可以通过郑老师的个案展开一个斗争的现场。

高初：我提一下项目落地的建议。

第一，要考虑该项目到底是某个具体时间的展览，还是两年期或者更长期的项目。

第二，整个项目的第一个阶段完成后是什么状态？是收束在郑老师身上，还是让大量的线索飘离在外，等待发酵与回收？

第三个，这是庞大的档案项目，展览团队中应该有档案团队。作为档案，它如何吸引美术史青年学者，甚至写博士论文的学生参与。这意味着应提前预估项目的开放性。

郑老师作为"档案丰富"的一位学者和前辈，关于他的档案整理，我立刻想到的是他的家庭影集。家庭影集是蕴含了大量线索的摄影档案。在每一个艺术家个案研究中，除了放在美术馆公共空间的作品之外，家庭影集是最私人、最能被重新打开的研究机会。如果把家庭影集作为展览现场的重要线索，展览是否能向美术史研究方法拓展？

档案项目有很多技术性的问题，比如私人档案进入公共空间的伦理和具体操作流程。还有数据库的处理，比如我们的摄影档案（数据库）用医学数据库采编，并聘请了很多工程师重新编程，因为数据库容量太大。另外，围绕集体署名，不同时期不同人的关联性，我们会做不同的树型结构。数据库结构很适合"黑客松"这样的工作坊讨论。因为艺术档案具有很特别的数据逻辑，还应有更大的愿景，无论是围绕郑圣天老师个人档案，还是数据库搭建开放平台，要考虑它们是否能让其他学者继续不断地植入新的信息与研究。

第四，"六十年的历程"和"全世界范围"是郑圣天老师的两个关键点。"全世界范围"既包含了东西艺术交流，又包容了艺术史和世界史的双重结构。呈现如此复杂的结构是对展览论述和展览呈现的巨大挑战，可以包括论坛、讲座、图录、展览。

围绕"六十年的历程"中的各种问题，比如代际、群体、师承、地域经验转化、审美经验，无论是苏联还是 1980 年代的当代艺术，有一系列的概念都没有得到学术史整理。这个项目能不能成为重新整理一些核心概念的机会？比如"社会主义现实主义"概念，艺术创作者和文艺评论者即使在 1950 年代用的都不是同一说法。这些代际、群体、地域，经过两三代艺术家的交换、派生、演变、吸纳、转换、对抗、裂解、消寂，历史的丰富性是否可以呈现？这都是我们对于展览的期待，也是我们对两年期的档案项目的期待。

张春田：这个项目如何把历史经验的复杂性呈现出来是非常重要的。今天思想界无论是所谓"新左派"还是自由主义的主流叙述，谈到 20 世纪中国，往往都不免简单化，都会以自己的意识形态轻易地否定对方，这种抽象的互相否定，对客观地理解 20 世纪中国经验和教训是无益的，也无从对今天的文化自觉有正面贡献。郑老师特别有意义的地方，就在于他确实以个人的实际经历证明了至少在文化史、艺术史上，两个"三十年"确实不能互相否定，都可能成为今天的资源，以"世纪"为题恰恰把一种更高的整体性凸显了出来。通过郑老师非常肉身化的个案，特别是他像本雅明笔下的收藏家一样收藏了那么多非常宝贵的档案，这些资料对打捞历史、丰富我们的回忆很有价值。刚刚分享历史材料时播放了 20 世纪五六十年代出版一些关于波兰、越南、墨西哥的画集，从中我们也许可以勾勒出一个地图，也就是那时候艺术资源上的世界想象。这个确实跟今天用"全球化"所表达的世界想象是不一样的。如果展览能够把不同的世界想象呈现出来，以及追问为什么会有这种变化，也会很有意思。

对 1950—1970 年代的文学艺术，一种新视野中的"重新研究"特别必要。比如，文学史中，对 1950—1970 年代当代中国文学与彼时世界的关系就比较漠视，仿佛那时候一定是封闭和贫乏的。但实际上，拉美文学为代表的第三世界文学在当时的中国有不少翻译介绍，这一点上跟郑老师刚才呈现的那些艺术上的情况正好呼应。当时古巴诗人、革命者何塞·马蒂（José Julián Martí Pérez），还有阿根廷的巴勃罗·聂鲁达（Pablo Neruda），以及其他很多作家都有翻译，在中国并不陌生。一些研究也表明，拉美、东欧的思想和文学，很多通过灰皮书、黄皮书译介到中国。这与我们想象中的 1950—1970 年代似乎很不一样。也是在这样的脉络里，我才理解了我博士时期的导师陈建华老师在他关于 1970 年代上海的地下诗歌的回忆中所谈到的很多历史场景。当时，他们翻译波德莱尔（Charles Pierre Baudelaire），尝试用波德莱尔式的笔调、文句写作诗歌。那些诗歌现在初看会有年代错置的感觉，非常不同于 1970 年代的主流风格。

我想，随着各种材料的累积，我们关于时代的理解会逐渐复杂化。

1980年代也是如此。现在主流的文学史叙事往往把1980年代文学与之前的文学讲成是截然断裂的，好像新时期的文学忽然从天而降，伤痕文学、反思文学、寻根文学似乎都与社会主义文学的想象以及生产机制没有太大关系了。但实际上，细读1980年代早期的文学，就会发现他们都有社会主义文学的因素，更保持了某种社会主义文学的冲动。这种冲动就是要重建文学与社会的联系，重新把文学作为能够表征总体性的开放空间。这个传统在先锋小说之后确实逐渐萎缩了，文学"回到了自身"，"纯文学"的生产机制建立起来了。原来1980年代以重建开放性的社会主义或者说民主化的社会主义为目标的、比较开放的文学和文化格局也渐渐萎缩了。文学是这样，1980年代的艺术是不是也曾有过那样一种混沌的，还保持了某种总体性憧憬的阶段？先锋艺术最开始的时候是不是不仅以形式上的追求现代为抱负，还有更复杂的历史动力和历史期待？这样的讨论在今天尤其有必要。

董冰峰：我想到的是这个项目包括的研究、策划、现场呈现的问题。我注意到上午郑老师介绍了他画的与他个人的生命经验相关的一批肖像绘画作品，我觉得很有意思。这些人不只是他个人的生命经验的折射，同时可能也是理解中国现当代艺术一些非常重要的案例、对象或者说是网络。这些肖像画既可以作为一种研究的材料，又可以作为中国现当代艺术整体性考察的切入点。

第二，由郑老师介绍的个人材料、经历、研究的状况，我想到的是这些介绍都和我们在今天反思关于中国当代艺术、现代艺术的很多历史性的叙述或者写作的工作都紧密相关。郑老师对以杭州为基地的"'85新潮"是有非常重要的承前启后的作用。他的个人项目也有对 1930 年代早期的现代主义到 1950 年代的社会主义现代主义，这样非常不同的历史时段里关于现代艺术脉络的非常专精的研究。因为种种原因，中国现代艺术史其实一直非常缺乏相应的、更为准确的历史材料，以至于很多关键时间节点的艺术史问题，都因为各种原因忽略或一笔带过。回到郑老师介绍的 1930 年现代主义在中国的种种遭遇——从 1930 年代的摩登现代主义，到战争时期的美术，再到郑老师介绍的"社会主义现代主义"，以及今天我们谈的中国当代艺术，可能这些不同时段的专门性的材料呈现和主题研究，都会变得越来越重要。

第三，郑老师的个人网站"Shengproject.com"就像一个可见的"展厅"。比如从个人材料的分类、整理、呈现，包括清晰的组织架构都可以让观众、观者来了解、搜索、研究和观看，这已经非常接近我们今天讨论的主题，关于具体空间展览策划的一种工作方式。郑老师的艺术研究和策展的工作，和以此为基础外延到中国现当代艺术的整体性研究的视野的具体工作。郑老师的这个网络，也许是这个项目里面非常重要的展示或者组织策划的要点。

孔令伟：郑老师像是历史现场的目击证人。他本人是中国现代艺术实践的参与者、策划者，他身上所体现出的活生生的、真切的历史感，直接消解了我们头脑中文本化、定型化，甚至有点概念化的历史。这个项目带来了直接、巨大的思想方法上的冲击。换句话说，就是用历史本身来反驳"历史"，这是一个有趣的悖论。

在郑老师身上，我们可以看出一对矛盾。第一，当事情正在发生时，谁也不知道后面会发生什么。对当事人而言，历史其实是非常真切，甚至非常琐碎的体验，事件发生具有偶然性、不可预知性。以此返观历史，历史中稳定而又固化的东西都被消解了，从当下的未知性出发，我们会充分理解历史事件中相关人物的思考方法、参与方式与意念意向。

谈论中国现代艺术，我们总是从 1930 年代谈起，从抗战时期、1950 年代到"'85 新潮"，再到 1990 年代以后的新艺术，似乎其中一条天然的隐形脉络。这种思考方法稍微带有形式主义的自我设计意识。我们说，如果真有必然的联系，那一定要与具体的历史人物联系在一起，而且要承认历史人物本身的跨越性、不确定性。比如倪贻德，他本人是 1930 年代早期现代艺术运动的策划者，后来又作为新政府军代表接管了杭州艺专，身份转换非常特殊。这种复杂性在非常有效地对抗着"历史形式主义者"的自我设计。所以我们说，现代艺术家或者理论建构者要警惕自身的形式主义思考方法，要更关注历史事实，更关注历史人物的所思所想和尚未定型的现实世界，否则很多问题将无法解释。

第二，事件发生之后，回顾中的选择和判断同样艰难。例如全山石画了大量革命现实主义或革命浪漫主义的作品，但在 1990 年代出版个人画册的时候，这些作品并未收录，肖峰也是如此。当"'85新潮"、现代主义风潮在中国大地上涌动时，老艺术家总觉得以前创作的革命历史画不是"艺术"，吴冠中怎么可能画"炮打司令部呢"？如果说老艺术家的年画、宣传画比他的"笔墨画"、"现代画"还要精彩，那简直就是人身攻击！但后来，当"红色经典"这一概念成立后，我们才开始重新珍视这部分作品。很多老画家都有大量革命题材绘画，原本要把画布都拆下来，只保留"值钱"的木框，重新绷上画布作画。但事情随后出现逆转，老画家渐渐意识到这些作品的价值，出版画册时，也一定要把这一类作品收录进来，朴素的、土得掉渣的人物形象反而弥足珍贵，成了艺术家具有特殊经历，或作品具有特殊意义的证明。这让我们感到了历史本身那带有荒谬色彩的复杂性。

这种复杂性在"圣天作业"中一览无余，以历史现场的目击证人，历史活化石作为展览名称，本身就是对历史复杂性的有力表述。这不是历史虚无主义，而是挽救历史的唯一方法。重建历史感比强有力的叙事更有价值。

郑老师的反思与经验应该予以重视，比如他介绍的"社会主义现代主义"这个概念。"社会主义现代主义"比"革命现实主义"与"革命浪漫主义"更复杂，也更有涵盖能力。"社会主义现代主义"是指在社会主义语境里同样在建构现代主义，其学理上的脉络值得深思。同时，"社会主义现代主义"概念也让人联想到"文革"以后发生的许多重要事情。比如"文革"结束后，早期现代艺术运动——"星星美展"与江丰的支持息息相关。再比如周扬的观念转变对中国现代艺术的导向也值得探究。周扬在"文革"后复出，思想发生了极大的转化，谈人的异化问题，这类讨论与 1980 年代以后思想解放运动密切相关，也刺激了文艺界思想解放运动的大潮。然而，最初对于人性、异化问题的深刻讨论后来被转移成美学大讨论。

因此郑老师的项目我觉得有两点值得深究。第一，我们能不能用历史感拯救历史？第二，郑老师本人的思考和建构。作为历史证人与亲历者，他提出的概念值得重视，夸张一点讲，这些概念是历史本身更为"贴身"的外衣。

余旭鸿：1991 年夏天，我跟几个小伙伴到杭州来学画。买到一本 1987 年河北美术出版社出版的《留学画家油画选》画册，书里有胡振宇、蔡亮、郑圣天、徐芒耀等 1980 年代中国政府派出海外留学的艺术家的作品。我至今还记得一幅郑老师画的身穿白衣和红背带的金发少女的油画。当时，我在临摹这幅作品时，非常诧异：金色的头发，边缘竟还保留着起稿时的天蓝色。在1991年杭州学油画考美院时期，我们接触的都是列维坦、列宾这类画家的作品，以及苏联风格的中国油画，像郑圣天老师这样表现主义的中国油画极少，那时候郑老师对我们来说是个谜。

去年，在梳理"我们在绘画中——中国油画国美之路"展览线索时，我们发现，关于郑圣天老师在油画系那段时间的叙述还远远没有展开，对于1984、1985年郑老师当系主任时，油画系的教学以及艺术思想，我们深入得也还不够。在面对中西语境或者个人命运的时候，历史有各种机缘巧合，正如刚才几位老师提到的"偶遇"，"偶遇"包涵了更加紧密的可能性。也就是说当时他所展开的艺术叙事、绘画结构、教学改革、思路突进等还没有被有力呈现，但历史就在其中，我们现在讨论很多的浙美"'85新潮"现象，就在其中。

郑老师在中国美院的历史叙述，以及中国当代艺术的结构中，是非常有效的坐标，这种存在让我想起卡尔维诺（Italo Calvino）的话："我们寻找失去的未来"。

石可：关于广场，也就是这个项目到底是否蕴含公共性？蕴含什么样的公共性？当我看到海报上的"人生就是一个广场，人来人往，熙熙攘攘"这句话的时候，我觉得这个"广场"就是"无物之阵"，在它背后是中国古典人生美学"太虚幻境"那样的诗意，重点在于"诗意"。广场是人的游历的场所，无论是但丁那样历游三界，还是现在时兴的时空漫游，或者是《西游记》那样的历险，都和这种人生游历不一样，广场上的人生游历，没有目的性。这种游历者是，即使不知道将来会如何，还是要去做的状态。它是一种乡愁，按照希腊词源的解释，是一种带着痛苦的回顾。这里所说的痛苦，是历史经验，并非历史伤痕。它是追求本真性的，能通过现象达到真的事实性的人的经验。

我们一直缺乏对这种历史经验，以及历史经验中存在的潜意识和集体潜意识的真正探索和认识。它背后是所谓的"普遍人性"，是悲剧意识，是救赎的可能性，是那些20世纪上半叶中国文化界呼唤，20世纪后半叶不停地被批判而一直在我们的生活中缺失的东西，少了它们，我们的灵魂就是无法安放。它是我们不愿触碰的，因为我们集体潜意识的恐惧就是来自对这种探索曾经有过的严厉惩罚。无论如何，如果展览能够还原当时1950年代身穿哥萨克衣服参加化装舞会，《青春之歌》式的意气风发，以及随之而来无人知晓即将发生什么怪事的历史现场的话，我觉得会是很棒的展现。

我们一直心存对"西方中心论"的焦虑潜意识，因为我们一直是被论述的对象，我们固然应该把论述的权力夺取回来，但同时也不能当鲁迅笔下的"孱头"。所以，一句题外话，我理解，在过去那种单一的，避开本真性的叙述之后，现在事实的叙述突然有了两种逻辑，谁对呢？或者说谁是事实呢？谁更事实呢？恐怕两种都是事实，但也都不尽然，因为这中间的关键问题是开启对话和理解，而不是互相排斥，不是你死我活的一风压倒另一风。所以说，我觉得海报里"两种"的英文不应该是"two kinds"，而是"two modes"。

那么，郑老师这样的角色在历史中到底是什么？他在中国当代艺术发展中的角色到底如何？我觉得是agent（代理者）。历史通过这样的人发生了。我们避开宿命论与历史能动性的争论，郑老师正是关键性人物之一。我们回顾过去，是为了思考现在和将来，以及未来的人如何在其中获益。

陆兴华：我也挑剔一下题目。首先总题目我建议是"The SHENG PROJECT"，这样大气。"两种国际"，其中"国际"是 international，两个国际就是"Two Internationales"。

牟森：郑老师是艺术家和教育家，经历了 20 世纪一大半的时间。对于展览，我更感兴趣叙事视角。广场作为存在，世纪是时间，国际是空间。"人生是一个广场"实际是巨大的流动的存在。"广场"有两种视点：一是置身其中，一是俯瞰。郑老师用"偶遇"来界定自己的人生态度，这已经把自己放在自我俯瞰的视点上。郑老师是串联者。

关于偶数和奇数，和郑老师作为巨大的流动存在的命运感，这让我想起罗伯特·弗罗斯特（Robert Frost）的《林中路》。林中有两条路，伫足林中，看了一条路半天，最后走了另外一条路，于是最后在想如果走那条路会怎么样。所有的偶然中，最初始的偶然带动了以后所有的偶然。我猜测去美国也许就是开始的偶然。1980 年代初的改革开放，去美国还是欧洲是大不相同的。如果这个计划能够超越简单的艺术作品展览的话，这可能是其中可以考虑的要素。郑老师的资料文献很多，他能牵动与打通三个时期的人和人、人和事件的谱系。陆老师用"照面"来描述人与历史的发生，而我更愿意用"羁绊"来描述这种关联。

孙善春：郑老师当年到美国的最终的目的是什么，他心里是否有计划，最终促成他一生的波澜起伏的人生轨迹。我们更看重"轨迹"，而不是动因。动因如深渊，很难测探。

在古罗马时代，轨迹是把人从所谓的命运中解救出来，把他投入到另外更大或者更充分的命运当中。我觉得命运很难把握，最终考验的是我们对历史的把握，就是自己如何在命运当中展开。所有如其所示存在的世界中展开的就是人的命运。

高世名：牟森讲的"羁绊"，人生的羁绊是迈不过去、绕不开，也丢不掉的感觉。牟森是做戏剧的，古典戏剧的核心就是命运。

牟森：郑老师把自己经历的时间轨迹作为命运对象。这是"SHENG PROJECT"的开放视野。我不了解郑老师是否跟宗教有关。我觉得从郑老师的父系再往上延伸，然后通过郑老师的学生，以及学生的学生再往下延伸，用某种形式并置纵横交错，它一定不是石可说的"神话"。

郑圣天：在学艺术的经历中，墨西哥对我非常重要。前几年我在上海看过一些林风眠的作品和资料，我非常惊奇地发现，在林风眠 1924 年从法国带回来的少量的书和画册中，有一本就是《墨西哥艺术史》，这在当时是很罕见的。在我的研究中，中国最早介绍墨西哥壁画的是鲁迅先生。鲁迅先生出版《北斗》杂志的时候，每一期都要以编者的名义介绍一位艺术家。1931 年《北斗》第二期介绍了迭戈·里维拉的壁画《贫人之夜》。鲁迅先生影响了中国一批版画家，包括王琦先生。鲁迅先生在文章中批判过现代主义和现代艺术，认为"为艺术而艺术"要走向没落。真正的艺术应该为大众、为人民。这与刘大鸿的观念很接近。这种思想传给了王琦先生那一代人。因此才会出现黄鹤楼大壁画和广州的毛主席巨像壁画创作。我第一次是从王琦先生那里听说墨西哥壁画，那时我才十一二岁。1950 年代，我也有机会亲眼见到巨大的墨西哥绘画艺术原作。"文革"以后，政府要派学者到国外学习，美术界也有名额。学校没人能去参加考试，当时的院长问我能不能去试一试。我说可以，我想去墨西哥。英文考试通过以后，我向教育部申请去墨西哥，教育部要求我学西班牙语。可是当时没有地方教授西班牙语。因为美国跟墨西哥比较近，我决定去美国。可是教育部不同意，于是我开始准备去意大利。还跟中央电台的意大利语播音员学了一段时间的意大利语。在已经准备要办出国手续的时候，教育部告知，意大利外交部把我的文件弄丢了。由于时间已晚，教育部就让我去了美国。

高世名：这很精彩。本来是要去墨西哥的，结果去了美国。

赵川：听郑老师提到墨西哥对他的影响，这是一个很美妙的瞬间。突然之间感觉到什么是"偶遇"。就是说是身体在那儿，我们遭遇了、经历了，这是非常鲜活的瞬间。郑老师的人生经历可以分成好几个段落。段落之间似乎连接，却又跨越。其中有非常复杂的交织，里面有各种各样的脉络。

回到展览，听刚刚那位老师讲，技术层面似乎不成问题，手段也非常丰富，但展览如何能够保持我们刚才听郑老师讲那一段的鲜活？我觉得这是策展团队需要考虑的事情。

上午呈现的过程，让我们似乎能触摸到历史。种种的遭遇、偶遇或者不知不觉、莫名其妙出现的现场，后来都成为非常重要的现场。所谓"偶遇"不是循序渐进过程里的相遇，不是约会，不是有所准备，而是突然而至、突如其来的意外。它内藏的激进性，是源自现场本身的变革可能。如何把握这种激进性背后的动能？动能是什么？我们今天坐在这里讨论的一个一个阶段，它就是由这些动能推动的。包括像提到墨西哥，在这里有一种豁然开朗的感觉。我开始还在想怎么联系到王琦了？原来通过墨西哥连接起来。所谓的前朝，20世纪五六十年代甚至更早时候的铺垫，它与今天的关联。这里面非常有意思。它在后面成为一种能量。我非常感兴趣！

高世名：说得非常精彩！就是我刚才一刹那想说的话。

中文里的"对"和"错"，就是"对上"和"没对上"，这就是偶遇。偶遇溢出了因果，它所指向的命运感不是笼罩式的宿命，它已经留下了足够多的空间给予各种轨迹。刚才说的"对"和"错"，"错"是"没对上"，"对"就是"对上了"。同样的事实，你既可以用一种逻辑说它错过了，可是用另外一个逻辑它又是对上了。

我刚才听到"我本来是要去墨西哥的"的美妙瞬间，我非常兴奋，脑子里冒出了这样一句话："一切可以不是这样的。"虽然除此之外还有无数种可能，或许它们并不比这一种可能更加美妙，但这个意念让我着迷。"一切可以不是这样"，是我们面对这个问题的很重要的一点。

虽然郑老师可以做年轻的学生辈的爷爷辈了，但不要把他当成简单的历史老人，他是个年轻人。此外，郑老师不只是我们一厢情愿认为的一把打开历史封闭之门的钥匙。他将几十年的经验公开摊开。这是这个级别、这个年龄的人常常无法做到的敞开。我非常感动！郑老师把 2000 年之后的写生也全部拿出来。这是极其坦荡和磊落的状态。这很了不起！

刚才我们讲到"广场"的意象，以及"人来人往，熙熙攘攘"，都出自郑老自己的描述。实际上我们也已经在广场里，身在其中，并作广场上的一分子。我们是刚才讲得很复杂、很多线的命运共同体，偶遇的共同体。我希望得到大家的回应。

孙善春：高老师说的"对"就是面对，敞开式的面向；"错"是交错，古人说的纹路等等。大家说的"广场"，我把它归纳成冥冥之中自有定数，自有命运；芸芸众生之间自有历史。中间犬牙差互、勾心斗角。

如果做展览，我觉得展览可以从两方面展开：首先，从框架上来说，郑老师的偶遇或者历史没必要制作成档案；其次，可以展示他的偶遇，一个我们参与其中的偶遇，形成犬牙差互的状态，试想它能够交错形成一个怎样的瞬间，或者说充满危机的历史时刻。

陆兴华：我就展览本身说几句。通过"八五·85"和一些重要艺术家回顾展，中国美院策展团队做这类展览已经很熟练。这次展览如果要成功的话，我觉得需要推翻已经做过的回顾性展览的框架。打碎自己之前的框架，这才是艺术展览的本意。

"偶遇"照阿尔都塞的解释是：你是偶然撞进去，但是它把你算在里面了。比如说胃出了毛病，医生让我们喝一种液体。液体帮助 X 光拍照的时候形成反射。相互偶遇的双方好像各自给对方身上涂了银色。于是人家拍照的时候特别容易拍到你。在历史的故事里，你偶遇了，就更容易被抓拍到。偶遇的概念我觉得要再充分地展开。

我们中国人的历史观总是太紧绷。刚才好多老师都讲到历史感，好像都担心郑老师当时重要的经验会被冷落、被忘记。这是我们的过度焦虑。我想要提醒大家开放自己的历史想象。例如，展览被构思时，我们对郑老师的历史位置是清楚的，但郑老师的父亲走进来之后，我们就有点糊涂了。如果郑老师的女儿也被放进去，就会越来越模糊，我们的历史感也变得不再清晰。这就像清明节我们到祖辈的坟头去怀念、敬礼，一开始事情是清晰的，可是小孩子开始哭闹，妇女们弄起了八卦，老人之间也为过去的琐事纠缠，于是越来越乱。这时，我认为，我们就不要去搞清楚历史感了，还不如坐下来，把历史里面的人物都从墓里"邀请"出来，倚着墓碑一起喝场小酒，围着跳几圈舞。当我们对历史真实性、本真性不那么计较后，我们就能够这样放松地对待它。这个计划可以是我们对中国现当代美术史，对西方艺术史表态的机会。

高世名：回应一下陆老师刚才的话。从展览来说，我自己有一个关节点，2010 年我做完"巡回排演"（Rehearsal）展览之后，我就不做常规性的展览了，因为我那个时候对于展览已经迈过去，形成了替代它的东西——排演。排演并不是简单的戏剧形式，而是对事情的理解。几年前在北京，牟森问我什么是展览，而且必须一句话说出来。我说，展览就是"展开一览"，即充分地展开一个历史的结构。在"SHENG PROJECT"，我们要充分地展开它，让它能够在有限的时间里面被"一览"。这是回应刚才陆老师讲的，要打碎回顾性展览的惯常模式——档案化模式。道理非常简单，我们在广场之中，我们并不是在广场之外去呈现、再现广场。这是基本的态度。这涉及阿尔都塞意义上的"偶遇"和"照面"，不要以为有一束阳光可以照亮时间的黑暗，也不要说智性的烛光，或者说没有可以驱散历史暗夜的烛光。你要想跟历史照面，跟历史的事件照面，只有自己撞上去，撞出火花，只有在撞击的火花里面再造一个现场，才能"照亮历史"。赵川兄刚才听到墨西哥的时候，整个人突然变了，这是非常让人激动的。我们的讨论已经完全超出了展览的意义。

这张桌子上的上一场研讨会发生在 9 月底，研讨的内容是古根海姆在 2017 年关于中国当代艺术的全馆大展——"世界剧场"，展览以黄永砯的作品命名。"SHENG PROJECT"是古根海姆的"世界剧场"展的结构无法消化的，它完全是异质性的元素。如果说古根海姆的大展会被大众传媒、艺术界人士认知为重要的历史事件，那么这个事件中就有一个"偶遇"，一个异质性的力量在里面。通过"SHENG PROJECT"，这里有了偶遇的力量。

刘畑：提到古根海姆的"世界剧场"的计划，这个项目某种意义上正好对上了，这里是"世纪广场"——上海还真有一个地名叫"世纪广场"。刚才我提到展览可能是危机饱和的现场，某种意义上它是用一个危机饱和的现场的诸种"可能世界"去打开一个"可能世纪"。借用前两天"黑客松"的术语：世纪的多个、复数的原型（proto-types），在其中，有一个小小的艺术世界，中国当代艺术——而正好，它的所有因素、它的生成，郑老师的脚步几乎都遍历过。这个意义上也就打开了弗罗斯特那首诗。我们可以理解它是把一条轨迹展开为一个平面，展开为一个树状的可能性，把一条轨迹展开为一个广场。轨迹其实是由失落的部分构成的。

关于"回顾"的问题。曼德尔施塔姆的《世纪》最后一句透露出某种信息，他把"世纪"比作野兽，而且是断掉了脊椎骨的野兽，但野兽试着去回首，看自己的脚步，看自己的轨迹。所以巴迪欧评论说：世纪的知识的形而上学是野兽的类型学。我的理解就接近刚才我所说的几种"世纪性"的斗争。作者说野兽的脊椎骨是断裂的，但是可能有某些个体的生命通过血液是可以完成黏合的。作者提到由婴儿的柔嫩的软骨去生成新的世纪，以及在波浪中其实存在一条无形的脊椎骨——这与策划"八五·85"展览时，高老师反复提起的"历史作为一个洋面"是相关的。这可能存在的"不可见的脊椎骨"，可能也是我在最初的时候追问的回答：侵蚀的最后，遗留下来的东西是什么？

陆兴华：我们去国外，一些外国人老是会因为我们是中国大陆过去的、有社会主义经验而关注我们，虽然这种经验并非出于我们的意愿。这是命运的安排，已经这样了，很残酷，但也美。我认为，我父亲这辈人身上的社会主义经验当时在"文革"时被展览，是无法讨价还价的。这是最大的展览，是在历史当中最算数的。而艺术展览可能只是一个象征行为。我曾向鲍里斯·格罗伊斯说及这一点，他回应得很好，他说，像我父亲这样的被卷入"文革"和社会主义大生产过程中的人，本身就是艺术展品，沃霍尔（Andy Warhol）从美国望过来，惊叹的就是这种当时的共产主义世界的展示性：普通人在那时由于压抑和贫乏，反而亮了，有反光了。而今天你我这样的芸芸消费者，在这个世界里酒足饭饱，却是无光的，是会走路的商品而已。

我想把墨西哥的问题跟"偶遇"结合起来讲。马拉美（Stéphane Mallarmé）的诗歌里有大量类似的例子。刚才也讲到非常重要的思辨实在论，可以结合进来。去不了墨西哥，而本来应该去的。那么，既然发生了这样的偶然性，我们就要当真，让偶然性来得更强烈、更凶猛些，马拉美和最近的思辨实在论者都这样认为，掷两遍骰子吧，这样的偶然性才坚硬。"我本来要去墨西哥的"，就这样只能给你去美国了，可能反而是更有反光、更刺眼的历史材料了！就把这个去不了当作郑老师命运里面的定海神针吧，接下去，命运终于开场，在我们的展览里。我想要提议，我们让偶然性、偶遇和阴错阳差来当展览的主角好不好？

我个人感觉，面对这个所谓的以"'85"为起点的中国当代艺术的当代史，郑老师真的看上去像狄奥尼索斯，他的出走北美，他的变形，他的不断学习和时时更新，真的会让我们的著名艺术家们很难受的！中国的某些著名艺术家越来越保守甚至走向精英式种族主义，而郑老师却像一条河，越走越宽，不断学习，使得跟在他后面的年轻人好难受！他的存在，我觉得使我们今天对于近三十年中国当代艺术的历史的讲述变得不能算数，因为老师还在学，还在变！我们的历史叙述搞不定他的行止的。

所以我还有一个方案提议，就是以郑老师的当前状态，以他一人来对决整个中国当代艺术的当前实践，让大家都与郑老师自比一下，像来留个影一样，或者说，强迫人人来这个展里自拍一下，摸摸自己的屁股。这样的展才有意思。如果回顾郑老师一生的成就去了，那我认为就无趣了，所取的历史观在我看来也太猥琐了！

我这样说是基于这样一个认定：由于郑老师的国外经历，由于他懂外语，由于他在中国艺术院校潜伏很深，由于他开放和好学，他目前手里捏造的这张地图可能是中国当代艺术场所域里的所有人手中最大、最全和最灵活的。他是一张活地图。他看到了大陆当代艺术的钱物交换的红火，也为它高兴，但他心里是有另一套搞法的，但也不来强加，取半旁观的姿态。这一点是会让我们中国当代艺术的投身者汗颜的。

刘大鸿：我们不要担心"传奇"。我觉得这是无所谓的人为概念，它是怎么样就怎么样。讲到传奇，你们都不敢相信，我和郑老师一起入党。现在很多人都回避党员，而且听到入党就吓得要命。一个艺术家，哪怕已经位置很高，他都不愿意说自己是共产党员。这点很可悲的。你明明是共产党员，而且当时很真诚地入党，都回避，都说自己是自由艺术家。他明明是自由艺术家，还跟我借画室。我说你不是自由艺术家吗？怎么还跑来找体制内的艺术家借这个借那个？应该在一个现实语境里面谈任何问题。

谈到墨西哥，谈到共产党员，我觉得这是一个很重要的线索："共产党员艺术家"是一个很特别的点，也是 20 世纪非常重要的一个概念。我们知道，毕加索是一个法国共产党员，西盖罗斯是墨西哥共产党书记。很多人为什么是共产党员？他们当时入党的语境可能完全不一样。要看入党是什么时候，为什么要入？我和郑老师是胡耀邦时期入党的。为什么要入党呢？是因为当时倡导大学生入党。那时候，我说"你们选我当班长，我当班长可以对风气有好处"。现在的学生可能不能想象：自己要求当班长，入党。很多人至今误解，并用很现实的考虑来衡量党员的概念。其实我当时非常明确入党是怎么回事。那个场景本身就很传奇：老师代表就是郑圣天老师，学生代表就是我。我们俩人一起参加入党会议。你说真不真实？非常真实。也可以说很神话。在中国你要回避神话没有必要。没有必要把这个事情当作特别在意的事情。

高世名：在 2008 年广州三年展时，刘大鸿的一件作品《马上信仰》被审查出很多问题，结果刘大鸿就直接对广东省文化厅厅长秀他的党龄：我的党龄比你长。今天的知识分子要有本事，你别躲藏，你接住刘大鸿的话题，那么你就牛，你如果接不住，那么这些理论、思考都是不算数的。

大鸿提的这个问题，把我们也导向了刚才谈到墨西哥的时候，郑老师要试图去连接的实际性的东西。他为什么这些年一直在多个场合讲述社会主义现代主义？陆老师刚才点回去，社会主义现代主义绝对不止发生在 1950 年代、1960 年代，这是一段时间的历史现象。实际上如果再往前推到欧洲的艺术史，我们还会发现一种现代主义的社会主义，这是另外的一个面相。这个面相也应该得到思考和讨论。

还有高初提议的我们在做这个工作的时候，是不是有另外的收获？社会主义现实主义会不会因为社会主义现代主义而被重新照亮？或者说被重新的定义理解？这也是有意思的角度。

郑圣天：20 世纪的美术史论述或者文学史论述，或者其他历史观，长期以来受到冷战思维的影响，所谓帝国主义阵营和社会主义阵营是两种对立的力量，这种对立影响到意识形态的各个方面，因此在传统观念或美术史的教育以及政治课里，一直认为西方现代主义和东方的社会主义是完全对立的两种意识形态。中国历史也许可以用 1949 年来切割，1949 年以前中国是受到西方现代主义的影响，1949 年以后是受到苏联社会主义现实主义的影响。但是这种观念实际上是比较简单化的。回想起来，1950 年代中国年轻的艺术家受到墨西哥艺术和其他西方进步艺术家的影响，或者说是老一辈的现代主义的像倪贻德、林风眠，包括甚至胡一川，都不能完全归到社会主义现实主义这个范畴中去。所以我一直在考虑这个问题：究竟如何形容这种文化现象？

直到有一次，我和美国一个保加利亚出生的教授交谈，他说他们称之为"社会主义现代主义"，东欧学者一直在研究这个问题，特别是前南斯拉夫与前东德。他们从来没有完全归顺到"社会主义现实主义"范畴中间。他们的文学、戏剧、绘画、建筑都处于非常含混的状态。这种状态用什么定义？最后就想出来"Socialist Modernism"。现在已经有很多这方面的书籍出版。最流行的一本是一位斯洛文尼亚摄影家的书，他到东欧前社会主义国家，包括乌克兰、俄罗斯等，把社会主义时期修建的现代主义建筑拍下照片，出了一本图集。非常有意思！他认为社会主义国家的现代主义的建筑可能比西方还要活泼、生动。最近在网上传的帖子是俄罗斯的很多汽车站，但是更多的是纪念碑、公共建筑、体育馆、剧场，它们的现代主义倾向非常明显。因此一个德国学者说："我们要恢复真实的社会主义时期的面貌。"

在谈论历史的时候，我们谈的都是概念中的社会主义现实主义，类似 1950 年代电影里的社会主义。但是我经历的社会主义不是那样，它不光有现实主义的艺术家，同时也有像林风眠、吴大羽这样的艺术家，他们还在画画，他们也有意识形态的转变，他们在思想上成了共产党的同路人。林风眠也画渔民、农村，可是他的画风还是只能说是现代主义的画风。所以从这个角度来说，我觉得中国应该对从 1950 年代一直到"文革"期间存在的现代主义现象做更深入的研究。

高世名：2010 年的上海双年展是按照一幕一幕排演的。第一幕是胡志明小道。第四幕是我们跟南斯拉夫的 WHW 策展人组合做的项目——"甜蜜的 60 年代"，它的真正的标题是"铁托的社会主义自我组织"。刚才郑老师讲的那个年代，其实存在种种的 minimal utopia（微型乌托邦），种种的模式，不同的道路。因为冷战是双向遮蔽的叙述，它们后来被冷战的意识形态掩盖掉了。这就是为什么在柏林墙倒塌二十年之后，齐泽克（Slavoj Žižek）在《纽约时报》上发表讲演，大意是：1989 年迅雷不及掩耳之势的柏林墙倒塌，我们直接被给予了资本主义。但是实际上我们当时要发动这样的变革，并不是为了要达到今天以及后来被给予的东西，是要有另外的可能性，我们还有很多其他的做法。但是也是另一半的偶遇，它们被拖到了今天这个轨道，然后发生了后面二十年各种各样的事实和遭遇。这就是为什么当我们听到郑老师讲"本来是要去墨西哥"的时候产生强烈的感受，就是"一切都可以不是这样"的感受。

这里我们也要注意另外一种解说。新美术馆（New Museum）曾经做过一个展览，就是乔尼（Massimiliano Gioni）策划的"Ostalgia"，核心内容是一些在东德的社会主义体制之下的概念艺术、行为艺术创作。"Ostalgia"这个词是柏林墙倒塌之后专门发明的词汇，讲的是东向的怀旧，大家开始怀东德的旧。这样的感受也需要注意。无论如何，我们并不是又一次的 Ostalgia。

另外一个案例是毕肖普（Clair Bishop）在 2009 年做的展览，是关于华沙的 1968 年。1968 年发生的不止是中国的"文革"，西方的五月风暴，或者美国的花朵革命、嬉皮运动，在华沙也有一次运动，它与法国、意大利、美国完全不同，跟中国也不同。据毕肖普介绍，展览在当地激起学者、艺术界的批判，具体情况不详。但正如郑老师所讲，有非常多的人在研究社会主义现代主义。这样的背景下，我们其实很可以理解毕肖普的论述一定会遭遇不同的批评。

陆兴华：格罗伊斯曾讨论过这个问题。他认为就现代主义来说，欧洲人将其落实到形式、创作里，而苏联和中国是将之落实到生活里面。制度改造，甚至当时整个生活是按照现代主义的方式来执行的。如果追究东西方的现代主义，哪边更彻底？我们中国这一边是搞到生活实践里面去的。我觉得这是蛮重要的。

石可：我对文化多元主义其实也没有兴趣。我的纠结点关于本真性。因为不同历史经验的人对同一事情的看法一定是不一样的。我纠结的是解决集体创伤，和将来和解的可能。第二个事情是革命后社会人的经验。事件的动机与我们重新命名一个被遮蔽的历史现象，这是不一样的。但我不愿意看到是拐弯拐猛了。这在以前一直发生。广场原来是什么样？先把这个问题落地以后，我们再考虑未来。如果说这个时间是面向过去或面向未来，不理清楚的话，就会发生拐弯拐猛了的事情。而这对解决集体创伤不利。

高世名：我也警惕拐弯拐猛了的问题。石可的意见对我们是重要的提醒。但是，"文革"为什么要被理解成一种集体创伤呢？

就造业的力度和强度来说，20 世纪的中国历史有比"文革"强烈得多、规模大得多的事件，为什么"文革"被强调成为极其可怕的创伤，集体性创伤、命运性创伤？原因是"文革"是一少部分能立言的人的创伤，知识分子的创伤。

我并不是同情"文革"或者赞同"文革"的人。我只是说，今天在进行历史思考的时候，很重要的工作是要穿透"后文革"话语。"后文革"话语是理解 20 世纪的重要壁障。

张春田：就社会主义现代主义我做一点补充。确实在中东的 1930 年代，社会主义阵营内部有过关于现代主义很著名的争论——卢卡奇（György Lukács）和布莱希特（Bertolt Brecht）的争论。卢卡奇强调经典的现实主义，他区分描写和叙事。描写是写实主义性的，后面没有整体性，但叙事背后有整体性框架。布莱希特不赞同卢卡奇的观点。布莱希特觉得创作手段或者创作形式的多样性，创作本身的革命性探索，是社会主义现实主义应该包容的。

作为第三世界，中国的现代主义也很复杂。比如说鲁迅非常推崇木刻。20 世纪 30 年代的木刻创作是现实主义还是现代主义呢？我们不要拿后世的标签去标注它。我记得徐冰在古元去世后写过《古元的意义》，通常古元被讲述成延安绘画的代表，特别强调艺术为大众等，可是古元的意义对于中国 20 世纪的艺术来说却是他的开放性。我觉得"社会主义现代主义"这个标签并不重要，但是它可能触发我们去思考一些从前的问题。

赵川：我是画画出身的，1980 年代初，我在美院附中读书，当时墨西哥绘画对我也有非常大的吸引力。几年前，我去了墨西哥，如遇故人。墨西哥壁画如此随意就能看到。它不在美术馆，而在许多公共场所里。在 1980 年代初，它吸引我的大概就是社会主义现代主义那种可能性。它既是社会主义的，可以与我们之前接受的意识形态结合一起，同时它又可以与我们的美术技能学习结合起来。它不是美院主流里的虚假东西，它喻示了某种现代化实践方向。

郑圣天：墨西哥是一种集体的理想，而不是我个人的理想。

"文革"结束以后，第一个最重要的当代艺术活动不是星星画会、无名画会，而是北京机场壁画。北京机场壁画是一代人聚集起来的梦想——像墨西哥人那样创作。而"文革"后终于有了这个机会。当时提倡壁画最重要的力量是张仃。张仃接受了北京新机场的壁画任务，要创作一批中国有史以来最重要的既革命又创新的壁画。他组织了当时国内最强的力量，包括袁运生、袁运甫等，他们在北京机场画了十几幅创作。当时这是破天荒的创造。首先，在政治上它打破了传统的主旋律的框架。其次，在形式上，它突破了社会主义现实主义，具有象征主义、抽象性等不同的特点。创作内容各种各样，有风景画等。这个壁画运动是"文革"以后中国当代艺术的序幕。它非常重要。所以我说我个人只是这一代人中的一员。我当时没有机会参与这个壁画运动，只是很羡慕。可是那些艺术家已经在实践了，特别是张仃先生，他说对于中国壁画家终于有一个机会能够像墨西哥、拉丁美洲艺术家一样地去创作，他觉得是中国艺术非常重要的里程碑。直至他去世以前，我去采访他，他还是这样认为。为什么墨西哥会吸引中国 1950 年代、1960 年代的艺术家？我的老师董希文先生曾经提出一个口号在当时广为接受，他主张艺术要有革命性、现代性、民族性。这个口号是很全面的，各方都可以接受，主张社会主义革命艺术的人可以接受，主张现代艺术和主张传统艺术的人也都能接受。而墨西哥壁画恰恰创造了这样一个范本：它既有革命性，又有现代性和民族性。

赵川：还有民众性。

陆兴华：郑老师最初接受的现代主义是 1950 年代王琦老师介绍的现代主义，听上去当时现代主义在上海已经扎根。既然已经扎根了，我们就要很当回事情。我个人体会是，中国艺术现代主义好像是我们接受的一种激进的革命主张的纽带。在有了对现代性主题艺术向往的基础上，要"革命造反"显得很合理。

郑圣天：非常感谢高世名、晓林组织这个工作坊。我就很喜欢"工作坊"这个词。我觉得工作坊比展览会有意思。我宁可开三五个工作坊，不要展览会也可以。这有点像旅行。去哪儿不重要，重要是要走，要去。我是喜欢旅行的人，在旅行的过程中会有偶遇。我相信在筹备的过程中，会认识更多的新朋友，会得到更多思想上的启发。我的每件事情都没做完。在大家的配合、合作之下，我相信这些事情都能够做下去，包括对社会主义现代主义的认识，中国壁画的发展，"文革"艺术的思考等。相信在以后的工作坊上，我们可以当成专题讨论。谢谢！

高世名：我们谢谢郑老师！刚才有朋友谈到，郑老师是 agent（代理人）的时候，我在笔记上立即记下来：到底是 agent 还是 subject？到底是代理中介，还是一个主体？当然，他既是 agent，又是 subject。如何来处理这个问题非常难。今天我们其实是头脑风暴的一天，打开了非常多的界面，在展开的意义上，这是非常重要的。

当然还有一些问题会留下来，比如说不断地重返那些现场，到底是一种征候，还是一种治疗术？精神分析里有一种治疗术，就是让你重返现场。从展览来说，它应该是非常精彩纷呈的故事，还是史诗版的叙述，或是像徐晓东、孙善春讲的静水流深？哪一种方式的气质、调性更好？

我们看到，郑老师是完全开放，完全打开的。所以大家不要把讨论理解成对郑老师的评论，而应该把我们自己理解为广场中的一员，偶遇一页历史的一分子。

最后再次感谢所有今天来参加工作坊的各位，谢谢大家！

浅析 1956 年
《中国美术家和墨西哥画家西盖罗斯座谈（记录）》

唐晓林

　　1956 年第 3 期《美术家通讯》上刊登了一篇《中国美术家和墨西哥画家西盖罗斯座谈（记录）》（以下简称《座谈》），记载了当年 10 月墨西哥富有传奇色彩的艺术家大卫·西盖罗斯（David Alfaro Siqueiros，1896—1974）访问中国期间与中国艺术家的一次深度对话。[1] 细读这次座谈内容，由此窥探 1950 年代中期人们对社会主义艺术的认知和探讨，对于我们今天如何看待艺术与社会、政治的关系由现实性替换成相关性的问题，如何思考与开展今天的当代艺术，会有重要的提醒和启发。

　　西盖罗斯是墨西哥著名的革命艺术家，与奥罗斯科和里维拉并称墨西哥壁画三杰，他的壁画将现代主义艺术的多元形式与墨西哥本土艺术元素相结合，讲述墨西哥历史，塑造墨西哥文化，批判资本主义，唤起民众继续革命，《热带美洲》（1932）、《资产阶级的画像》（1939）、《人民为大学，大学为人民》（1952—1956）等作品，

1　《美术家通讯》是当时中国美术家协会的内部刊物。《座谈》的记录者是冯香生，他曾历任中国美术家协会办公室副主任、中国美术家协会对外联络部副主任。

图 1　周恩来会见西盖罗斯　1956 年　图片由西盖罗斯艺术中心提供

富有动能与感染力，与他进行社会革命的工作合为一体。[2] 1956 年 10 月时任墨西哥共产党总书记的西盖罗斯到访中国两个星期，其间和中国国家总理周恩来会见（图 1）。

1956 年这一年几乎可以说是中国的"墨西哥文化年"，先有"墨西哥现代版画展"3 月份在北京举办，7 月底开始又有大型的"墨西哥全国造型艺术阵线油画、版画展览会"在北京、上海、广州先后展出。[3] 后一个展览展出 138 件油画、258 件版画，作品规模与水准在中墨交流史上都是史无前例的（图 2）。展览鲜明地倡导社会性、革命性、民族性和人道主义，不少参展画家参加过 1910 年代以土地改革和反帝斗争为主旨的墨西哥民族民主革命[4]，很大一部分作品深度卷入了革命过程之中，展览广泛而有力地彰显了革命思想，艺术形式多样，富有表现力。这个展览的主办组织是"墨西哥全国造型艺术阵线"，这个组织因 1921—1922 年由奥罗斯科、里维拉和西盖罗斯共同发起的墨西哥造型艺术运动而生，"它为建立一种普及人民大众的并为人民服务的艺术而奋斗，为巩固世界和平和国际间的友好而斗争，同时还为各国人民的文化交流和与社会主义阵营国家建立正常的外交、贸易和文化关系而斗争"[5]。西盖罗斯的作品《我们今

2　西盖罗斯青年时期就参加了 1910 年代墨西哥的民族民主革命，后留学欧洲，深受未来主义、立体主义的影响，特别是被塞尚所吸引。后来他遇到里维拉，与之一同考察意大利文艺复兴时期的壁画。1921 年二人一起在巴塞罗那发表《美洲艺术家宣言》，提出要努力创造富有美洲特点和现代精神的艺术，后一年他就回到墨西哥参加壁画运动。1924 年他成为"画家、雕刻家、技术工人联合会"的主要负责人，后创办墨西哥共产党机关报《砍刀》，提倡新的、民族的、大众的艺术，推动壁画运动的发展。1936 年他在纽约期间组织工作坊游行彩车，参加和平总罢工与劳动节大游行。1937—1938 年他前往西班牙加入共和军反抗弗朗哥法西斯政变。

3　《墨西哥全国造型艺术阵线油画、版画展览》，载《美术》，美术杂志社，1956 年 8 月，第 28 页。

4　[墨] 马尔戈·阿尔多罗·蒙泰洛撰，《写在"墨西哥全国造型艺术阵线油画、版画展览会"前面》，载《墨西哥全国造型艺术阵线油画、版画展览会》图录，1956 年。

5　同注 3。

图 2　墨西哥媒体报道《北京的墨西哥绘画展》　1956 年　图片由西盖罗斯艺术中心提供

5

türa mexicana en Pekín

7

天的面貌》(1947)就在这个展览中展出(图3)。作品展现了一个黝黑健壮的男性的上半身,他正对画面伸出双手,空白地摊开,头部犹如一块顽石,没有面目。艺术家以此象征在1940年代末,仍然处在社会革命进程之中的墨西哥人民无法主宰自己的命运,但仍坚强抗争,争取正义。大幅的画面放在一个展厅的中央,给观众强烈的视觉冲击。这个展览展示的墨西哥艺术,视觉上与苏联传来的渐为主流的社会主义现实主义艺术颇为不同,引起了中国艺术界乃至全中国观众的热烈反响。

如《座谈》记载,1956年10月23日,西盖罗斯在北京向中国美术界做了题为"墨西哥现代绘画运动"的报告,报告由中国美协举办,在京300多位美术家参加。西盖罗斯介绍了墨西哥现代壁画和版画的历史与发展状况,谈到墨西哥的壁画和版画主要以集体组织的方式创作,内容与人民大众息息相关,尤其壁画展示在建筑物内外,为广大群众所欣赏并由此受到教育和启发。他认为现代艺术家的职责,就是把人类的精神财富从少数垄断者手里解放出来,让艺术为公众所有,并强调形式上的创新,要发明能够充分地、完满地表达新的思想内容的强有力的表现形式。[6]接着,10月24日和30日两天下午,中国的艺术家们与西盖罗斯一起在中国美术家协会举行了深度座谈,围绕他的报告、他《给苏联画家、雕刻家、版画家的一封公开信》,以及他对中国美术的意见等方面的问题,双方真诚坦率地交换了对一系列重要问题的看法。参加座谈的中方艺术代表主要

---

[6] 参考王琦著,《艺海风云——王琦回忆录》,人民美术出版社,1998年,第208页;王琦撰,《回忆西盖罗斯》,载《美术》,美术杂志社,1994年9月,第10—13页。

[7] 西盖罗斯1955年访问苏联期间发表此公开信,后发表在美国共产党机关刊物《群众与主流》上,他到访中国期间,此信被译为汉语,发表在《美术家通讯》,附于《座谈》一文之后,常简称为"给苏联艺术家的公开信"。

来自中国美术家协会和中央美术学院，其中包括叶浅予、吴作人 [8]、蔡若虹 [9]、邵宇 [10]、倪贻德 [11]、董希文 [12]、王逊 [13]、王琦 [14]、张悟真 [15]、李宗津 [16]、李桦 [17]、野夫 [18] 等。这么多重要的中国艺术家、艺术史论家齐聚座谈会，与西盖罗斯一同切磋艺术，论辩思考，可谓难得。

8　吴作人（1908—1997），早年攻素描、油画，晚年专攻国画，1950 年任中央美术学院教授兼教务长，1955 年任副院长，1958 年出任院长，1979 年任名誉院长。1979 年当选中国文联副主席，1985 年当选中国美术家协会主席。1956 年时任中央美术学院副院长、中国美术家协会副主席。

9　蔡若虹（1910—2002），美术家、美术评论家、社会活动家。新中国成立后，历任《人民日报》美术编辑、文化部艺术局副局长、中国画研究院副院长、中国文联第一至四届委员、中国美协第一至四届副主席。是第三、五、六届全国人大代表。1956 年时任中国美术家协会副主席。

10　邵宇（1919—1992），速写、水彩画家。自 1955 年起邵宇先后任《人民画报》总编辑，《人民日报》美术组组长，人民美术出版社社长、总编辑，中国美术家协会常务理事、书记处书记。曾当选第三届全国人大代表，第五、六、七届全国政协委员。1956 年时任《人民画报》总编辑，中国美术家协会理事。

11　倪贻德（1901—1970），油画家、美术评论家、作家。1956 年时任《美术》杂志副主编、中国美术家协会理事。

12　董希文（1914—1973），油画家、美术教育家。1956 年时任中央美术学院教授，油画系第三工作室主任教师。

13　王逊（1915—1969），美术史家、美术理论家，历任云南大学、西南联大、南开大学、清华大学、中央美术学院教授，兼任《美术》《美术研究》执行编委，1957 年主持创建中央美术学院美术史系。1956 年在中央美术学院民族美术研究所主持中国美术史教研工作。

14　王琦（1918—2016），版画家、美术理论家。1949 年以来历任上海行知艺术学校美术组主任，《美术研究》《世界美术》副主编，《版画》《美术》杂志主编，《中国新文艺大系 1976—1982 美术集》主编，《当代中国的美术》主编，《美育丛书》主编，《外国版画百图》主编。1956 年时任《版画》杂志和《美术研究》杂志常务编委。

15　张悟真（1901—1997），曾在印尼华侨学校任教员，后留学法国学习油画，其间参加中国留法艺术学会和反帝大同盟，1938 年回国后任《新华日报》美术科主任，曾在延安鲁迅艺术文学院美术系任教，后任中国美术家协会副秘书长、对外联络部主任。1956 年在中国美术家协会工作。

16　李宗津（1916—1977），祖籍江苏常州，油画家及美术教育家。1956 年时任中央美术学院油画系教授。

17　李桦（1907—1994），版画家、美术史论家、美术教育家。1949 年后历任中央美术学院教授、版画系主任，中国美术家协会常务理事、顾问，中国版画家协会主席。1956 年时任中国美术家协会常务理事。

18　郑野夫（1909—1973），版画家，解放后历任中央美术学院华东分院总务长、上海幻灯厂厂长、中国美术家协会副秘书长等职。1956 年时任中国美术家协会副秘书长。

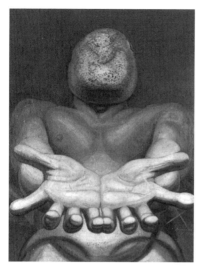

图 3　西盖罗斯参加 1956 年墨西哥全国造型艺术阵线油画、版画展览会作品《我们今天的面貌》 1947 年

　　在 10 月 24 日的座谈会上，西盖罗斯对自己前一日的公开报告做了补充发言，内容集中在对现实主义的理解、艺术家与群众的关系、形式问题讨论等几个方面，其中包括：

　　1. 现实主义不是停滞的形式，而是向前发展的；可以创造更丰富、更完整的艺术。是精神上的现实主义。

　　2. 艺术家和群众之间是相互教育的问题。

　　3. 绘画是为了绝大多数的人民，不为特权阶级。

　　4. 墨西哥画家认为绘画是印象派、野兽派、立体派、表现派这一切整体的发展。最伟大的画家是反映了时代的。

　　5. 绘画和现代工业技术关系紧密。

　　6. 很好的时期的作品，是一个推一个向上向前发展的。

　　7. 对中国艺术家，"只有一个意见，那就是：特别注意不要受到抽象派的影响，为艺术而艺术是最可怕的；另一方面，不要忘记现实主义，形式是各种各样的，但不是固定的，而是发展的"[19]。

在 10 月 30 日的座谈会上，中国艺术家展开与西盖罗斯的对话。《座谈》记录了王琦、董希文、李宗津、吴作人四位的发言内容。王琦是版画家，当时在美协做外事工作，懂法语，西盖罗斯访华期间他就参与了接待工作。董希文、李宗津都是时任中央美术学院油画系教授。吴作人时任中央美术学院副院长、教授。他们分别坦诚、直率地谈了自己的看法，座谈过程中有认同，也有矛盾，提醒我们既注意当时中墨艺术家的同，又注意其中的异，并细腻斟酌其中种种反复和翻转，联系 1956 年前后的时局，我们可以从中获得不少启示。

第一，"民族性"既要强调，也需反思。

中国与墨西哥艺术家一起讨论、分析苏联艺术的问题，共同指出，苏联的现实主义道路走向狭窄，变得机械。讨论基本上通向一个共同的态度，即各国不能机械照搬苏联模式，而应从各自民族传统艺术中寻找营养和依托。

西盖罗斯在《公开信》里非常直接地批评，苏联建立以来，艺术工作的发展，"进步并不是在艺术形式的日益丰富的表现性上面，而只是所谓技术的加强和手艺的改良而已"，"它遭受另外一种形式的世界主义学院派的形式主义，机械的现实主义的灾难"。

董希文对此多有认同："苏联绘画在表现形式上仅仅遵循着他们古代大师的方法"，"苏联绘画本身的好坏不谈，如果其他各国都是这样，那么我同意西盖罗斯同志的话：这是另一种形式的世界主义。我们在绘画上的倾向可以是共同的，但表现形式不能是一样的。

---

19 本文未标记出处的引文都引自《中国美术家和墨西哥画家西盖罗斯座谈（记录）》，下不赘述。

各民族有她的不同的风格，正如有不同的面貌一样"。李宗津也认为，苏联绘画"目前存在的问题，与其说不对，不如说它的道路太狭仄了"。

"民族"的概念被凸显了出来。

这场座谈发生在 1956 年 10 月这个特定的时刻，令其中所谈内容尤其显得意味深长。要知道，就是在 1956 年 2 月，苏共"二十大"召开，苏共总书记赫鲁晓夫在大会上做了《关于个人崇拜及其后果》的秘密报告，指责斯大林搞个人崇拜，忽视集体领导，导致一系列严重错误；4 月，共产党情报局解散；6 月，波兰发生"波兹南事件"；10 月，"匈牙利事件"……恰巧就在西盖罗斯在中国报告"墨西哥现代绘画运动"的 10 月 23 日，布达佩斯爆发了示威游行，随后事态越发朝着暴力流血的方向发展，苏联隔天就把军队开进了匈牙利，开始了军事干预。经过了斯大林时期苏联多年的政治干预，在斯大林去世之后，社会主义阵营的不少国家、民众开始行动起来，争取自决；同时，"冷战"高墙对面的资本主义阵营也积极行动，对社会主义阵营实施颠覆或者演变。双重因素的叠加，造成国际局势异常复杂，社会主义阵营遭遇严重挑战，国际主义原有的理想主义内涵衰落，"国际"这个概念虽还保留有超越国家的"英特纳雄耐尔"的意义，却已经开始更多地倾向于"国与国之间"的含义。局势如此动荡，危机迫在眉睫，各国如何自处，如何保全革命成果，如何坚定社会主义的方向？——所以此时，国际社会主义力量的联结共生显得非常必要，"国际"与"民族"这两种因素的博弈关系亟需辩证的分析。一方面是远大的国际主义、共产主义理想，另一方面则是在地的局部却真切的地区性政治经验，二者之间形成一种张力，其间不断产生辩论和冲突，当遇到大的危机局势的时候就有激化的可能。"民族"成了地缘政治博弈的重要语汇，对于"民族"元素的注重，为此时中国摆脱苏联的笼罩，建立民族自信，发展壮大自身，在地缘格局中维护和平与安全，争取自主与自决大势所需。在这个大的政治背景下观察这次座谈会，就不难理解艺术家们会共同谈到，各民族要发扬自己不同的风格，苏联的社会主义现实主义艺术只是众多的风格之一，不能机械复制。

但是，细读这份《座谈》，我们又发现，西盖罗斯在结尾总结时提醒，不应太强调艺术的民族风格，他说："每一国家有她独特的民族风格，但不应太强调，它会把我们带回模棱两可的风格。[……]是相同的社会产生了相同的结果。但这并不否定民族特点。"

在这个高扬"民族"概念显得理所应当、自然而然的历史时刻，西盖罗斯却提醒不应太强调"民族"风格，是非常引人省思的。身在社会革命过程当中的墨西哥，时任墨共总书记的西盖罗斯，一直以来的艺术工作并未停留在强调墨西哥的民族艺术风格，而是探索最有感召力与动员力的艺术，唤醒民众的社会意识，推动社会主义革命，催促社会主义建设。由此，这也引发我们对"民族"这个概念加以反省。当然，它在历史上曾经发挥过非常重要的积极的作用，曾经非常具有推动历史前进的能量。社会主义阵营中的许多政权在建立之前，原本在同时推进完成社会革命和民族解放的双重历史使命，从极度的困厄和危机中创生出了国际主义的愿景，但现实的历史条件使得人们做出选择，各自先在一国范围内进行社会主义的实践，这时却因苏联国际主义的使用方式，和种种地缘政治现实问题，这些社会主义国家民族国家一面的存在意义被极大地凸显出来。然而，民族国家这一概念并不是我们一贯就有的。它是欧洲资产阶级革命过程中产生并被强化的，我们在进行反帝、去殖的过程中加以借用，而后把它逐渐纳入我们的思想建构之中。在某种程度上对于亚洲来说，民族国家的概念是反帝、去殖过程的副产品。[20] 但当这个概念被本质化，变成某种固化的意识形态，一直延续运用于表述和导引新的时代时，它就会体现出局限性和约束性，甚至不断搅动、激化着区域矛盾，需要加以警惕。

第二，现实主义不是狭仄的道路，而是无边的道路。

对于现实主义应当如何发展这一点，双方的确有诸多不同看法，归结起来，实际上是探讨如何面对现代主义和民族文化传统，是否需要、是否能够将它们纳入，创造更加丰富、活跃的现实主义。

董希文认为，"我们的绘画是要描写人民的生活和斗争，是斗争的武器"，这是墨西哥、苏联和中国画家都共同遵循的政治目的。他同意西盖罗斯所讲的"我们应该谈形式问题。谈形式问题并不是形式主义者"。但对于墨西哥全国造型艺术阵线展，他也直接发表了看法："我感到在表现上有些繁琐、杂乱，不够真实。'这种拼凑'束缚了画家的表现风格。"他提出三点绘画主张，即"画家应有风格、个性和感情"；"重视对象的真实，客观的表现才是对的"；"壁画的表现方法除应保持它的平面性外，还应追求装饰性"，"壁画的效果要没有反光最好"。

我们须注意到，董希文在此时谈到"装饰性"，不可理解为在"革命的第二天"，把艺术的作用降格为装饰，而是尝试以"装饰"这样的词，转换一个说法，来进行艺术形式的探讨，提升艺术本身的感染力。他对壁画平面性、无反光的审美偏好则可能是 1943 年至 1945 年在临摹敦煌壁画时习得的，而这又与前述所谓强调绘画"民

20　参见［印］阿希斯·南地著，《贴身的损友》，丘延亮译，人民出版社，2017 年。

族性"的正当性相关。

此时中国艺术家正重视如何从民族艺术传统中汲取现实性的因素，与新的现实生活相结合，他们要在形式上消化和改造古代传统，创造新的艺术面貌，书写与塑造革命历史传统，鼓舞社会主义建设。董希文曾把这个问题集中表达为"油画中国风"[21]。他认为，油画中国风应该是油画家努力的最高目标。创造民族形式的绘画，应该继承与发扬民族绘画在表现方法上的优良传统。他也特别谈到过从中国画里发掘现实主义元素用于提升油画创作：

> 中国画往往一笔下去就要求形象、质感与生命的三个因素的结合，这种形神兼备的表现力，这种突出地追求自然界的生命特征和物性的表现方法，是极高的现实主义性的创作方法。我想未尝不能发挥到油画里去，创造出多种多样的油画技巧和形式来的。[22]

吴作人曾谈到，"油画家一边认真学油画，同时要认真学传统，为形成油画具有中国气派构成可靠条件"，同时，"要浸润在现实生活里，学习群众，学习民族优秀遗产，精通油画技巧，中外古今，融合贯通，才能谈得到创造有民族气魄，民族风格的油画"。[23] 实际上，早在 1951 年他就发表了《谈敦煌艺术》，介绍敦煌莫高窟艺术

---

21 1956 年 9 月，董希文出席文化部主办的"全国油画教学座谈会"，做了《关于油画中国风》的长篇发言。

22 董希文撰，《从中国绘画的表现方法谈到油画中国风》，载《美术》，美术杂志社，1957 年 1 月，第 6 页。

23 吴作人撰，《谈风景画：1956 年 9 月在全国油画教学座谈会上讨论风景画教学问题的发言》，载《美术研究》，中央美术学院《美术研究》杂志社，1957 年 7 月。

的历史与规模，分析其风格与价值，把它推崇为"劳动人民一千多年来的艺术制作，极有辩才地说明了一个伟大民族的深厚的文化基础与雄强的创造力"[24]。1953 年 7 月他作为团长，带领由中央美术学院、中央美术学院华东分院（即今中国美术学院）、人民英雄纪念碑兴建委员会、北京师范大学、全国美协等单位的工作人员组成的考察团队到麦积山石窟考察，详细勘测、辨识龛窟造像和壁画，保护这一珍贵的民族历史文化遗存，为新的社会主义艺术的创造保存多样的基因。这些研究考察的工作是从最基础的层面打捞民族文化遗存，累积传统艺术资源。

针对现实主义的艺术表现形式，王琦认为应该"用简捷的方式，使观众通过直接视觉很容易的理解它"；"艺术的起码条件，要保证完整、和谐"，不能机械综合；"画家的创作活动基本上是认识世界的活动"，"一定要选择重要的、有本质意义、适合绘画特点的东西"。李宗津肯定了墨西哥绘画具有的冲击力量，但也提问它是否因为"缺少活生生的形象来充实画面的结构而使人直观的得到些什么"，所以让人不能理解，需要附加说明。在这一点上，他和王琦的说法接近，都认为画面要让观者得到"直观"的理解。由此可以看出，中国的艺术家们也时时不忘专注自己的工作现场，将自己的工作对象——人民大众的需求放在创作的考量之中。

吴作人在座谈最后也提出他的问题："西盖罗斯同志所介绍的墨西哥绘画是综合了现代诸流派的各个特点，集各家之长，成为自己的特点。这就使人联想到十七世纪意大利的折衷派的主张。能不能说墨西哥今天的绘画含有在另一种表现形式上的折衷主义？"这

24　吴作人撰，《谈敦煌艺术》，载《文物参考资料》，文物出版社，1951 年 5 月，第 65 页。

246　行动之书·把可能性还给历史

提问显示，中国艺术家对于历史上出现过的艺术形式的接受与继承慎重而警惕。他们的工作对象不仅包含过去的统治阶级的制度、物质遗存，也包括其文化生产，因此他提醒，折衷的结果容易走向样式主义，变成千人一面，丧失与当下的关联。

针对王琦与李宗津的问题，西盖罗斯回应："正是这，简单清楚，毁了苏联美术，苏联美术家忘记了用感情说话，用造型艺术的形象说话。"针对吴作人的问题，他认为要将西方现代主义艺术加以整合，"印象派只注重光线振动，立体派主张把形式解放，野兽派用颜色来点，表现派主张'绘画主要是激情'，以及其他等等。而墨西哥画家认为绘画是这一切整体的发展"，"我们墨西哥画家标榜的是一切的综合以及其他五十种更重要的东西"，"艺术是整体，是不能切断的；不是完整的，就什么都不值了"。他再次强调"完整"，而非机械综合。他认为艺术并非对现实物象的模仿，应该有现实主义的幻想，反对抽象主义。

我们看西盖罗斯在 1956 年前后的作品，很明显，他对立体主义、未来主义、法国现实主义，甚至超现实主义绘画的元素多有借鉴，可谓引用自如，题材上既有对现实的批判，又有对未来的幻想（图 4-1—图 4-4）。对现代主义艺术的认同和吸收与他早年赴欧学习的经历不无关系。他 1919 年得到奖学金前往欧洲学习，正赶上现代派的艺术潮流，所受影响不仅包括对运动感的兴趣、对机械美学的欣赏，还包括对先锋派艺术思想的接纳。西盖罗斯的艺术工作和革命工作从来就是一体的，他手中的绘画艺术一直是他开展革命工作的武器。在这个意义上，他强调艺术就应当是革命艺术，应当是现实主义的，形式上可以不拘一格。也就是说，此时在西盖罗斯这里，现代主义艺术是与欧洲先锋派运动相联系的，它并不与冷战高墙对

图 4-1　西盖罗斯　《墨西哥街头》　油画　1956 年
图 4-2　西盖罗斯　《为了全体墨西哥人彻底的社会安全》　壁画　1953—1956 年
图 4-3　西盖罗斯　《原子飞行器》　油画　1956 年
图 4-4　西盖罗斯　《大学为人民，人民为大学》　壁画　1952—1956 年
（图片均来自网站 www.freeart.com）

面的资本主义阵营直接相关，所以应该灵活运用其形式，从而不断创造新的富有感染力的丰富的艺术视觉，以此更好地推进革命工作。他并不关心欧洲先锋派在 1930 年代末分裂的事实，而发扬其艺术前卫与政治前卫整合的主张，挑选形式上富有感染力的部分，也特别继承未来主义对技术、对未来的乐观，他的艺术既做严厉的现实批判，也乐观地想象未来，并尝试摸索如何有计划、有步骤地进行整全的艺术创造与新社会的塑造。

西盖罗斯特别强调绘画工具和材料的革新，他注重了解现代工业技术的发展，并成立了研究所，积极尝试新技术、新方法。他说："画家要注意作科学上的先锋队。"西盖罗斯在座谈中例举了历史上艺术发展与工具材料相关联的诸多例子，回应前述吴作人所提的可能变为"折衷主义"的质疑。他在墨西哥创作的壁画常常规模巨大，据说 1930 年代他也尝试用照相术将要画的人物投射到墙面上，帮助画面型构，他的壁画有用画笔沾颜料画出的，有用工业喷枪就着汽车喷漆喷成的，甚至也有不少是用瓷砖拼接的。所以，他很自信地说："有些人认为解决问题只是题材问题，那是完全错了。新的物质使我们创作更有力的作品。一切都在于推动向前，这会给你一个新的风格。"西盖罗斯的这些实践和表述，明显地体现出，他深受未来主义的影响，他的思想中带着明确的现代主义因素。现代和革命同时存在于他的思想和艺术实践中——这跟我们今天通常所见的将现代和革命二者对立起来进行的叙述相悖，是值得我们特别深思的。

西盖罗斯到访中国期间曾特别到云冈石窟参观，他在座谈中特别由云冈石窟谈到集体主义的问题，直接指出，对于艺术家，"不是自由不自由的问题；主要要给他以向前进展的概念，给他一股力量，鼓舞他，把同样的集体主义精神给画家"。这提示我们，现实主义艺术要提倡并催生一种公的创造力，而这创造力是为大众服务的，不只是反映现实，更是为塑造新的社会、新的人民而展开想象和创造。所以，西盖罗斯称，要选择的是精神上的现实主义，并在总结时说："最现实主义的，是在自己的物质基础上催促建设社会主义。"这对于当时的中国艺术家开始倾向于专注在个人工作层面上对绘画技法进行摸索的状况，可算是一种提醒，即不要忘记艺术创作的初衷不仅是要认识现实，更要改变现实。

这场座谈中针对现实主义的探讨显示出，当时人们还没有完全固化现实主义艺术的视觉面貌，而是在努力尝试活化它的生命力，西盖罗斯所谈的对现代主义艺术面貌的综合运用，中国艺术家们谈到的对民族传统中的视觉艺术的挖掘，都是在不同面向上的努力，对他们来说，符合在自己的物质基础上催促建设社会主义这个目的，才是现实主义的判断标准和工作方向。西盖罗斯所谈的现实主义的观点，某种程度上与后来法国哲学家罗杰·加洛蒂（Roger Garaudy）1963 年出版的《论无边的现实主义》（该书的中文版于 1986 年出版）一书中的现实主义主张有相通之处。加洛蒂所谈的"无边的现实主义"，原理有三：一是世界的存在先于人的意识；二是世界的存在和人对它的观念并非一成不变，而是处于不断变革的过程之中；三是每一个人都对这种变革负有责任。他以毕加索、卡夫卡和圣-琼·佩斯（Saint-John Perse）的创作为例，强调以细腻的笔触描绘现实的细节所具有的说服力，认为正是有对形象和事物的细心描摹，有对事物之间关系的觉察和暗示，才能把经历、梦想虚构成一个让人信服的整体，不是以陈述论点的方式教导人们，而是成功地感染读者，使他们去思考"日常事物的轮廓、隐蔽的梦想、哲学或宗教的观念，以及超越它们的愿望"[25]。可以说，这种把现实主义艺术看作"以艺术改变世界的积极思考"[26]曾经在历史上多次涌现，值得我们不断回顾、比较、回收。

今天我们看到，虽然现代主义研究在中国艺术界成为显学，但一些艺术研究者将现代主义在中国的意义之研究和探讨止于个人自由表达与外部威权的压力之间的矛盾这一问题意识，其实是颇让人遗憾的。这个状况主要还是因为1970年代末"文革"结束之后开始的教条现实主义高潮消退时，对它的批判和反思却仅仅狭隘地着眼于之前有问题的社会主义历史中被僵化、教条甚而变成意识形态威权帮凶的那个现实主义对象，并未推及更宽广的时代，从更开放的意义上去理解现实主义。而基于这种对现实主义狭隘理解的现代主义理解，已经丧失了它诞生之初怀有的反抗能量，变成了陈词滥调、话语套路，对我们今天打开艺术工作的理解与思考造成极大束缚。

未尽的思考

1956年有如此大规模的墨西哥艺术展览来华举办，又有西盖罗斯来进行富有感染力的现身说法，这在当时中国艺术家的心里普遍埋下了对墨西哥艺术的热爱之情。郑圣天[27]就讲起过自己与同时代的艺术同道自青年时代就怀抱着一个"墨西哥梦"。这个梦还不仅是因为墨西哥艺术特别有表现力、感染力，而且因为这些墨西哥艺术是把艺术与社会工作结合在一起的，它最大的特点就是它的大众性。

---

25 ［法］罗杰·加洛蒂著，《论无边的现实主义》，吴岳添译，百花文艺出版社，2008年，第162页。

26 参见［法］路易·阿拉贡为《论无边的现实主义》所写的序，出处同注25。

27 郑圣天（1938— ），艺术家、策展人，1956年在当时的中央美术学院华东分院学习油画，后留校任教至1980年代末。近年来，他正开展关于中国与墨西哥艺术交流历史的策展项目"风从东来"。

要知道，墨西哥艺术被介绍到中国，最早可以追溯到鲁迅对里维拉的引介。1931年鲁迅在《北斗》杂志上发表简短的一篇《理惠拉壁画〈贫人之夜〉说明》，他介绍理惠拉（现通译里维拉）"感于农工的运动，遂宣言'与民众同在'"，他写道，"理惠拉以为壁画最能尽社会的责任"，因为壁画"是在公共建筑的壁上，属于大众的"。[28] 不止于此，1950年代的艺术青年对拉美的文学艺术，对世界各地的文艺，普遍抱有好奇心。郑圣天至今保存着20世纪五六十年代国外来华展览的几十本画册。从这些画册大致看来，这些展览内容不只来自当时社会主义阵营的国家，也有来自英国、法国、意大利、芬兰、丹麦等西方资本主义阵营的国家，可见国家并不是当时开展文艺交流的唯一主体。而且，当时人们非常认真地交换对各自艺术发展的思考和意见[29]，把文艺的互动看作一件大事，它不仅是国际左翼势力联结共生的手段，也是在一定范围内完成了社会革命之后，进行新的社会思想文化的汇筑，进行新社会中人的感性塑造的重要而切实的方法，所以这个过程中人们遇到的问题和困难，进行的思考和努力，非常值得详加考察与体会。

当然我们必须注意到，《座谈》的记录者一开始就标注了，这篇《座谈》只是记录稿，并未经过发言者本人审阅。并且，这只是目前找到的关于西盖罗斯与中国美术家座谈这一事件细节的材料孤本，这对于做历史研究来说，显然是不够的。但《座谈》这样的文本富含着历史进程的生动和温度，去细读它，并不是想把那段历史

28　鲁迅撰，《理惠拉壁画〈贫人之夜〉说明》，载《北斗》月刊第一卷第二期，1931年10月20日，原题《贫人之夜》，未署名。

29　就在刊登本次座谈会内容的1956年第3期《美术家通讯》上，专门刊登了一篇《友好的访问，坦率的意见——外国美术家访华简介》、一篇《外国艺术家对我国艺术方面的意见》。

幻想为"乌托邦"，而是想试着以"同情之理解"去体会当时人们的愿景、困难和尝试的努力，并试着破除，哪怕一点点，今天我们不少人对中国革命与社会主义历史进程的遥远、陌生、简单或者无关的刻板印象，同时多少理解，在1950年代中期的艺术家心目中，现实主义并不是一个封闭的固化的概念，它的面貌和工作方式需要不断地尝试和摸索；而现代主义虽然在中国的现场已经被大家放到了某种不太好说的、需要警惕的位置上，但这对西盖罗斯这样的艺术家来说并没有这个问题，他认为现代主义不仅有多样的形式因素可以利用，而且有对于未来进行主动革新、创造的思想资源可资继承，它并不就跟冷战高墙对面的资本主义有着必然的关系，因为需要加以明辨并作为工作出发点的，应该是艺术为谁服务的问题。

我们深入历史细节去开展研究，是要借此跳脱出简单的、预设的左右站位，丰富我们对历史面相的了解，释放现代艺术在具体的历史时段的历史动能，并重新打开现实主义的可能性；同时希望借此重启我们对于中国艺术与社会的历史感觉，接续那些被隐匿、被遗忘的故事，理解那些被压抑并消散了的心情与梦想，使我们能够带着更加丰厚、复杂、深沉的经验去感知现实，以便为我们今天的工作梳理历史脉络，寻找发言位置，厘清问题意识。

2018 年

第四章

三个艺术世界

"汉雅一百：偏好"展览现场

汉雅一百：偏好

展览时间： 2014 年 1 月 17 日—2 月 3 日

展览地点： 香港艺术中心、汉雅立方、汉雅轩

主办： 香港艺术中心、汉雅轩

策展人： 张颂仁、高世名

策展团队： 刘畑、张杨、刘益红、张未、王岩、尼可（Nicoletta Jordanidis）、卢睿洋、张骋、吕豪、魏珊、邹舒、李乔、朱娴

学术论坛：三个艺术世界

与会者： 约翰·弗德烈·哈特勒（Johan F. Hartle）、鲍里斯·格罗伊斯（Boris Groys）、汪悦进、陆兴华、约翰·瑞哲曼（John Rajchman）、邱志杰、黄孙权、哈马德·纳萨尔（Hammad Nasar）、程美宝、王晓明、北岛等

汉雅轩于 1983 年冬成立，已经历时三十个年头。三十年来，海峡两岸暨香港、澳门在各自的历史脉络上，共同经历了国际风云的奇诡变幻——冷战的终结、去殖民的浪潮、全球资本主义的展开。

三十年来，当代艺术在中国大陆、港台社会的种种变革与反复中发生、发展，从 1980 年代初的死水微澜，到八五后的波澜壮阔，从二十年前登上国际舞台的"中国当代艺术"，直至今日的蔚然大观，许多事物已然改变。值此成立三十周年之际，汉雅轩特举办此次周年展览，策展团队从汉雅轩的收藏中遴选出一百件 20 世纪中国现代艺术史中的"艺术物"——从于右任的书法到黄宾虹的山水，从"文革"宣传画到政治波普，再到目前最为市场追捧的当代作品……展览试图将一百件艺术作品重新安置于历史之中，或者说用这一百件艺术作品重新点化、重新照亮一段历史。

穿越在三个世界

"中国当代"的艺术史建构 *

高世名

一

　　2008 年春天，我在笔记本的扉页上写下这样一句话——我的自然观和历史观是割裂的。这些年来，这句话时时浮上心头。的确，在研讨会上书空咄咄议论社会政治的我，与在昆仑、太行面前神为之夺的我判若两人，我之于"人间思想"的热情，较之面对山川造化的沉迷迥然有异。再说，何止我的自然观和历史观是割裂的，即使在艺术领域，我跟黄永砅、吴山专、邱志杰、汪建伟们讨论的艺术，与在山水画家的聚会中所谈论的，也似乎是全然不相干。于是，我的艺术观也是割裂的。

　　近几年与各个艺术圈子的朋友相知日深，这种割裂渐成自然。其实，在所谓"现代性"的百年流转中讨论"中国艺术"，我们面对的是一个无限复杂的集合：从康有为的书法到黄宾虹的山水，从新兴木刻到"文革"宣传画，再到政治波普，从六七十年代的实验水墨到近来为市场追捧的"新水墨"，从人民英雄纪念碑的设计图，到张晓刚、曾梵志的油画，到黄永砅的装置和陈界仁的影像……林林

---

* 本文为《人间思想第二辑 三个艺术世界》导言，高士明、贺照田主编，人间出版社，2015 年。

总总，构成了一个艺术史的乱世。

这个乱世，或多或少地存在于我们每个人身上。

我们每个人都不能自外于历史的生产过程。从我有限的艺术经历看，在这充满断裂的艺术史的乱世中，隐约浮现出三个艺术世界的投影：当代艺术的全球化世界（被认为是唯一的国际艺术平台）、文人的艺术世界（被建构为"传统"的往日云烟），以及社会主义文艺的世界（被告知已然终结）。这三个艺术世界并非如线性历史般接踵而至，而是在事件之流中交相激荡，彼此消长，在艺术史、社会史的斗争和运动中错综而为"当代"的汪洋。于是，我们唯有在文人世界、社会主义状态以及全球化体系的共时并存中，追索"艺术"的价值与意涵；在多种历史潜流的交响中，聆听来自不同艺术世界的消息；在当代中国的复杂境遇中，梳理这三个世界的现实性，探询其彼此交错的动力机制，发掘其历史潜能与势能。

2013年夏天，我从老友兼同事张颂仁先生数以千计的汉雅轩收藏中，选取了一百件以"艺术"为名的事物，聚集而为"汉雅一百：偏好"；并邀请中国美术学院当代艺术与社会思想研究所的青年研究员们，以这一百件事物作为策展素材，通过这些语境不同、线索各异的艺术"作品"之集合，梳理20世纪中国艺术的复杂历程，探讨"中国当代"的历史性结构。

2014年1月，"汉雅一百：偏好——中国现代艺术史中的三个艺术世界"专题展览在香港艺术中心与汉雅轩空间展出，我与张颂仁邀请了陈光兴、王晓明、陈清侨、北岛、贺照田等朋友，以及来自欧美各地的二十多位艺术界同人齐聚香港艺术中心，从艺术的角度，共同分享对于"中国当代"及其历史建构的理解。这次讨论提出三个议题："三个艺术世界"、"分断与离散"以及"三个三十年"。

二

　　三十年来，中国海峡两岸暨香港、澳门共同经历了国际风云的奇诡变幻——革命的退潮、冷战的终结、去殖民的抗争、全球资本主义的展开……三十年来，当代艺术在中国社会的种种变革与反复中发生、发展，从 1980 年代初的死水微澜到八五后的波澜壮阔，直至今日的蔚为大观，许多东西已然改变。

　　一方面，中国当代艺术在国际舞台与资本市场上取得了巨大成功；然而另一方面，这种成功归根结底，却是作为"另类现代性"、作为当代艺术地方版本的成功。对全球艺术展示装置的运作模式下，20 世纪中国历史的这"三个艺术世界"若分而论之，各自会发展出所谓"中国性"、"中国牌"的某种景观。这些景观所导向的，是身份政治的成功，"中国牌"的成功，归根结底是全球资本的文化消费的成功。今天，我们再不甘于庆祝这种文化消费的成功，不再满足于在全球化的大厦中以"他者"之名争夺空间和地位，我们想要生产出新的空间，营造出一个不同的意义生产系统，一个文化创造、主体更新的历史性现场——那是三个艺术世界彼此沟通、相互策动的"中国当代"的现场。然而，对于这个历史现场，我们尚缺乏足够深刻的认识，甚至，我们还缺乏起码的分析话语和认知框架。

　　阿姆斯特丹大学的约翰·哈特勒教授与张颂仁先生的论文聚焦"三个艺术世界"，以当代中国平行存在的三个艺术系统，批判性地回应了阿瑟·丹托（Arthur Danto）的"艺术世界"论述以及汉斯·贝尔廷（Hans Belting）的"全球艺术史"概念；在文人世界、社会主义状态以及全球化平台共时存在的当代中国现状中，探讨"中国艺术"对世界的贡献和可能走向。哥伦比亚大学教授约翰·瑞哲曼对哈特勒与张颂仁所勾画的"三个平行艺术世界"图表，以及其所描绘的"制度的或社会学的诠释"提出了尖锐的质疑。在瑞哲曼看来，三个平行世界的制度化假说中，"没有任何提供目前创新或再思的空间……"在这幅制度图像中，"过去三十年的历史似乎已经关闭了"。他指出，在中国当代，"我们发现的远远不是'非共时'或'平行'时期的状态，而是复兴的'无时'（a-chronic）时刻：意即不适合任何时期，有许多来源，朝向未知的未来……"。因此我们应该思考——对中国历史上那些"场域"或者"制度框架"无法涵盖的狂热试验的初始时刻，"我们如何加以复兴、反思、重新创造，并在目前现况中重新捕捉其能量，不仅在中国境内，而是到整个世界？"比较起来，哈佛大学汪悦进教授的论文显得更为温和。他从中国艺术史不同时期的三件作品出发，意在揭示："每件作品各自以一个意识形态世界为起点，但显然不完全沿意识形态的轨迹发展。它们既根植于特定时空，又与他界不断融合，不断暗示固定视野外的种种可能世界。"所以，"以三个世界发端，只是权借舟筏，以达视野模糊的彼岸。一旦开悟，舟筏可弃"。

作为策展团队的代表，中国美术学院的刘畑博士的论文同样做了回应："三个艺术世界"不是策展的"理论路径"，而是"理论对象"。三个"艺术世界"是三种不同的"生产方式"、三种历史过程导致的结果，策展的工作，恰恰是从这个理论框架所不包含的部分开始的。从这种意识出发，刘畑以"对无名的策展"为题，阐述了这群青年策展人从一百件"艺术物"中所收获的思想、感觉与信息，对家与国、分类与集合、历史与无名之学、民与众等观念进行了深度辨析。同济大学陆兴华教授则以作为收藏家的张颂仁为个例，探讨了收藏的激进意涵——对过去的保全、对历史的拯救以及对未来的开启。于是，"艺术地去保存"就意味着收藏家与革命家这两种角色的相辅相成；而"最高等级的收藏，是艺术，是保存，是要比我们时代的美术馆更可靠地使我们时代的收藏成为艺术，并利用这种艺术的自我保存，来保存我们的所保存，使之流传、挺持、残存、挥之不去……"。对陆兴华来说，"汉雅一百：偏好"这个艺术物的集合保全了中国 20 世纪历史运动之外的许多风景，这一百幅作品构造出的，是那个世纪的运动、情感、革命、记忆、纪念碑之外的更远处的"造型的风景"。

时至今日，中国当代的艺术版图内部，依然充满了隔膜与分断——书画界与"当代艺术圈"老死不相往来，美协画家、画院画家与"当代艺术家"们莫不相知、相忘于江湖……即便如此，与被国际大展、博物馆和艺术市场构造出的"中国当代艺术"相比，当代中国的艺术生态依旧远为多元也远为复杂。此多元和复杂性不同于已经变得日益僵化而空洞的后殖民式的"杂糅"，也与欧美各国已经逐渐变为治理术的"多元文化主义"判然有别，中国艺术的多元依旧保持着内在的现实性与张力。因而"汉雅一百：偏好"所要做的，也就不是把这一百件艺术物分类安置于不同世界，而是要以变动不居的集合来呈现出三个世界之间的折射、穿越、交叠与混响。

三

历史没有终点线，我们都"在当代之中"。"在当代之中"，需要我们从历史的汪洋中打捞起所有的意义碎片，从彼此穿越、激荡的三个艺术世界中，打捞起那些在今天依然起作用的情感与智识，构建起一种扎根历史脉络、面向当下现实、具有主体意识的"中国当代"的文化视野。为此，我们必须打破中国"当代艺术"的通行历史论断，尝试着从 20 世纪的百年语境中，对中国现当代艺术史的叙述模式进行长时段的反思。

在中国大陆，对 20 世纪历史的叙述，往往被轻易地纳入三个三十年的论述框架之中——从 1919 到 1949 之间是"新文化三十年"、1949 至"文革"结束是"新中国三十年"，"文革"之后至新世纪则被称作"新时期三十年"。对于这个漫长的世纪，现行的艺术史、文学史研究大多依据这三个时段分而治之，甚至学术界也依照这三个时段分为三个系统。如今，三个三十年同时叠加在当下的历史境遇之中，我们怎样才能把这三个三十年真正地贯通、聚合而为我们的"当代"视野？

回应"三个三十年"的议题，王晓明的发言阐述了现代百年中国的主流思想从"革命"到"反革命"的转向，以及这一思想转向所引起的社会意识的变迁，还有与之相关的文化生产机制的转换。他认为中国前卫艺术的历史不只是狭义的纵向的关系，更有多面的横向的关系，"前卫艺术是在这样的纵横交错的立体关系中形成"，他由此追问："在百年来的中国的范围内，我们如何判定一种艺术或文艺是前卫的？是不是可以说，百年来相继登场的各种主流思想，以及站在它们背后的那些各不相同的支配性的文化生产机制，构成了一个至少与文艺的主流历史传统同样重要的参考坐标？"与王晓明的宏观勾勒相比照，贺照田的长文则从"汉雅一百：偏好"的展览中捻出"前卫"艺术家方力钧作为个案，抽丝剥茧地整理出 20 世纪八九十年代中国人的现实感觉、生命经验、社会意识与知识型构之间的复杂关系，探讨了新时期文艺所未曾深挖的当代中国人的精神遭际与身心困扰。他从"文革"后三十年的精神史视野中，深刻剖析了中国前卫艺术机制的生成，以及它在理解和呈现当代中国人历史感觉、现实感觉方面的得失；并提醒我们，从当前的现实经验出发去重新追问——"中国前卫艺术为什么存在？如何存在？"

过去的一百年间，中国人所经历的不只是空间上的"区隔"和政体上的"分殊"，而且是历史的"分断"与命运的"离散"。这种"分断"与"离散"，折射到我们关于艺术的现代经验中，唤起一种复杂纠结、一言难尽的现实感。在 20 世纪中国文学艺术史的书写中，我们把"两岸三地"各自表述容易，但是贯通起来讲成同一个故事却异常困难。此事无关统独。真正值得思考的是，20 世纪中国人经过了一次"大离散"，这"离散"的历史自殖民始，因政治"分断"而成。我们被分配到不同的意识形态阵营之中，被遣送到不同的政治体制之下，发展出迥然相异的历史意识和社会经验。这"大离散"，是冷战与殖民这两种历史力量交织塑造出的中国人的命运，也是 20 世纪众多非西方族裔的共同命运。今天，我们如何才能把这一历史命运回收到我们的思想和讨论中来？

来自巴基斯坦的策展人哈马德·纳萨尔以其策划的展览"控制线：作为生产性空间的分治"（Lines of Control: Partition as a Productive Space）中的六件作品为例，探讨了碎片化与弥散性、记忆与遗忘、共存与共享的切身命题，从而探讨当前处境中"分治"的生产性与现实效应："分治"生育出民族，重写历史，重置记忆，定义边界并塑造巡视这些边界的手段和方法。中国台湾高雄师范大学跨域所的黄孙权教授剖析了他个人世界中的祖国、父国和母国，从个体生命史的角度阐述了分断与离散的历史结构下华人认同政治的复杂纠结，并质疑——"三个艺术世界是否如同海峡两岸暨香港此种牢固却过时的分断概念，再次凝固历史而非解放历史？"出生于中国香港的中山大学历史系教授程美宝的发言，一开始即提出

"观念与历史"的辩证：分断与离散是概念，却包涵着悲欢离合的历史；而冷战是事实，但或许也不过是概念。程美宝的发言针对所谓后冷战时期香港社会逐步形成的"冷战体制"，思考抽象概念在反复的传播中，是如何变成"铁一般的事实"。冷战在哪里结束？后冷战从哪里开始？这原本就无法从历史中找到切实的答案。20世纪冷战正酣之际，香港多次成为祖国变乱的避难所和桃花源，而1989年冷战"结束"之后，海峡两岸暨香港的情感分断才真正"开始"。然而，许多时候，身世的"离散"和文化意义上的"分断"或许并不重合。正如我们从日本冲绳和中国金门的日常生活中所观察到的——升斗小民的生活足以穿越所有的政治分断与意识形态；也正如黄孙权所指出的"分断自是成王败寇的政治学，人民与土地是无法分断的，历史连续，而政治分断"。其实，在"汉雅一百：偏好"的展览中，最打动人心的，正是不同世代画面上那些"人—民—群—众—我"的身影与面容。

在本专题的最后，我们还收录了两篇"自传性"文本作为附录。艺术家邱志杰的《我为什么要画水墨》从切身出发，历述了他与水墨之间的因缘牵引。书法和水墨之于他早已超出工具与媒介，而是穿越并连接"三个艺术世界"的性命兼修的武器。20世纪的中国艺术家大都是杂食者，而邱志杰本人正是其中典范，正如他自己所言，他是"一个时代的精神混乱，和一个民族的精神病史的病例。三十年不眠不休，欲壑难填，上天入地，正邪兼修，激烈地卷入历史和世界……"张颂仁的《三十年物缘》则从香港独特的历史视角出发，梳理了他的20世纪经验，以及此经验所产生的辩证与纠结、恐惧与困惑。"全盘的历史方案永远无法毫无遗漏地整合天下"，所以他身上所容纳的这"三个世界"之外，总还有"其他无法清楚辨识的因素和无名的动力"。"三个艺术世界"在他这里绝非观念，亦非场域或者制度，而是其真实身世的一部分，他对于此历史结构的反思因而带着切肤之痛，他对其"意底牢结"的告解也因而焕发出涤荡人心的力量。

四

脱开线性叙事的幻相，历史乃是一片汪洋，所谓"当代"只不过是海面。海面只是我们看上去的那层"表面"幻相，实则与大海同体无间。这一片汪洋，起伏不定，动荡纵横，在我们身体内外穿梭往复。它不但"无界"，而且"有情"。从这一片汪洋之中，我感知到历史的宏大进程。

历史进程一言难尽。在中国人复杂纠结的百年历程中，我们感知到"中国当代"的历史性构造。透过当代起伏不定的海面，我们回望、经验并且辨识着现代百年的记忆与过往——华夷之辨、中西之争、帝国的阴影、人民的形象、家国的幻灭、革命的烈火、改革的一波三折、市场的激流涌动……这进程裹挟着无数人的身世与命运，演绎出百余年来中国人的抗争和寻觅、离合与悲欢。

身处这复杂纠结、泥沙俱下的宏大进程之中，我们何以自处？艺术如何作为？

从"与后殖民说再见"（2008）到"排演"（2010），再到"八五·85"和"进程"（2013），在数度策展演习之中，我逐渐意识到：所谓中国当代，是革命／后革命、殖民／后殖民、冷战／后冷战……这些历史力量胶着混战后狼藉的战场，而"当代艺术"，则是这反复拉锯的历史剧场上文化斗争的因果建构。

一个世纪以来，中国人在帝国与民族国家的双重结构中被重新切分，在殖民史和冷战史的交织纠缠中分断与离散，在全球化的生产—消费网络中被不断地分配与整合。就中国大陆而言，在革命、回归、殖民、冷战等多重历史动力的交互作用下，当代的艺术生态并未被完全纳入全球资本主义的网络之中，传统书画的风尚和收藏系统依然健在，国家委托创作的运作机制一息尚存，这些系统与双年展、博览会的国际机制彼此渗透、影响。相较于欧美国家的艺术世界，"中国当代"显示出一种独特的复杂性与多义性。然而，另一方面，无论是风雅犹存的书画界，还是代表政治"主旋律"的美协、画院，或者是以挑战、反叛自诩的当代艺术界——20世纪遗留给"中国当代"的这三个艺术世界，此刻却都以各自的方式与资本勾结，与时尚合流。在这大陆艺术界浮华世事的背后，"兴、观、群、怨"、创造与批判、革命性与群众性、改变生活、改造社会……这些曾经对艺术性命攸关的意义，现在都已然丧失殆尽。在中国当代，艺术丢失了它的任务书，"当代艺术"已逐渐沦为当代社会的失业者。

在我写作这篇序言之际，台湾、香港的社会运动正如火如荼。与大陆同行们不同，台湾、香港的艺术家们带着各自的理论装备，或者深入田野，或者轰轰烈烈地卷入到社会运动之中。然而，这次社会运动的浪潮却令我不安。"占领立法院"、"占领中环"与几年前的"占领华尔街"表面上如此相近，在政治取向上却又如此不同。事实上，许多长期参与现实运动的艺术人与知识人，这一次都深感左右为难。在港台两地，现实政治中的右翼正颇为顺手地操持着左派话语，而知识左派在现实政治中的主张却与右翼越来越难以区分，这使得他们在现实斗争中日益失语或者失据。知识左翼在这一轮社会运动中被轻易地收编，又被无情地抛弃——香港发明了"左胶"、台湾抹黑了"左统"。在大陆，表面上的"政左经右"、"形左实右"，掩盖的是远为纠结的现实；尤其当我们从政府话语—知识话语—民众话语的多层面的动力机制中，在官方媒体—大众媒体—自媒体的多重映射关系中进行深入考察的时候，问题更显复杂。目前的问题是：没有对自媒体社会的政治／情感状况的系统分析，没有对生命政治背后的政治经济学状况的深入洞察，我们实难理清今日的社会意识和现实境遇，艺术家们的诸种政治参与，或许只是在拿着过往的问题意识和旧的思想工具作为道具进行角色搬演而不自知。

热切卷入社会运动的艺术家们需要自我追问的是——"运动之后"是什么？一切运动都在期待着某种革命式的反转或开端，无论这革命为的是更大的平等、更彻底的自由、更充分的民主，还是被习惯性地当作目标／依托却未必靠得住的普选。然而，当那个被历史神圣化的时刻迟迟不来，我们陶醉其中的"暴雨将至"逐渐风流云散，一切革命的期许终究会被日常生活腐蚀、击败。

运动之后是什么？在全球范围内，艺术与社会运动的合流、Artist as Activist（作为行动者的艺术家）的宣称已经流行了半个世纪。无论在大陆、台湾还是香港、澳门，无论是在北京还是纽约，在今天这个"大数据—全媒体—后网络"的时代，艺术的现实境遇已经悄然变化。社会参与、体制批判、政治艺术或美学政治……所有这些流行或者过时的话语已经不足以匹配我们此刻的现实感受。在景观资本主义的时代，生产关系对人之劳动价值的"剥削"，已经转化为生命政治对人之能动性的"剥夺"；我们的现实处境正如陈界仁所言，是"全球监禁，在地流放"。在这样的处境中，我深切地感到，1960年代文化政治氛围中开启的这段社会参与的艺术史已经走到了尽头。

或许，此刻正是世界艺术史的幕间状态。一幕已经结束，下一幕尚未开启。在这个幕间时刻，对承载着三个艺术世界的我们来说，迫切需要思考的是：如何从文人世界的情怀中提取出一种对世界的精微感受力？如何从社会主义的历史经验中发展出一种集体性的"公"的创造力？如何从今天新兴技术媒体的激进现实中，发展出一种充分介入日常世界的新艺术？如何从民众复杂的历史感和现实感中，提炼出一种深度参与社会进程的新艺术？

　　"运动之后"是疲惫与迷茫，"幕间时刻"空虚而困顿。而下一幕大戏、艺术的破局与开局，或许正在迷茫与困顿中酝酿展开。只要我们相信——每一次幕间时刻，都将是革命的前夜。在下一场革命开启之际，这尚未到来、即将到来的新艺术，将会是生产的艺术、行动的艺术、民众的艺术和解放的艺术。

2014 年撰写，2015 年修改

三个平行的艺术世界

谈中国艺术现况

张颂仁　约翰·弗德烈·哈特勒（Johan F. Hartle）

刘燕玉　译

一、标志当代中国艺术地图

中国艺术现况对艺术思想提出不少新的挑战，因为它交织着几种复杂而且多层次的艺术传统。这些传统既无法简单地套入目前历史学或当代艺术的主流论述框架之中，也无法借用西方艺术平台惯常论述西方艺术的方式，把创作现象化约为现成的当代典范。

论述中国艺术现况时，各种属于中国现代性的模式，以及对应的艺术传统、现代与当代之间的复杂关系等问题都相继浮现。选录于"汉雅一百：偏好"的"作品"（或者借用"艺术物"这个用语）案例引出了许多这类问题，因而也启发了我们铺陈中国当代艺术地图的尝试。首先要反省的是"地图"这个意象：地图是高度简化的定位工具，而世界比地图上的平面再现远为复杂。地图可以帮助我们规划行程，但只能根据已经知道的地理风貌加以规划。尽管如此，地图的启发和实用价值并不因此而减少；它仍是不可或缺的定位工具。

本文试图铺陈的几个不同的艺术世界，是主导着中国艺术创作的几个艺术世界。我们建议将中国艺术版图划分成三部分：因为三道交织在一起，且相互对话，而在分析的层次上仍可彼此互相区隔开来的主要脉络，适宜作为理解中国当代艺术的概念框架。三种传统背后，是三个不同的艺术世界：传统文人美学、社会主义传统以及全球性的当代艺术。

　　"艺术世界"这个词最初由阿瑟·丹托于 1964 年在一篇著名的文章中提出，原本用来梳理当时看来游离扩散而难以定义的当代艺术。虽然一开始它的定义就相当模糊（而且从社会学的角度来看，这个词汇的定义也相当不稳定），可是这个词早已被一般大众以较宽松的定义在使用。"艺术世界"这个词对我们还是有帮助的：在现象学传统里"世界"这个概念意指"使我们所经历的事物产生意义的实践统合"；因此，"世界"这一概念可理解为使事物产生意义的参考框架。这样的理解在艺术的脉络里特别合理，因为在这领域中，作品或物品都免不了被加诸过量的意义，然而同时，这些作品或物品的意义又往往受各自所处的文化脉络或社会实践左右。

　　"世界"的定义，对"体制"这个概念的哲学讨论也举足轻重。美国哲学家约翰·希尔勒（John Searle）在他著名的文章《何为体制？》里对这个问题提出了最简单的答案："所谓体制，就是在特定的社会脉络中（C），使某些物品（X）被赋予某些特定位阶（Y）的机制。"这些社会脉络引导了集体意图（指群体皆同意的对社会物件意义生成的参照），也因此赋予了某种社会意义，构成了社会现实。希尔勒所论并未特别以艺术为例（他的文章使用了各种社会实践为例，而主要参照则来自经济活动），可是最后的总结还是以一篇讨论回应了关于艺术本体论的漫长辩论传统。姑且不论艺术的许多我们不知道或者无法预测的事，我们能够确定的是，艺术是被附着在某类物体（X）的一种社会位阶（Y）。[1]

1　John R. Searle, "What is an Institution?" *Journal of Institutional Economics*, Vol. 1, No. 1, 2005, p. 7 .

因此，有关"体制"的问题永远都会牵涉到"物"如何被转变成另外一种（或者和一般日常物品不同的）东西的问题上。事实上，这种体制炼金术（把物件转变成具有美学意义的"艺术物"）对于我们理解艺术物在三种中国艺术传统中的特定位阶，尤其关键。

举例说，中国 20 世纪五六十年代的"社会主义新国画"，顾名思义，也就坐落在社会主义艺术的范畴里；其主要任务便是描绘出后革命美丽新世界的乌托邦图像。但从农业社会转变到社会主义社会，必然要处理旧世界对大自然的想象。传统水墨画典范被纳入社会主义绘画传统，如《大干社会主义》（图 1）便针对传统的自

图 1　无名作者　《大干社会主义》
彩墨纸本　1960 年代晚期

然观，企图把这种崇尚大自然的观点改变成新的以"人"为中心的"人定胜天"的世界观。

另一个有意思的案例是书法。在中国的艺术传统里，书法被公认为艺术的典范。王羲之的法书被唐太宗推崇为书道正统，之后王羲之被历代尊为"书圣"；当代艺术家邱志杰的《重复书写一千遍〈兰亭序〉》（图 2）借临摹王羲之的经典名作《兰亭序》向书圣致敬。然而，他重复在同一张纸上临写的方式又把临摹的文字覆盖掉，直到整张纸变成一片漆黑。黝黑色块令人想起早期西方前卫艺术的经典抽象画，同时也暗示当代人颠覆中国书法的美学权威。在前现代的中国世界，书法文字代表了书写者的现身，在公共领域中书写的文字是代表文化和社会权力的主要视觉语言。当代香港的曾灶财，自封为"九龙皇帝"，在香港各处公共场地以毛笔字涂鸦创作。曾灶财的行文内容以他对香港九龙各地点的幻想式主权宣示为题材（图 3）。这些遥应官碑或摩崖的文字带出了中华文字文化的社会力量，同时也成了创作者对于权力的个人想象与表达。可是，要是没有当代艺术作为表现平台，"九龙皇帝"就只会被当作一个与社会格格不入的疯子；只有在涂鸦艺术的时代，他才能够被作为艺术偶像来崇拜。

从现代人对"民主"关怀的角度切入，书法现象模糊了"艺术"和"美学化的日常生活"之间的界线，因为每个在前现代世界的识字的人都参与了书法的"艺术"行为。"艺术"和"日常"的界限在书法的领域里有赖于更复杂的社会因素，一个好的书法家算不算是个"艺术家"，完全由"艺术世界"所决定。而大量的文人作品，像名篆刻家冯康侯先生的印章（图 4），同时既是艺术品，又是具有实用价值的物件，其艺术位阶就往往仰赖物件的不同用场与展

图 2　邱志杰《重复书写一千遍〈兰亭序〉》纸本水墨　1992 年

图 3　曾灶财《花县曾莲塘……》书法 / 电力变压箱　154×76×41cm　1999 年

示场合来决定。

　　"艺术世界"这个概念有助于把讨论聚焦于艺术创作的各种理解框架，明确地说明所谓"艺术"的定义的共通因素。这种方法的好处是可以同时照顾到艺术实践的文化背景，以及艺术创作出现的社会条件。除了重视艺术与机制的关系，避免过度依赖宏大的艺术观念，并避开任何可能被用以笼统地谈论地域文化特征的"文化本质论"。

　　希望能够透过本文铺陈的是，把焦点聚集在艺术世界形成所必须具备的体制条件与文化实践。但这并不意味着艺术应该被理解为某种以迎合既有的机构标准为目标的体制实践。

　　任何对于艺术的体制版图——也就是所谓"艺术世界"——

图 4　冯康侯印"可叵居"篆刻　1960 年代

更有企图心的理解，都必须照顾对立的立场和时代变迁。[2] 事实上，许多的理论皆曾指出一个关于艺术机构最重要的吊诡：体制定义对"艺术"一个明确的标准，便是要求它具有超越或逾越的内在倾向。

　　"艺术世界"能够成立的一个关键是这个"世界"的外部。然而，"外界"并不是个实质的他者（或者某种完全免于任何机制决定论的实质空间、自由空间），而取决于其内在的组成。换句话说，每个艺术世界都辩证地生产了与其相对应的"外界"。[3] "艺术世界"与

2　John Rajchman, "Thinking in Contemporary Art", p.4, see: http://www.forart.no/index2.php?option=com_iarticles&no_html=1&Itemid=28&task=file&id=134, 最近更新于 2014 年 3 月 4 日。然而，出乎意料的是，瑞哲曼却认为布尔迪厄的艺术场域社会学指涉了某种静态的机制。

3　Boris Groys, *Art Power*, Cambridge: MIT Press, 2008, p. 23.

"外界"的这种关系，在下面三种我们聚焦讨论的个案里，都对其自身的"炼金术"的成效举足轻重。艺术品的艺术位阶是由整个体制定义的，但这个定义永远牵涉物品与这套体制所不能完全被体制左右的关系。

因此，艺术品内在的许诺，是个超出艺术世界的世界：在中国艺术范畴里，传统文人艺术品承诺了一个可以透过传统与仪式，以及透过模仿古代大师的人格达到的心灵世界；社会主义艺术品指向某种尚未实现的乌托邦想象；西方艺术平台则不断地吸纳艺术圈外的尚未被体制认可的元素，希望能够永久不歇地创新和超越。倘若没有这种与外界的联系，或者以外界互为参考的欲求，艺术世界内部便没有任何存在的价值。艺术世界内部对外界的指涉，原本就是艺术炼金术之谜最重要的部分。

二、全球艺术：一种居高临下的姿态?

分析中国当代艺术及其方法论架构的这个三分法，间接地也回应了近年某些全球艺术论述的趋势。所谓"全球艺术"的概念，不仅刺激了艺术学的理论和方法论，同时也提高了西方对中国艺术的兴趣，它的目的除了纳入非西方观点，也在于纳入一贯并未被视为"艺术"的各项文化生产与文化实践，比如部落、乡村与庶民艺术等。[4]

一方面，"全球艺术"看似傲慢地高高在上，因为它逾越了任何学院脉络之能力以内的专业判断。因此主要的"全球"理论家皆小心翼翼地避免对"全球艺术"这概念采取刻板的定义。为了避免

4　值得参考的是：Hans Belting, "Contemporary Art and the Museum in the Global Age", Andrea Buddensieg & Peter Weibel edited, *Contemporary Art and the Museum: A Global Perspective*, Osfildern: Hatje Cantz, 2007, p. 18.

偏袒任何地区的特定艺术创作，主导这一连串有关"全球艺术"的辩论的核心学者，德国艺术理论家汉斯·贝尔廷（Hans Belting）明确地将"全球艺术"的定义限定在两项关键要素上：在不要求共通的特定美学特质的条件下，不同的全球艺术可以透过两个标准来认定：1、原本就是以艺术创作为目的的文化生产；2、具有当代性。[5]

"全球艺术"的相关论述在动机上是可敬的。其企图引起顺畅的理性对话与艺术交流，这样的企图也是可以理解的。然而这样的论述取径却造成了许多内在的陷阱和矛盾，使它在许多个案上甚至产生了与其初衷完全相反的效果。此中出现五大问题：

第一，在概念层次上扩大艺术这个场域，使我们对"艺术"的了解造成了"去差异"的效果，而在这种"去特殊"的概念下，令人很难相信这套论述仍然能有效地描述艺术的独特性。

第二，对于各种具有在地特色的艺术创作而言，"全球艺术"的描述取径跳过了一个长期以来主流的西方艺术史机制分析——例如法国哲学家布尔迪厄（Pierre Bourdieu）的文化场域理论，或者前卫主义理论家彼得·柏格（Peter Bürger）等人对艺术机制所提出的批判——所强调的重点：也就是艺术的特定"规范框架"（相对于其他文化实践）的问题。艺术的规范框架是在特定历史脉络之下长成，并透过体制的运作得以彰显。

第三，这种对多元的全球视觉艺术生产的取向，缺乏具体社会焦点，正好应了日本哲学家柄谷行人评论的"美学中心主义"——也就是指一种将艺术创作的社会与经济先决条件排除在外的方式。因此正如柄谷行人所强调那样，它以某种美学形式带动某种对他者

---

5 同上，第44页。

的东方主义式欲望。钻研全球艺术的学界也往往抱持着美学中心的态度，关注非西方社会的视觉创作成果，而不真正考量各自的特定文化或政治脉络。[6]

第四，由于关注被聚焦在状似"全球性"的条件上，"全球艺术"论述可能面临这样的危险：它只不过是证实了全球艺术市场的扩张，却忽略了架构着这些艺术市场的霸权式的先决条件。这样的论述因此更证实了西方形式的艺术市场中，竞争先决条件的极度不平等已然渐渐成为全球现象。某些全球艺术论述高高在上的施恩姿态，因此也间接地认同了原本宣称批判的对象，那就是西方艺术世界的宰制地位。

第五，最后一点，"全球艺术"的学者们经常重复强调"冷战时期"（也就是世界划分成几个对弈的经济与意识形态阵营这段时期），大致在1989—1991年间已经结束。这个预设本身就是有争议的：不仅令人发指的冷战论述逻辑至今仍然在世界各地流通，而且实际政治明显看到，比如南北韩仍然对峙，中国大陆与台湾仍未解决对立。宣称冷战已经结束，这样的预设尤其令人不可置信。暂且不论"全球化"以及所谓"冷战结束"的论述模型是否足适描述当前的地缘政治情势（或者克林顿政府所做的那些如今过时，但仍然诱人如昔的承诺），要质疑的是全球化世界中的跨国企业、自由市场与其相对应的，由大量商品所产生的视觉多样性[7]，是否真的那么值得我们追求。换句话说，即使全球化时代已然来临，如果并未考虑清楚抗拒全球资本逻辑的各种地方霸权势力，那么就应该稍为减轻

6　Kojin Karatani, "Uses of Aesthetics: After Orientalism", *Boundary 2*, Edward W. Said, 1998, p. 146.

7　Karl Marx, *Capital Volume 1 A Critique of Political Economy*, New York: Penguin Press, 1976, p. 125.

全球化意识形态隐含的目的论和决定论修辞。

在描绘当代中国艺术的版图之际，此文同时倡议一种对于当今中国状况的诠释，既避免特定的"全球艺术"论述的问题，又聚焦于体制上明显不同的三种当代中国艺术生产形式的版图。

这种区分中国艺术体制版图的观点，使我们得以将中国的文化政治现况——也就是一种介于民族主义、共产主义和超资本主义之间的三不管地带——纳入考量，并且区分各种对于艺术的理解和分析各自特定的规范机制。将特定脉络的艺术创作镶嵌到国家的意识形态与政治情势内，可以避免"美学拜物"现象，也就是美学中心的艺术观。不论在哪里，艺术都是各种社会力与社会关系的一部分，也根植于这些社会力、社会关系与其各自相应的机制运作。中国艺术也不例外，其三个主要的版块都各自有其独立的存在与生命。

三、中国艺术版图的三个面向

艺术创作的体制化左右了艺术的当代影响与合法性，这股力量不亚于艺术内在的历史性以及其创新和逾越的潜力。高名潞曾为文强调中国艺术体制版图的复杂程度，并点出体制对于发展出某种当代性和艺术革新性的多面向逻辑的重要性：

> ［……］中国的体制版图是以一种完全不同的方式所建构起来的。这个体制同时受到社会主义和资本主义影响，使得前卫艺术的生存空间变得更加复杂，面向也更多元。[8]

8　Minglu Gao, "Particular Time, Specific Space, and My Truth. Total Modernity in Chinese Contemporary Art", Nancy Condee, Okwui Enwezor, Terry Smith, co-edited, *Antinomies of Art and Culture: Modernity, Postmodernism, Contemporaneity*, North Carolina: Duke University Press, 2009, p. 141.

高名潞建议将有关"前卫艺术的意义"的讨论做出区隔，他提议将各个不同的体制脉络纳入考虑，而这些体制脉络正是产生多面向的艺术创新的所在。这个建议很正确。然而，对我们来说，当代中国艺术的体制版图至少有一个面向比高名潞所提议的策略要复杂：除了社会主义和资本主义的影响之外，还有第三个典范，也就是传统中国文人艺术，必须被作为独立的当代艺术传统来严肃以待。假设高名潞的立场认为这几个相互纠缠的艺术世界各自生产属于自己的艺术"逾越"与"创新"逻辑，那么我们的主张是：这三个不同的艺术世界同时各自生产出不同的"外界"。许多对本文有所启发的艺术理论都指出过，艺术的历史性和创新性正是来自对"外界"的参照。由于对应"外界"，以既定状态得以超越，并透过前卫式的逾越和反省，不断地进行自我再生，使期望的乌托邦世界得以实现，催使不断更生并追求性灵提升。

　　梳理当代中国艺术版图的尝试，如果从"机制运作"的取径来谈"艺术"的功能定位，可以发展出较为简化、概要式的理解。而这样的理解方式，也能够顾及社会上以及历史上所决定的艺术位阶（换言之，亦是机制作用）。其实，不同的理论都不免在概念上要考虑到机制的运作。

　　为了扼要地介绍观点，我们将聚焦在艺术机制的四个主要面向之上。德国哲学家本雅明（Walter Benjamin）在《机械复制时代的艺术》中，以精简的方式陈述了一套广义的关于美学机制的理论。除了论述美学感知的机制的总和，包括传播媒介、展示条件和作者的位阶之外，本雅明同时提供了方法论，以概论特定社会条件下，物品如何被给定某种位阶功能（像是"崇拜价值"或"灵光"等概念）。这些相互交错的媒介传播（即某程度的复制能力）和展示条件

（展览价值）也的确定义了本文的头两个分析要素。

　　除了本雅明（及许多其他社会科学和美学思想家，包括美国哲学家丹托，美国哲学家与美学家迪基［George Dickie］，以及美国社会学家贝克［Howard S. Becker］等）以外，布尔迪厄则在其"艺术场域"理论中建议，在分析艺术的机制版图时，须先对研究对象做出区分。布尔迪厄特别强调艺术实践的内在价值结构，也就是某种特定形式的象征资本，借着与其他种类的社会实践做出区隔，使我们得以辨识出艺术的特殊性。在我们对中国艺术现况的诠释里，分析"作者论述"时也会以三个艺术传统各自相对应的内在价值结构做出区分，而这些都是界定"作者论述"的元素，也就是我们的第三个分析要素。

　　有关于中国艺术世界的特定机制，还有第四个重要的类别。某种程度上来说，这个第四类确认了建制化的艺术学院的重要性。机制化的艺术理论的论述以及艺术教育机构，都为各自肯定的艺术形式营造了美学感受，以及提供了该艺术形式所必须具备的技能。区分出第四类别的做法，可谓严肃地回应了丹托（《艺术世界》这篇具有典范意义的文章[9]）等理论家对于艺术理论（或论述）的重视，甚至强调理论的产出才是定义"何物为艺术"的时刻。更重要的是，这里也回应了布尔迪厄等社会学家所强调的那些定义现代艺术场域的"半自主标准"。[10]

　　搜集和展示艺术作品的条件，透过特定媒材和类型的使用来定位作者的条件，以及传递这套实践逻辑并透过论述来合理化这套逻辑的条件，正是我们概论中国当代艺术的三大范畴各自的特性和彼此交叠时所依赖的坐标。我们首先以这四项标准为脉络来回顾这三

9　Arthur C. Danto, "The Artworld", *The Journal of Philosophy*, Vol. 61, No. 19, 1964, pp. 571-584.
10　Pierre Bourdieu, *The Rules of Art. Genesis and Structure of the Literary Field*, New Jersey: Wiley-Blackwell Press, 1996.

Worlds 世界 / Categories 分类	1st: Global 全球化艺术世界
Paradigmatic Media and Genres, Status of the Object 典型媒材与艺术类型	*Experimenting with Imagination.* (Painting, Installation, Video, Performance; No Specific Restrictions in Media and Genres) 用想象做实验 （绘画、装置、影像、表演等任何媒体）
Spaces of Legitimization, Exhibiting, Collecting 展示、典藏与加持的空间	*Institutional Autonomy Space* Private Appropriation, Private-Public Collectors and Museums, Galleries, Markets, Contemporary Art Spaces, International Biennials 体制化自律空间 "私人—公共"收藏 博物馆、画廊、艺术市场、另类艺术空间，国际双年展
Logic of Valorization: Authorship, Benefits 加持的逻辑： 作者权 - 益	*Performative Personality* Individual will to expression, monetary benefits, copyright, international reputation 表演性个人 追求表达的个人意志， 金钱利益、版权、国际声誉
Lineage, Education, Academic Representation 统序，教育，学术表征	*Improvised Attempts to Individual Originality* Academies, Special Departments (Experimental Art, Inter-media Art, etc.) 学习与尝试个人原创 美术学院，专科部门（实验艺术、跨媒体艺术等）

2nd: Socialist 社会主义艺术世界	3rd: Traditional "传统"艺术世界
Shaping Social Form and Social Mobilization (State and Society as a Work of Art) erative and Intervening Works (Painting, Sculptures, Woodcut Prints, Mobilized Everyday Life Objects and People) 构建社会形式与社会动员 （国家与社会作为艺术作品） 造型艺术（绘画、雕塑、版画、宣传品 被动员起来的日常物与人民）	*Self-Cultivation through Elevating Existing Daily Practices.* Paradigm of the Written Word (Calligraphy, Ink Brush Painting, Seal Carving) 遣兴自娱、怡心养神 文字书写或"笔法"的艺术 （书法、水墨画、篆刻）
Collective Space ass-Distributed Artistic Forms in all Sections of Social Life, lic Spaces, Billboards, Journals, Offices, National Museums, National Fine Arts Exhibitions, People's Arts Center 集体空间 社会收藏 会生活与公共空间：公共告示牌、杂志、办公室、博物 全国美展与群众艺术馆（1966 年和 1972 年之间取消）	*Social Space in Cultural Landscape* Private Appropriation, Exclusive Access, Public Representation of Popularized Practices (e.g. calligraphy on architecture), Literati Gardens, Library, Studios, Markets (Architectural Ornamentations, Seasonal Uses of Writing, etc.) "江湖"与文人圈 私家拥有，雅集博览，公共场所与建筑（例如牌匾 书法）、园林、藏书楼、书画船、画室、市场
Visualization of a Political Standpoint ime access to the ruling casts, national reputation, political ivileges, no individual signatures, collective authorship 政治立场的视觉呈现 权利、国家荣耀、政治特权、无个人署名、集体创作	*Rules of Conduct* Individual will to perfection but not to original expression. The sign of authorship is important; lifetime access to the ruling casts 修身 尚古求精，不求原创；文化权力，传世之名
ing to Political Directives and Momentums; Partly Imported Informed by Folk Practices, Oil Painting, Ink Brush Painting, aking, and Sculpture Departments at Chinese Art Academies 应对政治运动形势 引进外国传统，向民间艺术学习，塑造民族艺术形式 院系统的油画、水墨画、木刻版画和雕塑等诸学系	*Apprenticeship; Taught as Part of a Daily Practice;* Oral history, Re-enactment, Embodied Learning, Ink Brush and Calligraphy Departments as Chinese Art Academies 从游；教育作为日常修持 言传身教，临摹传习：美院系统内外的书法与国画教学

三个艺术世界　制表：张颂仁、高世名、约翰·弗德烈·哈特勒

大范畴。（表格见上）

1. 从各自所扮演的社会功能来了解类型和媒材的特定传统很重要；而这些社会功能也正是定义艺术品位阶的重要元素。这套建立在"想象的实践"上的国际平台的逻辑，其运作显然并不局限于任何单一媒材，而且在录像艺术和表演艺术之间建立连结。

社会主义传统着重于"社会造型"，以及对媒材的政治化理解。它首先侧重具象传统，并跨越特定的艺术世界，渗入日常生活范畴（比如那些印上政治文宣的茶杯、烟灰缸等日用品，或大量复制的木刻版画）。

有意思的是，这种侧重日常生活领域的特征早已被传统艺术平台淋漓发挥。中国传统教化通过推行特定的行为规范，以达到教化自我与社会的目的。儒家"礼学"是一种横跨仪式、美学、律法与意识形态等场域的实践；其主要关注的重点在于维系某种"秩序"，但它又不单纯是强制性的规范仪式。"礼"（英文经常被翻译为"礼仪"的简化意义）是因应社会和政治生活中的具体状况而形成的实践体系，可以说是一套技术，其背后隐含着天人合一的传统世界观。因此，"礼"可以理解为一种宇宙观和应用的实践手册。既然"礼"所倡议的是一套建立在感知和情理上的制度，因而"礼"可以被定义为一种中国式的"精致艺术"范式；既然属于艺术范畴，因此也成为一种有待被逾越的政治社会秩序。因应这套逻辑而被定为"艺术物"的物品，就应该包括仪礼行为和仪式用的器物，尤其是带个人特色的工艺器物。[11]

---

11 特别是在这里，我们也看出书写文字的主导地位。关于这点的深入讨论，详见 1999 年"文字的力量"艺术展览的讨论。

2. 显然，这些不同的媒材功能都需要各自的发挥空间，而它们也意味了三种不同的收藏与展示逻辑。西方艺术平台大致建构在"私有"的逻辑上——透过商业画廊与个人收藏，搭配国际美术馆和双年展等机制来达成。然而有意思的对比是，社会主义——尤其社会主义现实主义——绘画和木刻版画，特别在"文化大革命"时期，往往被展示在明确的由国家主导的公共空间，被安置在为国家服务的脉络中。除了国家举办的年度全国大展以外，大型公共告示牌和报刊杂志是最常用来传播这类政治目的图像的媒介。

传统文人艺术的特征是以庭园环境为观赏场域。因此这也可被视为一种私有性质的艺术展示，而玩赏地点在内外相通的私人园林或半私有的环境中。中国式庭园是个值得琢磨的案例，它既是个俗世的休闲游乐空间，但同时也是一个可以提升身份的，能够把展示于其中的物品或文艺实践点石成金的艺术场域。这个"黄盒子"空间本是一般的日常空间；它只在艺术创作进入这个空间时，才变成一个"神圣化"的超越空间。[12]

3. 然而，这三个不同的艺术世界之间最重要的差异，则可能是各个艺术世界对其主角所承诺的利益的隐性结构：比方说，全球艺术平台透过国际承认的知识产权相关法律来神圣化作者的原创意志，并借此承诺、保证作者全球知名度和经济利益。社会主义典范虽然无法轻易承诺同样的金钱利益，然而，作者却能够通过全国性的知名度获得政治与经济特权。

相对于社会主义艺术和全球艺术，传统艺术追求的不完全是创

---

12 针对"黄盒子"概念的进一步讨论，以及当代艺术家如何对这一概念进行实验，详见《汉雅一百：偏好》画册谈论"八个汉雅计划"的部分。

作者的个人原创，而是要求对传统标准的技艺和境界精益求精。临摹出仿佛古人真迹的技艺，本身就隐含了某种象征资本，只要能够捕捉古人原作的精神，意味着这位临摹者本身的修养。在前现代的世界，回报在于进入文人世界的体系中；文人是传统政体的构成阶层，但是，虽然保证了进入统治阶级的通道，并不一定保证直接的金钱利益。

4. 我们之所以能够讨论中国脉络下的三个相互平行的艺术世界，而不局限于单一的一个艺术世界，是因为这三套有关中国艺术现况的运作逻辑，都平等并持续不断地在国家级的艺术机制，也就是公立学术机构被传授。尽管这三种艺术典范的教学风格迥异，但三者一般会在同一所艺术学院被传授。

在中国至少十个主要艺术学院里，课程的教授明显地连结到全球艺术论述，并且，在许多艺术学院里，全球艺术实际上自成一个专门学系，例如杭州的中国美术学院里的当代艺术与社会思想研究所。至于社会主义传统，许多国立艺术学院的课程中，至今仍旧传授社会主义现实主义的绘画、版画和雕塑。社会主义现实主义艺术传统至今还有生效的场合，绝佳的例子包括庆祝 2011 年中国共产党 90 周年党庆所举办的无数官方展览。在这些展览中，各处艺术学院的教师纷纷被要求展出作品。这些作品皆由国家委托创作，主题与"重大历史题材"相关，这里的艺术生产模式很明显还是依照着社会主义传统。

文人艺术的情况稍有不同：除了同样像社会主义和全球艺术透过学院教授，并且授予学位，传统文人艺术还有一套建制化的"自我教化"系统。在前现代中国，文人艺术是每个读书人在文化养成中追求的志向；这一套实践体系透过文人生活的态度和修养，传播日常生活领域的修炼方法，其社会功能有如西方宗教传播道德教育。而相对地，文人艺术也为日常实践打开了艺术世界的门户。历史上不少传统工艺都是透过文人的肯定而进入文人艺术世界（尽管在中国"万般皆下品，唯有读书高"的价值之下，文字修养还是"艺术"的基本指标，仅有极少数不识字的工匠能够真正赢得相当于"艺术家"的地位）。[13] 以制作宜兴茶壶的工艺为例，因明代文人的介入，许多宜兴工匠的地位，一跃而身价百倍。明熹宗（1605—1627）更是个特例。皇帝对木器的热爱与重视程度，甚至远超出他对朝廷大政的兴趣。帝王的赏赐与资助无疑为木器艺术留下了重要文化资产；然而，皇帝耽迷于木器研究，对大明的国家福祉的影响可想而知。

一般而言，在现代中国的美术学院里的体制，适用于社会主义艺术的，也同样适用于全球艺术平台。传统画和书法等科系往往也具有相同的地位。

总结这四项标准来看，中国艺术现况不能被视为单一艺术世界，而必须视为三个相互平行，而相互混杂的三组艺术实践：也就是国际艺术平台、社会主义现实主义典范，以及历史遗产的传统艺术实践。就国际艺术现况而言，中国似乎在几个层面上还是有其特殊之处。

当然，大部分"南方阵营"国家（第一世界之外的国家）都富有活力充沛的工艺与传统文化生产，虽然不一定和国际观众有任何连结，而且也不见得是为了国际观众而生产，可是很少能够建构起堪称"艺术世界"的机制，来赋予这些艺术实践特定的位阶（这情形恰巧凸显了西方"工艺运动"的重要性，尽管长久以来工艺运动

13　关于传统文人艺术在现代世界的发展，其中一个成功的例子是日本利用社会机制把日常实践认定为"道"的彰显，赋予"艺术"身份，以"禅"的精神来提升日常实践。由此，喝茶、击剑等修养与锻炼便被提升为"茶道"、"剑道"，因而带上"道"的光环，成为相当于文人"书道"的艺术。

图5　刘国松　《升向白茫茫的未知》　纸本水墨设色　94×58cm　1963年

在西方还是被歧视为"次等"的艺术世界实践)。在西欧国家，我们也可以找到（和现代艺术）相对"平行"的艺术实践（我们可能特别会联想到意大利托斯卡纳或法国普罗旺斯的风景画课程，或者粉彩画艺廊等)，但它们的定位还是不能够明确地透过建制化的艺术世界的关系来界定（尽管它们令人想起19世纪晚期艺术家的模范)。这类艺术实践在一些比较进步的当代艺术馆和相关艺廊机构并存着，却在运作上并不能与专业的艺术平台进行直接互动。

　　只有在某些国家（如果除了中国还有其他例案的话)，我们才可能辨识出第三种艺术平台：也就是社会主义现实主义的另类

图6 王广义 《自我批判: 水果》 布面油彩 100×100cm 1992 年

当代性。造成中国艺术现况的特殊性不光是这三个艺术平台本身。特殊的是,在中国,这三套艺术机制都同样地被体制化(甚至并存于相同的艺术机构),而且都同时指涉了某种明显的稳定社会机制。这三个艺术平台在艺术的生产、传播、展示和教学上,都各有其特定的社会实践(某种习惯或组织)来支撑。

四、相互竞逐而又汇流的几种艺术道路

这三种相异的美学实践以各不相同的方式并存,成为平行的艺术世界,生产各自的评价逻辑与观赏的论述逻辑。而在彼此互相冲

突之际，他们却也互相整合、交叠。从艺术史的角度观之，这三种艺术典范的互动因而促成了许多深具启发的比较，让我们更清楚地看出这三种艺术典范之间的平行与差异。

我们以两幅 20 世纪 60 年代的绘画为例。这两幅作品分别是刘国松的《升向白茫茫的未知》（图 5）和未署名的《大干社会主义》（20 世纪 60 年代晚期）（图 1）。前者是 20 世纪 50 年代始创于中国台湾与香港的"新水墨画运动"的一幅经典代表作；后者则是大陆"社会主义新国画运动"的标准作品。这两幅画各自来自冷战时期的两大阵营。在分属两套相对立的政治意识形态之下，这两幅画提出的论点在于这个提问：台湾和大陆如何透过各自的新绘画运动，来宣示自我的"现代性"？关键是，尽管双方各自宣称自己的"国际主义"立场，两方对于"现代"的诠释各异，甚至相反：一方主张自由市场贸易式的国际主义，另一方则主张共产国际的社会主义。而两者对艺术传统的挪用也深受各自的意识形态与机构脉络所影响，以致发展出不同的国际主义，以及不同的现代性。

"二战"结束后的"资本主义现代性"的艺术论述主要展现在超越国族与文化疆界的"抽象"国际共同语言上。比方说，在刘国松的画作中，族群和文化内容被刻意地压缩，被强调的是抽象画语言的"国际性"。抽象艺术的国际性提供了艺术品在西方国际上的实质流通。另一边的共产主义阵营，在艺术语言层次上并不取径于西方国际的形式主义，共产国际重视的象征语言则是社会主义国家共同追求的"社会造型"。不同的共产国家之间的艺术交流并不会滋生任何商业利益，这与西方资本主义阵营的运作模式正好形成对比。在共产主义国家中，既然共同的"社会造型"已经预先被决定，那么能够被强调为"艺术表现风格"的，便只有每个国家在各自社会造型框架内的族群或文化特征了。也许这正是共产国家的现代艺术，不期然地走向保存民族艺术语言的原因。这样的艺术实践也和社会主义的新"国家"绘画道理一致，也就是容许某些"国家级"文人传统继续存在，借以凸显革命所成就的历史进程。

相较于这两个现代性计划之下的艺术实践，以黄宾虹的传统山水画《具区揽胜图》（1946）为例，这类画作则与传统文化的历史，而非所谓的"国际"进行对话。而创作者的对话对象则是遁迹江湖的古人。从这里可看出，传统艺术平台的历史延续意识，而且在冷战结构下，有意回避哪一方阵营的意识形态投射。

除了烘托出水墨画的另类文化观点，这三种不同的艺术典范也各自为其他主题的讨论创造了强而有力的平台。中国在 1980 年代经历了剧烈的意识形态转变，从社会主义进入市场经济，这项剧变也反映在以政治意识形态为主题的艺术作品。王广义的《自我批判：水果》（图 6）和傅琳的木刻版画《毛泽东思想是我们的命根子》（图 7）同时使用毛泽东时代的图像元素；刘大鸿的《祭坛》（图 8）和唐小禾的《在大风大浪中前进》（图 9）也同样热衷于毛主席的神话。然而，王广义和刘大鸿两人的作品以"政治波普艺术"的反讽，着眼于政治意识形态的现代神教，及其唯物主义的拜物意识形态。

除此之外，值得注意的是，现代性计划都强加于身体的特定支配关系。在唐小禾的作品中，畅游长江后，容光焕发的毛主席站在舞台正中，簇拥着一群和他同样红光满面的青年随扈，向人群炫耀着革命的健壮身躯。而在日正当午的光辉照耀下，方力钧的《系列二（之一）》（图 10）（1990 年代初，代表"泼皮写实主义"风潮的指标作品），一群傻笑着，看起来很开心的年轻人以剃光头的方式来

图 7　傅琳　《毛泽东思想是我们的命根子》
木刻版画　72.6×71.4cm　1960 年代末

图 8　刘大鸿　《祭坛》（局部）　布面油彩／装置　250×400cm　2001 年

图 9　唐小禾　《在大风大浪中前进》　布面油彩　172.5×294.5cm　1971 年

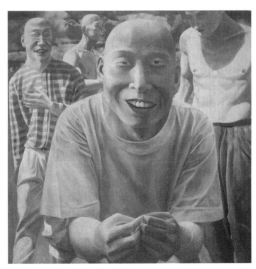

图 10　方力均　《系列二（之一）》　布面油彩　200×200cm　1991—1992 年

表达对个人风格的拒斥。然而，他们的"集体特征"既无法掩盖每人的性格特质，也无法掩饰他们心底的困惑。比方力钧略为年长的张晓刚的同期作品则带领我们进入另一出截然不同的心理戏。《大家庭》（图11）把人物关在摄影棚里，以形式化的美学风格，追忆一个过去的年代。然而，即使画中人物希望给后人在画面留下最好的一面，还是抑制不住阴魂不散的家族梦魇。社会主义的艺术形式渗透了他们的视觉源泉，于此持续生产出杂糅的艺术景观。

除了这三个艺术界，我们也想特别强调"反艺术世界"（或"艺术世界外"）作为艺术撷取灵感的来源。艺术的越界和创新潜力是社会高度珍视的特质；而这种潜力则奠基于艺术对新资源保持开

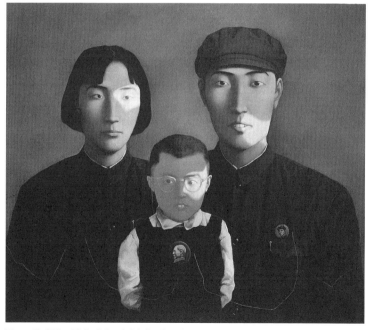

图11　张晓刚　《血缘系列：全家福》　布面油彩　150×180cm　1994年

放姿态。从反向来思考，我们也许必须考虑艺术世界内的旧资源如何耗尽，而终于散落于日常生活内。举例来说，在唐代达到高峰的彩绘传统，在宋朝文人画风行后渐渐因为单色水墨画的兴起被推挤到边缘。"水墨美学"以"墨分五色"这个概念为代表，即使文人画中赋彩亦偏好淡雅的植物颜色。由于这种时代风气的变迁，一直到唐代持续广受喜爱的这套绚丽美艳、对比鲜明的彩绘传统，渐渐地退居到"装饰艺术"的范畴，到了近世主流的绘画完全被文人画取代。台湾画家袁旃的色彩艳丽的岩彩画《风云际会》（图12）让我们看到当代艺术如何更新已被捐弃的传统艺术资源，从遗忘的历史寻出新的脉络，重新与艺术世界结合。

从这些观察可以得到一项重要的结论：虽然这三个不同的艺术

图 12　袁旃　《风云际会》　绢本水墨设色　99.4×184.3cm　1998 年

世界各自的运作逻辑持续不断地进行整合，三者之间仍然充满矛盾。反过来想，我们也很难想象一个足以整合所有版本的运作逻辑的全球艺术世界，能够回避任何遗漏，又不牵涉屈辱或粗暴的时刻。

五、中国艺术何去何从？

"第三种"的说法引出一些联想，如前所述，它反映了地缘政治的思考模式，所谓第一世界、第二世界与第三世界，分别是自由市场的西方民主典范、国家社会主义典范以及所谓的第三世界发展中国家典范。这个三重形态的情形，正好就是当代中国的象征和征状：一面朝向资本主义式的现代化剧变，一面又在共产主义的语汇中，捡拾到传统文化的遗绪。这也可以用以检验当代中国发展现状的一种讨论模式。而问题仍在于，哪些未来的愿景能够以相对平和的方式共存？

中国艺术史上出现过几次不同典范之间的融合，或许可以轻率地诠释为政治决定美学立场。不过，本文讨论的三种艺术典范，有可能形成三种不同的结盟关系。首先，最主要的，共产中国艺术世界一直非常积极地挪用文人画和前现代艺术传统中的各种风格和形式。比较明显的例子包括毛泽东书法作品的风行，以及从民国到"文革"期间，带政治目的的"新兴木刻运动"将传统木刻版画的图式改革为现代木刻版画。如刘康说的，"毛泽东有效地在他的另类现代性计划中，将中国式的马克思主义和民族主义作结合"[14]。

第二种结盟，以前卫的潮流引领，从"'85新潮运动"发轫。原

---

14 Kang Liu, "Is There an Alternative to (Capitalist) Globalization? The Debate about Modernity in China", Fredric Jameson edited, *Cultures of Globalization*, North Carolina: Duke University Press, 1998, p. 169.

本在艺术学院受水墨画教育的谷文达成为"'85 新潮运动"中最具代表的颠覆艺术家。"'85 新潮运动"在中国标志了大规模当代前卫艺术的兴起。谷文达的作品结合了中国的两种现代性形式：社会主义和资本主义。其作品的视觉效果既直接又强烈，但对中国观众，尤其是海外的华人，最让人震惊的是他的作品所力图颠覆的对象——中国书写体系，而这套颠覆策略来自共产革命。"正体字"意指在传统社会的正统"繁体"中文，从 20 世纪 60 年代起被"简体"字替代，那是一项颠覆性的"语言改革"计划的结果。推动简体字是第一步，原本的目标在于全面废除中文书写，改以拉丁拼音字母取代。谷文达的"错别字"书画不但以强烈的视觉效果冲击观众，更在意识形态革命的层面颠覆了观众的文化立足点（图 13）。

吴山专的"国际红色幽默"（图 14）在全球化年代重审毛泽东的革命遗产，发现西方社会远比中国的社会主义更被意识形态的恋物情结渗透，吴山专发现资本主义超级市场中可以找到革命的真正"百分之百红色"。以上例子可见，在这波"'85 新潮运动"中，西方前卫艺术的新发展已经被移植到中国的文化脉络里。很明显可以预见的是，当年的反对体制行动，未来终有一天会成为研究中国新市场政策和意识形态新典范的案例，因为这套新的艺术典范为共产意识形态和西方典范开创了一种新的连接。我们可以从这些线索遥想将来会出现某种公共取向的前卫主义，或一种迹近相对美学（或类似概念）的美学主张，来对应这种连结。[15] 也许这种发展意味着毛泽东共产革命的提示会在美学领域被重新消化，而被吸纳入文化社会

---

15 Xiaobing Tang, *Origins of the Chinese Avant-Garde. The Modern Woodcut Movement*, Berkley / California: University of California Press, 2007.

图 13　谷文达　《遗失的王朝：以伪字、漏字、倒字、反字、印刷体、正楷、草体混合书写的杜牧诗》(局部)　纸本水墨　274.5×180cm　1986 年

图 14　吴山专　《无说八道》　纸本水墨设色　135×134cm　1985 年

场域，并且使之正当化。

这三大典范的另一种结盟关系呈现于文化层面，特别可以见于过去十多年来中国对儒学的新态度。为了庆祝中华人民共和国45周年国庆暨孔子2545岁诞辰，1994年10月在北京举办的国际儒学研讨会最早开启了官方认同的儒学讨论，研究儒学纳入共产主义的角度。社会理论家李泽厚于20世纪80年代就曾提倡将儒家的普世主义作为另类现代性的源头。2012年，香港的独立研究机构嘉礼堂倡议与清华大学和香港大学合办第一届"礼学国际学术研讨会"，在北京清华大学举行。这场1949年中华人民共和国建国以来首度举办的礼学研讨会重新开启儒家学术的核心宗旨。关键为"礼"是儒学世界观的核心，也是1919年的"五四运动"抨击最力的传统文明据点。一直到共产党执政，"礼"也惯常被视为中国文化落后与封建主义的元凶。礼学会议标志中国官方对儒家实践的开放新思考。

儒家伦理的复兴在"新亚洲价值"以及"新加坡式家长威权"市场经济的脉络中，导向于重拾"国家价值"、中庸的"生命政治"以及温良恭俭让的内省修养；而这些情景标志了第三种结盟关系可能发展的方向。[16] 在海外华人的反革命叙事中，儒家和传统文化长期以来都代表了"国族主义"论述的象征资本，尤其用以批评毛泽东路线的社会主义现代性。[17]

也许邱志杰的《重复书写一千遍〈兰亭序〉》可以看作修心艺术的回归。不过，在艺术家反复临摹传统技术的操作中，他自己的文本逐渐地消失了。文人传统（如邱志杰的重复临摹）和现代主

16　David Harvey, *A Brief History of Neoliberalism*, Oxford: Oxford University Press, 2005, p. 120.

17　同注14，第171、174页。

义传统（如马列维奇〔Kazimir Severinovich Malevich〕、阿尔伯斯〔Josef Albers〕和莱因哈特〔Ad Reinhardt〕等抽象画里的黑色方块）的汇合，终究使作品中的书法艺术完全消失不见。传统书法家的完美技艺可能有一天将连同古典典范一起成为过去式，传统文人追求与古人同游，所追求的是与其精神结合，而不是要创造明显的新风格。邱志杰的作品承接了这套艺术实践，可是将之转变为一种个人主张。

换个角度看，这个现象显然也间接说明了西方现代主义的资本主义力量，掌握了将一切事物都化约为现代艺术的能耐。如马克思与恩格斯所言的"照着它自己的形貌来打造世界"的强大力量[18]，使资本主义成为一套大小通吃的机制。马克思在《资本论》中一再提到的"整平器"[19]，在中国这三种典范的重叠和交互关系里，资本的力量和商品化机器的效应功不可没。

全球艺术平台在全球艺术市场既大有斩获，也吸纳了许多社会主义艺术和传统艺术两大典范的美学形式。这样的说法似乎意味着所有东西最终都会变成一样，但我们必须认识到，商品生产的特征是个规模庞大的"景观累积"，这意味着每种东西都按照同一套内在逻辑运作，而不能被误解为每种东西的外观都相同。国际平台运作逻辑的扩展，也因此应该被理解为自主艺术作品逻辑的扩展，而这套逻辑是建立在"表演式的原创性和想象的实验"，而非"对特定美学或视觉影像的偏好"这个原则之上。仅在视觉语言的层次上（暂且不论展示、观众接受、利益结构和师承系谱的逻辑），国际艺术

18　Karl Marx & Friedrich Engels, *Manifesto of the Communist Party*, from The Marx-Engels-Reader, Robert C. Tucker edited, London / New York: Norton & Company, 1978, p. 479.

19　Karl Marx, *Das Kapital*, Hamburg: Verlag von Otto Meisner, pp. 179, 229, 520.

平台整合了所有不同类型的艺术实践。然而，被整合入国际平台的这些艺术作品，它们原本的社会功能与内在逻辑跟以前已经不再一样了。

社会主义现实主义或传统山水画将转变成某种对它们原本的脉络完全陌生的新东西。中国的"政治波普"艺术或传统书法在进入了国际艺术市场以后，就不再是社会主义艺术或者传统书法了；这不是因为作品的外观改变，而更在于作品进入新脉络以后所导致的论述与观赏文化的改变。冯梦波的作品则是过度积极地回应这种整合力量，因此对旧时代更呈现了隐晦的怀旧。《长征》电动游戏最后回到北京天安门，以可口可乐征服了皇城，于是讽刺式的社会主义现实主义变成了媚俗形式的科幻动画（图15）。

就全球平台包罗万象的能力而言，可以说"全球主义场域"本身就是一个完整的艺术计划，因为它使每种东西都有可能进入美术馆而被视为艺术品，这也就是全球艺术和前卫艺术或社会主义艺术这两种现代艺术计划最明显的分歧。全球艺术并没有专属自己的艺术计划，它并没有一个特定的发展方向。全球艺术更像证券交易所，它的生命能量是资本，资本为这全球艺术平台充电，用来照亮它的美术馆。

也许文人艺术留给自我修为的空间，也将以相似的模式被全球艺术所吸纳，就像前些时候流行的"新纪元"文化已经被"自助工业"掌控了一样。但我们也发现，自我修为的空间也可能以反向的过程散布。如果修心的日常实践不再需要提升为"道"的说法也还能维持的话，那么保证其存续的体制结构也将会化约为一套标准的社会规范，这时艺术平台便只有在特殊的实践出现时才能生效。举例来说，当身体政治变成有意识地对他人体贴，或当"茶道"成为

图 15　冯梦波　《长征—重启：街机版本》　互动装置　阿布扎比艺博会展出现场　2012 年

一套被行业标准保障的日常玩赏，这时"艺术物"也将会再度被尊崇为文化的"日常实践"。

换句话说，甚至在西方艺术典范内部，以及摄纳万象的资本机制里，我们仍然可能找出其内部差异的时刻。德国哲学家布洛赫（Ernest Bloch）的"非共时性"概念也可以为这三个平行的艺术世界之间的关系提供最后一个诠释。在《非共时性及其辩证法的责任》一文中，布洛赫认为有必要在当代想象中保存已经"过去"的形式。布洛赫如此定义：

> 所谓客观的非共时性，也就是一种和"当下"完全不同，而且完全陌生的概念。它包含了逐渐消逝的残存遗迹以及尚未完成、尚未被资本主义所吸纳的"过去"。[20]

因此，所谓"客观的非共时性"，也就是"过去"的一部分，但是由于"当下"无法解决它自己曾经提出的内在挑战，因而不断以各种扭曲形式把"过去"带进"当下"。也就是说，假使中国透过消灭它的两个过去（传统文化与社会主义），而全面地成功整合了全球市场的文化逻辑，或者，假使西方平台变成唯一的主导机制，那么很可能反而由于当代人长期压抑的、对完整文化遗产的欲求，或者对社会主义现代性的欲求，会促使这两种过去的形式重新出现在全球艺术平台上。[21]

20　Ernst Bloch & Mark Ritter, "Nonsynchronism and Obligation to Its Dialectics", *New German Critique*, No. 11, 1977, p. 31.

21　刘康有些乐观地坚持某种无法被西方现代化科技取代的"中国暂时性"。然而，问题主要在于一个不同的社会秩序能够在多大程度上借由其内在的暂时性抗拒全球资本。详见刘康文章，同注14，第166页。

从西方观点看来，艺术世界正是最能够解放这些欲求之处，尽管正因为将这两种"过去"以"有价值的文化商品"形式带返艺术世界的内在市场逻辑，使得这些欲求持续地失望。假使被社会场域弃绝的传统或实践得以重返艺术场域，那个既荒诞又戏剧的九龙皇帝，就应该被请出来提醒我们未曾实现的旧梦：皇帝是注定要失望的；同时，他也象征了艺术实践追逐的旧忆，和被认可的渴望。

三十年物缘

张颂仁

三十年前汉雅轩首展于 1983 年 12 月，馆址落在一座民居的大地库，我大叔启慧提供的场地。回顾三十年，既朦胧又清晰，各种机缘与际遇碰撞，才走出这个不断逛进多条歧路的艺术生涯。所以回顾三十年似乎不应该限于艺术作品的展览，而应该是一个回顾来路、重访旧梦和反省计划的时机。同时，通过一个全新而主观的角度，作为一个参与者，重新审视近代中国艺术迂回曲折的道路。这个主观的角度通过历年的合作和策展计划来展示。"汉雅一百：偏好"遴选出来的一百件"艺术物"可以说是这三十年经历的物证，也是"三个艺术世界"学术论坛的佐证。这些"物"反映了我与艺术史的遭遇，也呈现了一直保留在身边的机遇。

作为艺术史，或单纯作为我和汉雅轩的活动记录，"汉雅一百：偏好"的选择都是不全面的，无法"正确地"反映一个时代。这次作品的选择倒是刻意地回避了主流的现代论述，而游走于几种意识形态和多样历史风格的艺术生产之间。论述立场与作品选择围绕着一个我们名为"三个艺术世界"的结构。这个理论架构并列了三种艺术生产和艺术机制，包括中国传统世界、中国的社会主义世界和全球资本主义世界，尝试并置和分析这几股左右中国文化想象力的最主要力量。这个框架的立场首先拒绝了"几个中国"的说法，而替代以几个不同方式面对"现代化方案"的中国立场。中国同时介入了冷战的两方，无论社会主义或资本主义的体制，都全面地投入，以至同时投入了两方的陷阱，今天依然必须解决民主资本主义与社会理想主义所衍生的各种社会与文化问题。庆幸的是，文化中国尚未从中国人的记忆中完全消褪，近年书画的迅速复兴是其明证。

"三个艺术世界"对历史分段不满，因为分段式的史观制造了权力等级差别。进行现代化一百年之后，我们今天清楚知道现代性承诺的美满将来和普世目标并不保证普世的美满结局。现代性的承诺引导向新的追求、新的欲望，但欲望的方向往往压抑本土的历史和在地知识，擦洗了具体的记忆与文化触觉。近二十年开始兴盛的当代艺术研究重新推敲现代社会的感性和审美追求，让我们了解现在的生活乃受制或受惠于怎样的"文化造型"。只有深层地理解当下才可以重新给现代的艺术造型一个正确的定位，并且给被边缘化的文化感知提供一个合理的位置。三个世界的结构着眼比较和分析三种体制，其关注点是艺术物在各自的社会政治情景之下的功能。从宽阔的定义谈"体制"，是指事物所以被认定某种名分（如"艺术物"）的社会机能。于是我们问：艺术"作品"如何"工作"？艺术物与世间的日常物有什么来往？艺术物是如何在社会视线中浮现出来的？如何被定位，如何被"照顾"？

冷战两方的"现代性"历史计划各自号称对人类的未来拥有支配权，两者互不兼容。中国左右不逢源，在冷战的左右各据一方。双方对立了四十年才对话，至今尚处于分裂状态。讨论近代中国左右缺一不可，中国艺术史同样必须通盘考虑才算完整。

我会走上艺术的道路大概是因为成长年代对周遭世界长期的惶

惑和不满。我的父母不愿意"被解放",因此移民香港,他们对共产主义既不解且恐惧。这大概是绝大多数战后香港移民的态度。少年时我对政治的印象是毛泽东斗争运动的回响,是各种不解的话语的回声筒,像庞大发动机的噪音,随着年岁扰攘地向前滚动,背后跟随着不知名而别有企图的力量。对政治生活的直接体验,则在大跃进时代,每周末帮忙打包衣物接济在沪的亲戚。

在喇沙书院八年,我至今还很怀念耶稣会的爱尔兰神父,对受到的教育心怀感激。不过离校出国时我的状态只可形容为:被神教的历史末日吓窒。地狱的无尽黑夜,加上必须告解求恕的、细数不尽的罪行让人绝望。而且,基督教的单线历史进程与末日观,对于定期参加考试的学童绝对是一种生活的现实。后来我终于发现我成长的两种恐惧,一是对政治革命的,另一是对历史终结的,原来两者实在有深层的勾结。而且,追求未来的"现代性"狂欢也来自同一种意识形态机制的动力。对于满怀理想的少年,当年有两种选择,一是美国反主流文化的"花朵革命",另一边是同时期的"文化大革命"。这两种看似无法兼容的选择,都从冷战核心冒出来向各自的政治机制挑战,两者都带着理想主义的反叛亢奋,可是,又互相站在意识形态的对立面。不过,两种解放运动同样引出一个疑惑:对于那些不愿意被解放,或在美国那些负担不起解放的民众,以及被解放政治所放弃的社会经济形式与历史知识又应该如何处置呢?对于"进步历史"所抛弃的遗物应该如何处置?即使其社会机制和表面形式被洗扫一新,我们知道"黑暗"的历史阶级和"封建"遗迹也不会完全消失。

回顾六七十年代,可以清楚看到这两个解放运动都没有完成他们的初衷,最后的胜利者是资本的逻辑。美国的个体自我管理精神,加上"花朵革命"导向新科技引领的生态运动，直接开启了美国继后的硅谷精神和新自由主义，导致新时代的资本主义全球化。而中国于"文革"之后全力投入国家导引的改革开放，前因也可以追溯到毛泽东的革命。毛的革命培养了几亿名被解除了传统风俗束缚的无产阶级，结果为欲望主导的消费主义铺陈了康庄大道。被集体主义异化为个人单元的劳动者即使被剥脱了物质财产，却仍然被注满了理想的欲望。踏入一个崭新开创的世界意味着每个赤裸的个体需要重新装备起来，要配备整套全新的物质生活。"花朵革命"与"文革"似乎于深处被同样一股暗潮所策动。

这一百年来，开创新中国的亢奋，无论结果是建设还是祸乱，在艺术生产的角度都开展了很多矛盾和困惑的命题。台湾和香港受到美国反主流文化波及，投入了美国新潮艺术运动那种不断新旧陵替的潮流。而中国大陆社会翻天覆地的改变则来自一波连续一波的政治斗争和意识形态运动。从形式上看，中国大陆于社会组织的实验绝对不亚于任何极端反复的西方美术运动。这两种历史潮流，一个在于艺术试验，一个在于社会实践，各自呈现了现代前卫主义的精神。

两种营造现代性工程的方案把中国推向史无前例的社会现实。可是这种"史无前例"下面另有文章。西方早期殖民主义引进的"进步"观念和测量"进步"的尺度一直被肯定为历史进程的法则，但由于这个法则的"进步"观念受制于西方早期殖民史的观念，所以其实乃受制于现代帝国主义的权力结构。可以这样说：西方帝国主义最牢不可破、最具深远效果的成就乃是掌握历史的发言权以及对行使发言权的权力。从这角度看中国历史，最大的历史讽刺，可能是革命不自觉地为西方完成了明朝以来欧洲传教士和后来以军事作后盾的贸易商队一直追求的任务。这个任务是要把中国吸纳到西方的历史叙述中，例如时下学界争相参照希腊、罗马思想来研究中国文化历史。最终中国还是被调整到一种以西欧的想象逻辑作为主流参照的逻辑中去，而这个逻辑基本上跟自己的直觉、固有的历史文化感知是脱节的。

当今的主导艺术平台属于全球资本世界，这个平台厘定了各种艺术生产的评价和论述标准，其全球视野甚至不放过被它流放到边缘的文化生产。前期现代艺术界定了一种线性发展的想象，以"创新"的"进步性"作为线性发展的指针。长久以来，创新的标准在亚洲已被质疑，原因由于定位的权利一直保留在西方而不在本土。西方文化界提供了完整的体制结构和论述框架，伴以影响深远的资本市场，长久左右整个亚洲文化的发言权。直到二十几年前，社会主义平台还高举另一种现代的理想主义，但社会主义的文化生产似乎长期被艺术史忽略。而传统艺术与现代艺术又一直处于拉锯状态。现代艺术对于拒绝进入"现代"的艺术生产总是不留情面，可是在真实世界里艺术现象是极其错综复杂的，不同的传承和平台之间的边界划分，其真实状态往往比较开放而且互相渗透。还待关注的悬案是那些拒绝进入新时代的艺术，其中包括某些坚持自己内部逻辑的时间表，逐步演变的传统艺术，比如书画。近年书画在拍卖市场掀起热浪，传统艺术的社会地位才令资本世界不得不另眼相看。

要表达中国的极端文化激变以及对世界想象的改造，没有什么比艺术更适合。创造一个"现代人"的主要工作，其任务之一是重新组织他的感知结构。从这个角度看，我们亦可以明白为什么中国近几年突然出现这么多新文化机构计划，包括公家及私家艺术馆。这些对文化机构的需求反映了这个时代感知结构的大转变，反映了我们已经到达一个阶段需要以机制来表达这些新的"感知造型"，并且以实体机构来捕捉欲望结构的改变，以及寻找对物质世界和人际关系的新形式。这应该是近年出现的新艺术馆计划大潮的社会基础。维特根斯坦很干脆地说，审美就是道德。如果这个说法合理的话，中国当代艺术界的大潮可能提供了我们当代道德和社会政治生活的最新实验室。

现代性方案最让人伤感的是对中国历史文明的摧毁。而且，这个摧毁在我们这一代人这辈子的目击之下逐步完成。20世纪中国不同政治立场的政府，对于"进步"的理解和策略，无一不以清除历史文化的障碍作为前进的基本步骤。解放后，拆除北京城墙是一个特别强烈的视觉象征。拆除城外墙费时三年，城内墙七年，1960年完成。"文化大革命"翻天覆地的社会改造，及近几十年全国大片清拆旧小区的破坏式建设更无须细说。重要的是，清扫传统物质文化与思想改造的计划，跟官方的意识形态方针相辅相成。中国人历史文明思维被改造之彻底，以一个具体例子说明：中华人民共和国是有史以来第一个放弃对政治年历的主导权的政权。解放中国但拒绝开元，所以而今人民共和第六十四年变成耶稣年历两千零一十三年，2013年。中国历史主动被并合到欧洲的历史论述中。

中国百年革命的努力全以欧洲启蒙为指标，这个文明路向的转移今天表现在每个国人的身上。现代中国人无论思维的语言、对世界的欲望还是对历史和未来的想象皆焕然一新。可是中国的启蒙解放成果，更像把中国解放成为外国，成为异邦。1924年泰戈尔来访中国正好赶上"五四运动"的风潮，他指出了现代民族国家这种政体的缺陷，并强烈批判正在积极国家军事化的日本。泰戈尔的立场对质了全盘西化的狭隘无知，当时备受抨击，以致这一幕重要的中印文化交流无疾而终。今天，中国的现代化启蒙已经完成任务，现在当务之急是"去启蒙"的工作，我们需要审视现代革命的光荣历史，从中发掘"西化"以外的现代意义，打开未被发挥的潜能，同时认真思考现代中国文化被深度殖民的现实。在这个历史关头，重新团结亚洲，尤其印度和东亚知识界，参考另类建设现代性的方式，如印度漫长的抗殖民经验，是极有必要的。

自道光年割让以来，作为英国殖民地的香港一直是远眺中国文明剧变的观景台。对香港本地人而言，殖民主的世界无疑属于外国。但民国立国以来，中国的政治斗争又令这个外国殖民地成为国人躲避政治风头的绝佳避风港。前现代中国的世界，不合时宜的士大夫以各种"隐逸山林"的渠道回避政治风波。到了现代，隐逸的山林赫然被外国殖民地替代。从中国大历史看香港的地位，其历史任务似乎是给现代进程所遗弃的人事与物事作临时庇护站。晚清以降，香港的角色一直是个中介站、谈判所、议论空间、缓冲地带。作为殖民地，香港又是被殖民现代性经营出来的一个成功典范。这个现代性的逻辑又以苛刻的商业竞争和宗主国对殖民地施行的权力阶级政治为特征。所以在香港，殖民政治散发的强烈信息是：世界中心处于海外。我年轻时对终极恐惧的噩梦可能就是来自这种既极端现代但又属于遥远他处的感受。

对于现代中国，香港经验的启示是：殖民现代性与本土性顽固生命力这两者之间的张力和磨合关系。回顾中国历史，我们发现香港的地方身份应该从反面来定义。香港身份来自意识形态未能包揽的外部、大论述的剩余物。殖民资本主义有赖剥削"现代论述"以外的世界作为扩充资源的法外之地。香港身份也属于这种另类资源的法外之地。从这个思路推敲，中国越是激进地奔跑拥抱现代性，只会越激进地放弃本身的特殊资源，原因是，激进的现代性只会令中国很轻率地消耗前人历史累积起来的底气。这种底气本应是中国从资本主义现代性出走的资源，中国的历史资源才是现代性意识形态以外的天空。

话说回头，中国革命的自我肯定虽然无法绕过西方现代性充满漏洞的普世主义，可是革命先烈打破历史循环，彻底把自我打碎重新再来，这种开天辟地的大气概是举世所无的。这种气魄超越了任何意识形态的缺憾，这种气魄的秘密也是启蒙意识形态无法解码的。问题是如何磨合民族自主、传统的文明天下理想、追求现代启蒙这几股相互盘结又纠缠不清的力量。如何了解这些动力所蕴含的意义，如何承接这百年经验对后人的遗产，的确还需等待时日。"三个艺术世界"通过艺术生产角度来思考这复杂的一个世纪，发现还有其他无法清楚辨识的因素和无名的动力，因此知道全盘的历史方案永远无法毫无遗漏地整合天下。每个人心底里总有一丝无政府主义的庆幸，所以我们应该庆幸世界还有遗漏，庆幸社会的密缝间还荡漾着任何大一统都无法彻底征服的江湖。

最值得中国艺术关注的大题目，应该就是大文明的崩溃与重新自我发明的故事。今天目睹资本流窜的狂欢，国人争相走告盛世，窃自不敢或忘衣冠沦丧之痛。如何消化这种文明的剧变，是艺术界必须参与进来的工程。其中蕴藏的历史消息不仅是中国自己争气得来的启示，亦是现代世界的共同智慧。这种以整个文明的无比代价换取回来的智慧，来自对两个史无前例的历史实验的彻底投入。此中的代价虽然不足为外人道，但对于探索历史不测的轨迹，对于中国以及全球世界都有删订春秋的价值。

2014 年

我为什么要画水墨

邱志杰

我生在 1969 年，福建。这决定了我将幸运地成为一种杂食动物，啥都吃，死不掉。

这个时间，意味着"文革"晚期的事情还来得及在我的童年记忆中埋伏下来。我会唱的第一首歌是《我爱北京天安门》，小学课文的第一篇则是《雄伟的南京长江大桥》。此后，如果我期末考试成绩优秀，我会得到这样一张奖状，上面总是有那座大桥（图 1）。

刚上小学，第一件事情就是毛主席去世了。我们被组织到人民会堂去参加追悼会。周围的人都在哭，我哭不出来，十分着急，但是最后被周围哭的气氛所感染，也跟着哭起来。等到大家都结束时，我已经欲罢不能。这种表现，应该是得到了表扬。

即使是在"文革"中，传统文化的痕迹还是到处都在。古城里到处都是老牌坊。我看到的《水浒传》还是民国时出版的带着绣像的版本。老派的书法家们，互相笔会唱和的时候，写的是毛主席诗词，但用的却是石鼓文。山水画家们，在群山中加上一队举着红旗的人，或者，远景中有一座南京长江大桥，就变成了革命性的题材。

"文革"一结束，遗老们从各个角落冒出来。功夫热、书法热，死灰复燃。这时，恰恰是在一种很社会主义的艺术体制，一种叫作

图1　邱志杰　《奖状2号》　铁板、铁链、滑轮组成的装置　4×3.5×2.2m　2008年

"群众艺术馆"的机构所办的少年培训班里，我接触到了本地文人传统的正脉。原来，"文革"期间他们不少人靠着抄抄大字报，出出黑板报，都过来了。中国文化传统的生命力，就是这样。风暴到来时，竹子会趴下；风会过去，竹子会重新挺立。我的恩师郑玉水先生用1965年4月1日的《解放军报》练习汉朝的《石门颂》，这张报纸上有越南人在前一天击落十二架美军飞机的报道，还有毛主席语录"帝国主义是外强中干的"，这在当时或许是可以构罪的。二十年后的1985年，因为故乡小城买不到《石门颂》这本字帖，我从老师那里借来字帖，连夜就用透明的纸双钩下来。

　　我度过了浸泡在中国传统文化中的少年时代，混迹在最后一代儒者中间。老师在庙宇中找和尚参禅聊天的时候，我为他们磨墨，必须重按轻推，不能发出声响。等他们兴致来时，写一堆"翰墨缘"、"金石乐"之类，很快耗尽一天磨的墨。跟他们去拓印各种摩崖石刻；听他们用文读的闽南古语读线装书，一篇《孔雀东南飞》，读得老泪纵横。看他们用清水在红砖上写字，作每日的功课。这期间，我临摹了近千个汉印。进入青春期时，因为担心日记被偷看，我先是用篆书记日记，后来还是觉得不保险，索性用甲骨文当偏旁部首。发明了一种拼音密码。多年之后，在我早就忘记此事的时候，一次回乡偶然发现了一本日记本，上面是我自己完全不认识的文字。这是我的版本的"天书"。而用水在砖头上写字的经验，在十年之后，当我接触到所谓过程艺术和激浪派的时候，默默地，变成了《重复书写一千遍〈兰亭序〉》。

在我三岁的时候，尼克松总统访问了中国。在我学习书法和中国画的同时，中国开始了"改革开放"。因此，我用篆书所写的日记中，充满了对弗洛伊德、尼采、萨特、卡尔·波普尔、卡夫卡、拜伦、海德格尔混乱的阅读。我们那群中学生，甚至有一个松散的小组在阅读《共产党宣言》《一八四四年经济学—哲学手稿》，甚至于《资本论》。这种思想上的不安，让我在 1986 年 10 月，看到一个叫"厦门达达"的展览时，非常明确地对自己说，这就是我要做的东西。于是我放弃去读考古学成为一个敦煌学家的梦想，决定考美术学院。

这就是说，在考上美院之前，我就已经知道，自己要做的不仅是美院正教的那些。

我没有经历过先迷恋学院教育和官方艺术，后反叛为前卫艺术家的愤怒转折。我也不是在当代的潮流中憧憬西方，蓦然回首发现传统。起义者和浪子回头的故事，更好听，但不是我的故事。旧文人、民间文化、社会主义记忆和全球化，这四种食谱，从小就杂乱地纠缠在一起，不可分割。

民间的影响，主要来自福建这个家乡。福建对我的影响是：独特的闽南方言保存了大量古文化信息；然后，民间文化极为强大。即使在"文革"还没完全结束的时候，逢年过节，党员们在单位上完班，回家就开始拜天公拜祖宗拜三坪祖师公。我在大学读书的时候，还曾经拿了一块桃木板，为一位当乩童的亲戚刻了道符。短短三十年的社会主义生活，消灭不了南蛮之地的妖孽，给它们一点温湿，民间的怪力乱神就成了癣菌。侨乡的文化更让它略显合法。遍地都是妈祖庙，那是我最早造访的美术馆。

这就是我的杂食背景。这种杂食让动物有着剽悍的适应力，能够胜任多种角色。当它过于确定时，也让我不断地从角色中退出。这应该是一种商业上最差的艺术家策略：从《兰亭序》开始，我曾经做过"后八九"最年轻的艺术家；后来又成为新媒体艺术的组织和推动者；观念摄影的一员；"后感性"一代和行为艺术的辩护者；主张社会干预的"总体艺术"的鼓吹者。三头六臂，狗抓耗子。

除了做作品，还写作，还教书，还编过杂志，做过艺术空间，还一次次沦为策展人。唯一没有离开过的是，一支毛笔。

我这种奇葩，正是一个时代的精神混乱，和一个民族的精神病史的病例。三十年不眠不休，欲壑难填，上天入地，正邪兼修。激烈地卷入历史和世界，要么满身结石，要么炼成舍利子。

杂食的背景给我一个强烈的影响：每一个人，都是不可分割的。不能分割为一种文化单位。人不是观念、立场、态度的工具。人有口音，人有气息，人会死，带着各自生老病死沉浮聚散的命运。两个这样的命运之间要互相启发，一支简单而柔软的毛笔才够。

我学习过很多精巧的设计、场面的调度、图像的寓言、感官控制的技术，后来也知道如何利用阐释、营销和体制的力量。但是这些方便的成功技术，慢慢地变得没有尊严。当代艺术家们精心设计图像，然后用复制和传播占领人类的印象。他们塑造品牌、雇佣奴隶，把自己变成资本家，甚至为此去进修管理学；他们到处寻找空白注册专利，为此可以恶心自己；他们为了展览想方案，甚至要互相保密方案。这都让我觉得太资本主义，不勇敢，没尊严，没面子。

2009 年，我在纽约的一个画廊展览。我在开幕前两天到达，画廊是空白的，运来的作品在美国海关被扣了。老板很轻松地笑着说："反正我知道你今天到，你会有办法的。"于是喝酒，喝到半夜，我说："明天你去唐人街花二十美元，给我买一瓶墨汁，两支毛笔。"第二天中午我开始在墙上画画，连续画了 24 个小时，画出了一个展览，下午开幕前还来得及回住处换了一身衣服。那时正是金融危机最厉害的时候，切尔西的画廊都在展小画（图 2）。我觉得这次很酷，很刺激。

水墨画和书法，助手帮不上忙，这很酷。画画的这个人读过多少书走过多少路，修养有多深，笔下就有多少韵致；内心有多强大，笔下就有多狠，这很酷。所有的痕迹历历在目，所有的错误无可掩饰，躲不得，藏不住，有冒险，像命运一样，这很酷。不靠人海战术和工艺精致，不靠砸钱堆材料，很大的一个展览运费很便宜，非常环保，这也很酷。画画写字的状态，通着气功和武术，越画身体越好，气场越大。不是青春饭，越老越强大，这就更酷了。

这么想，我也就越来越喜欢在墙上画画，展览完抹掉。收藏家很痛心，观众觉得自己很幸运，很珍惜，看得仔细和激动。这样，双方都像做爱一样，真诚，投入，很有尊严。

图 2 邱志杰 《大观》 墙上水墨 尺寸可变 2011 年

然而，书法和水墨绝不是逃避。不是烧香打坐听古琴，假装心平气和，假装万念俱灰。不是装神弄鬼教老外打太极拳。我不但没有断绝激烈的社会关注，反而更积极，能量更充足。

2008 年 1 月，我在南京长江大桥的栏杆上发现了一个自杀者留下的血书"当爱烟消云散，我剩下的只有忘情"（图 3）。这时我正在进行南京长江大桥自杀干预计划。

这座 1968 年底建成的大桥和我几乎同龄。在我小学的奖状里，它是革命、民族独立和现代性的纪念碑，是进步的标志。而当我携带着书法再次站在它上面时，它已经是一座意识形态的废墟。四十多年来，从大桥跳下自杀的人在官方记录中是两千多人——你们的旧金山金门大桥，从 1937 年建成至今是一千二百人。我从 2007 年开始展开社会调查，同时带着学生，和民间自杀干预机构合作，在大桥上阻止自杀者。这个工作至今还在进行。从事自杀干预，去当别人沮丧情绪的垃圾筒，是有风险的事业。我需要更强大更自由的内

图 3　邱志杰　在南京长江大桥的栏杆上，一个自杀者留下的血书"当爱烟消云散，我剩下的只有忘情"摄影　2008 年

心，书法和水墨就是我的护身符。

2008 年，在大桥上，与这些现代化历史中的失败者一次次地狭路相逢，一次次地劝解这些赴死者。有一些形象和话语，在我的心中一再重复，慢慢明晰起来，沉淀下来，盘桓不去。我站在这座大桥上，常常会想起自己即将出生的女儿。这些形象和语句必须交给她，而它们只能是水墨画和书法。

因为水墨是失败者的艺术，是搏命的艺术。同时我也知道，那么多人走上南京长江大桥去死，正是因为这个时代中水墨和书法气息的稀缺。而毛笔才是写信的工具，是一个父亲对女儿说话应该用的口吻。于是有了此刻在大都会美术馆这里展出的《给邱家瓦的三十封信》（图 4），三十张画十套作品，中间正好是南京长江大桥的九个桥墩。千男万子各自死，一父一女相伴生。

图 4a　邱志杰　《给邱家瓦的信：巨人的沉没是缓慢的》　纸本水墨　190×500cm　2009 年

图 4b　邱志杰　《给邱家瓦的信：谁也无法禁止你偷着乐》　纸本水墨　190×500cm　2009 年

图 4c　邱志杰　《给邱家瓦的信：土壤的胜利姗姗来迟》　纸本水墨　144×300cm　2009 年

很多人在长江大桥上拍摄旅游纪念照，转印在杯子上，作为纪念品。我把大桥上的涂鸦拓印下来，印在杯子的另一面。这是《到此一游纪念碑》。

大桥边上的广告牌，写着豪宅的广告词"世界会为有远见的人让路"。四十多年来，中国社会的关键词已经由"革命"变成了"成功"，而成功的指标正在日趋僵硬。正是这样的意识形态让失败者无路可走。我开着车从北京到南京，经过南京长江大桥，一路留下了轮胎上刻的字："如何成为失败者。"

2008 年夏天，我刮去了大桥上自杀者的血书，在那个位置，割破自己的手指头，写下"马达加斯加的首都在哪里？"（图 5）字写得不好，因为很痛，手发抖。

你们中有人在嘀咕，为什么是这句话。每次都会有人问的。我再给大家看这个"公元五千年倒计时表"（图 6）。在大桥上，当我们蒸着失败感的桑拿，不能自拔的时候，我们需要某种东西，比命运更遥远，让心一凉。在这个倒计时表的对面，是北京奥运会的倒计时表。这个荒诞的钟表，其实是政治。

于是我所有的工作得到贯通：表面上看来，在大桥上救人，当教师，当策展人，是最社会性的肇事。而书法和水墨，是最个人，最接近于修身的工作。分布在其间的，是各种机缘中的造物。这样想，就只是中国旧文人的路数，穷则独善其身，达则兼济天下。

但其实，最外部的卷入，正是修身的现场。越在大桥上待着，形象和笔墨都越独特和厚重，而不是熟练地重复传统程序。而越是坚持书写和绘画，心灵就越敏感和自由。以一支毛笔在宣纸上走着不归路，这样的书写和绘画，让内心强大，让我敢于走上大桥，这正是一种干预。所以我的水墨，不是枯木寒林松泉高士。我们不戒

图 5 　邱志杰 　《当爱烟消云散……马达加斯加的首都在哪里?》
摄影 / 行为 / 录像装置 　2008 年

图 6　邱志杰　《公元五千年倒计时》　装置　不锈钢、电子元件　2009 年

荤腥不修禅定不断烦恼，我们必须下地狱。我从小杂食，不怕。

最近，我正在为南京大桥自杀干预机构设计书法和水墨的艺术治疗方案。同时，邱家瓦五岁了，应该开笔习字。我为她双钩了《泰山金刚经》，让她描红。我相信，有书法和水墨，有唐诗宋词和汉字，她的一生，无论在什么样的炼狱中，也就有了护身符。

多年之后，当我们都已死去，邱家瓦也会为她的孩子双钩一本字帖，让他们描红。

中国人并不相信不朽。真正的能量，是不息，代代相传。

2014 年

艺术地去保存……（节选）

陆兴华

一

画在拉斯科岩洞石壁上的马儿，已向我们证明，艺术作品能被保存到永远，超出历史谱系，久过美术馆、博物馆、纸、布、皮、墨、色本身的物质寿命。

艺术本身就是保存行为。艺术本身，而不是人的算计和操持，才是保存的最好方式。最好的艺术收藏，也只是使收藏行为本身成为艺术行动，任作品里的艺术，自己去保存自己到永远。最高等级的收藏行为，是自己成为一个艺术行动，不用人为支持地让自己保存到永远。

收藏行为的最根本姿态，是这种：让，任……

二

哲学家吉尔·德勒兹说，艺术是要去保存作品里的感块（affect）和知块（percept）了，而它也是这世界上唯一能自我保存的东西。它保存，并在它自身之上自我保存。这句话强调：艺术是"唯一能自我保存"下去的东西，连收藏这一手段，也不算添助，还不够，自己保存不了自己；收藏行为也必须先成为艺术行动，才能让自己不依赖于任何手段，像艺术那样地去永远地自我保存。

看来，并不需要我们拿出专门的套路、格式和技术，去保存艺术，而是反过来，先去成全艺术，顺着它的自我保存，去保存它；它是：帮那能够自我保存的艺术去自我保存。收藏这一行为的唯一目标，是成为艺术那样的行为，化身于艺术这一最大的保存行为之中。收藏，然后保存，然后流传，到了最后，就只有艺术，没有收藏和收藏者，没有作者，也不依赖于画框和画布了："瞧，这个姿势，这年轻姑娘在那里已摆了五千年的姿势了，已不再依赖于谁画出它，谁来看了。是艺术将这个姑娘的这个姿势，保存到了永远。"

保存艺术作品，是为了保存作品内的另外的东西（"作品"只是一个框）。这另外的东西是什么？它是那能够自我保存的东西。德勒兹说："［……］自我保存下来的东西，物或艺术作品，是感性的一块，保存下来的，是感块和知块的合成。"[1] 用艺术去保存，是从我们的感性、知觉和观点中抽离出感块和知块，后者才能够永远自我保存下去，能流传的，只是这些块块。

做艺术是要保存，做收藏是要通过先成为艺术，艺术地去保存，然后艺术地去保存那自己就会去保存的东西，留下来，真正能流传的，是那些感块和知块，后者并不依赖于我们的美术馆和博物馆，甚至其寿命都将远超出我们的社会—政治和文化—经济制度，像在岩洞石壁上的原始绘画上的那些块块一样，一直坚挺到今天。

最终，以长焦距看，做收藏和做艺术，是在做同一回事：保存，更大意义、程度上的保存（下文我们将讨论海德格尔意义上的生存论意义上的"保存"）。做艺术收藏，是要比共同体、社会和时

1　Gilles Deleuze, *Qu'est-ce que la philosophie?* Editions de Minuit, 1991/2005, p. 154.

代所要求的还更长久地去保存，是要比共同体、社会和时代更长久、超过它们本身的寿命地去保存那些留下的感块和知块⋯⋯

那也就是说，最高等级的收藏，是艺术，是保存，是要比我们时代的美术馆更可靠地使我们时代的收藏成为艺术，并利用这种艺术的自我保存，来保存我们的所保存，使之流传、挺持、残存、挥之不去⋯⋯

三

在《历史哲学论纲》中，瓦尔特·本雅明向我们指出，过去的真正图像（das wahre Bild）（过去作为一片片图像？来自过去的一片片图像？过去本身作为一片片图像？），正飞快地飘离我们。而过去只有作为图像，才为我们所把握。它总在可被我们认识的那一刻弹出，旋即湮没⋯⋯过去的图像一旦不能成为当前的关怀，被我们认出，就将永远不可追回。图像并不是过去在当前打下的烙印，或者是当前在过去投下的阴影；图像是那已经存在过的东西，在某一闪忽中，与当前结合了，是过去与当前形成的一个星丛或聚合（constellation）。[2] 在图像中，过去和当前在某一瞬间里连接、聚合，在其中，当前才能够认出过去的意义，过去也在当前中寻找到了它的意义和完成。图像是某个过去与当前的联合。

由此看，一切过去的艺术作品，可以说都是当代艺术作品；展览的使命，是使过去的一切艺术作品在今天仍然成为艺术作品，使古画、近画和今画重合。收藏来自过去的图像，是将它们汇合在当

---

2 Walter Benjamin, *Theses on the Philosophy of History*, 参见：http://www.sfu.ca/~andrewf/CONCEPT2.html.

前的时间刻度上。站在当代，或以当代艺术的态度，去接受来自过去的图像，这就是收藏了。

收藏是尊重图像自身的方式，将过去引用到当前。通过引用，过去的许多代人，才与当代人之间有了神秘的相遇。是引用牵了线。本雅明指出，引用不在于保留，而在于毁坏：引用通过叫出其名字，而将字和画叫到我们眼前，毁灭性地将字和画从它的上下文里攫出来，但正因此，也将它唤回根源；引用在拯救的同时，也加以惩罚。(《历史哲学论纲》) 在《什么是史诗剧》里 (《选集》，第151页)，他说，引用是对上下文的打断。破坏了上下文，引用才能成功。引用是救赎，是要将字和画，从过去的锁链中解放出来；引用而不加引号，才是真正的救赎：引用一成功，弥赛亚就降临。而收藏是不成功的引用。它也是暴力的引用。

今天要借助收藏行为，是因为，我们越来越不善于引用了。本雅明说："就如我们之前的好几代人那样，我们被赋予越来越弱的弥赛亚力量。"这样说，不是悲观。他接着说，病弱、责难、必然性、迫害和绝望，反而会使弥赛亚早日降临。我们的收藏行为越来越弱，越来越不自信，但这反而会促使我们引用得更迫切，被救赎得更快些。收藏是迫不及待和不顾一切的引用。

引用或收藏 (作者和艺术家其实都是很好的引用者或收藏家)，活像埋伏在路边的强盗，用刀逼着路人，要抢走他们的确信。当代人没了确信，才去抢劫过去的作者的确信？收藏，是在猎取前代人的"确信"？在本雅明看来，过去只是被割掉了上下文，破坏了，才放到我眼前的。过去只有被一种异化的力量 (比如说我们当前的收藏) 攫住，才可见。那一过去，只有在这样的被异化、被毁灭的瞬间，才露脸。就像在大的危险中，某种记忆才惊艳地闪现。直白地说，过去的字和画，也必须在被当代人抢劫，也就是说被引用和收藏之后，才露脸。到这里，本雅明露出了他对收藏的历史唯物主义立场：收藏了，被粗暴地引用，被不法地征用和没收之后，历史作品才有机会露脸，才会得到有利的评价。

　　本雅明眼中的收藏家，是一个将作品拖出去，毁除它的上下文关联，将其紧紧搂在怀里的人。他们引用，由此而夺走作品或商品的使用价值，或社会—伦理意义。作品的正宗与否，是由作品和商品被这样引用之后产生的异化的大小来衡量：越正宗，它被异化得就越严重。越收藏，就越异化。我们评价一个被收藏的作品，是看它与我们今天、当前的历史境遇的相异程度，来定其价值和意义。越与我们本时代相异，被收藏作品就越伟大吗？拿出旧东西，本身也就是在排挤、架空新东西？

　　这么说，收藏家与革命家的角色相辅相成。对于革命家，新东西的出现，必须以毁灭旧东西为前提。所以，在传统社会的稳定秩序里，引用和收藏，是不大可能的。只有在与传统的决裂期，和毁坏后的复兴期，收藏和引用才又兴盛起来。在我们今天这样新和旧、全球和本地脱节的离异时代里，收藏也极度活跃了。收藏促进了各种各样的"换手"，这一道道的换手，更促进了收藏？对于作品，这是一个颠沛流离的时代，对于收藏者，却是一个如鱼得水和游刃有余的时代。下面我们将看到，张颂仁的艺术收藏，却发生在三个时代的汇合、平行处。

四

　　对于艺术作品收藏家，中国大陆的 20 世纪，是一个乾坤大挪移的时地。资本主义与共产主义的冷战景观式分离与合并，将人类的各种历史时空挤进同一个世纪中。

而身处中国香港的张颂仁，像蝴蝶一样，采集着其中的花粉。2014年1月18日开展的"汉雅一百：偏好"大展，就是他自己的"中国20世纪"！正如策展人高世名所说，这个展览收容了"中国传统艺术世界、中国社会主义艺术世界和全球资本主义艺术世界三种艺术生产和艺术机制"，汇合了中国古典艺术、民国艺术、革命时代艺术和后八九艺术运动。刘大鸿的《祭坛》，方增先的《唤起工农千百万》和陆俨少的《山水》，被放到了同一个时空里，同一个展览装置内，像一坛新酿的百年陈的黄酒：近、现、当代被"吊"到了同一种20世纪的"味"中。

五

要成为艺术作品，一个制品须被切断其文化传承，献祭给一个展览空间。为了艺术而艺术，艺术家须杜绝引用这个时代。现代艺术切断了我们与过去的联系；过去作为废墟越积越多，而我们越来越掉进当前的深渊里。只有拯救，才能打捞这高堆的废墟一样的过去或传统，但在弥赛亚到来前，这又是无望的。文化，我们不要；过去，也只剩其文化价值了。我们要用艺术另找和另搞。像在谷堆前饿昏过去的天使，在等待救赎的过程中，我们没有什么依仗，只有手里捧着的艺术作品这一道具。一切都在从我们指间滑落，留在手上的唯有艺术这一保存手段了。

我们无法保存整个过去，收藏是我们不顾历史和文化脉络地去引用的姿态。引用或收藏，本身是一种毁灭式暴力，是要切断艺术品与过去、传统的全部联系，不顾一切地将遗物挪用到当前。过去和传统只是堆积的垃圾，作品无法在这样传述的废墟堆里重新得到权威的支撑。这时，只有收藏家，才会站出来干预，成为艺术品之意义和价值的庇护人。有如此多的艺术品沦为无处安放的碎片，收藏家就担起了一种假托的权威下的庇护责任，使艺术作品在无历史、无传统或传统和历史停滞或搁浅的时代里，有一个人工支撑的档案意义的来源。

这是收藏的要害：在并不清楚地知道那最终被保存到、流传到永久的东西到底是什么之前，收藏家就必须出手。这一冒险举动，短期的，称作艺术，长期的，称作收藏。收藏家必须站到比艺术家、艺术史、文明史更高远的立场上，去做出保存的姿态。

在《爱德华·富克斯：收藏家和历史学家》（Eduard Fuchs: Collector and Historian, 1937）一文中，本雅明指出，富克斯的最大的收藏功绩，或许就在于他"披荆斩棘，将艺术史从我们对大师名字的拜物中解放出来"。伟大收藏家必须"观察那些人们根本看不起、离经叛道的事物，那正是他（或她）的真正长处"。他们必须抱有真正的宽容，和长距离的眼光，执行西西弗斯式的苦劳：通过占有，来脱去物的商品特性。可他们这样辛苦，也只为了赋予物以鉴赏家眼里的价值，并不能给物重新带去使用价值。可他们梦想的，恰恰是进到远古或失去的世界，还想进到一个更好的世界里。他们想要这样一个世界：人们并没有被赋予比日常世界所需更多的东西，在其中，物都摆脱了必须有用这一苦役，所有物品都找到了自己的独一无二的角色。[3]

这种收集的姿态，正是哲学家乔吉奥·阿甘本（Giorgio Agamben）

3　Walter Benjamin, *The Work of Art in the Age of Its Technological Reproducibility, and Other Writings on Media*, Harvard University Press, 2008, p. 104.

所说的"亵渎"：通过收藏后重新展出，将（艺术）商品从流通的苦役中解放出来，放入共同体的全新的集体使用之中。究底看，收藏家要解放商品于苦役，解放人于其消费。对市场而言，收藏艺术作品，是使像陀螺一样陷于流通和交易的艺术商品，重新成为艺术品，通过新的展出，以新的形象，亮相公众面前。收藏家在当代还有另外一个重大的任务，那就是：不要使艺术作品泛滥，通过收藏，使当今的艺术作品能以正常速度流通，这类似于中央银行的回收流动性。

我们引用，是为了利用作品的权威。但我们的引用，又会毁坏被引用的东西的上下文，因而破坏了其出处、身份的权威性。在我们时代，艺术作品失去了它的通过权属于某一传统、某一地点、某一源头而携带的权威性。作品的正宗不正宗，如今已只成了复制得好不好的问题。原作不原作，正宗不正宗，是由市场和媒体来担保了。"做旧"的技术总有一天会压倒专家鉴定的权威。这种百分百的复制，这种所谓的山寨，表面上看是对收藏的毁灭性打击，但在本雅明看来，也是好事：一、技术复制比原作的手工制作更可靠；二、技术复制使原作能存活于更多的地方，其幸存概率大增。典型的例子就是摄影：更好的复制，才能达到更好的收藏。[4]

从此，艺术作品再也不能依靠传统和权威来获得意义，而只能从收藏者那里去寻求庇护和保值。艺术史也成了一道不合缝的篱笆。文化成了垃圾焚烧场。一切艺术作品的命运，都须在收藏者手里了断。全部的艺术史，将断送在他们手里。劫后余生的艺术品，也全要他们的收留，来苦撑出自己的意义。收藏家是艺术的未来法人。

---

4 Ibid., p. 21.

我们至今还远远没有了解美术馆对于艺术和艺术作品的全部意义，在此之前，我们请收藏家先代理美术馆的未来功能。

六

这样的局面，并不是哲学的断想，而是真真切切地发生在了中国的 20 世纪！到 20 世纪八九十年代，张颂仁幸运地撞上了它！我们不难发现，他手里拿着它的总谱。不由得要妒忌他从 20 世纪 80 年代以来的经历。他像激动的孩子那样，抖着手告诉我们：我看见了，我看清楚了，有好多样，我取舍不了，都留下来吧！因为我也不知道拿它们如何是好，那就先存而勿论吧！

张颂仁的汉雅轩，说起来，就是一个中国大陆 20 世纪馆。因为我们的民族历史叙述在 20 世纪，被世界历史事件挤爆了，或者说，我们突然有了三种以上的平行历史，或者说，我们把历史当宣传，伪造历史上了瘾，副本太多，找不回源初了。因此，这个 20 世纪馆就重要了。

这么说，是因为，艺术作品比起其他档案，更好地见证了 20 世纪的中国。电影导演戈达尔就认为，拍 20 世纪的电影史，能拍得比写出的 20 世纪的历史更真，因为，电影见证了它。拍这种见证，比直接去拍历史，会更真实。戈达尔认为，20 世纪的电影史，是电影的沉沦史，而这一史，比 20 世纪历史，更能说明人类在这一世纪中的遭遇。他所强调的是艺术作品的"见证"能力。爱森斯坦也指出，电影里的十月革命比现实里的、历史叙述中的十月革命，要更真实。

那么，汉雅轩给我们保留着一个怎样的中国 20 世纪呢？

七

"汉雅轩"成立三十周年了。张颂仁的艺术收藏家位置,仍待重估。他对自己的收藏家身份,也继续三心二意。对他所收藏的主要作品的跨年,也就是中国的 20 世纪,他至今仍抱暧昧态度。他好淡定。

在美国受过精英教育,旁观了中国的革命和后革命,他至今仍在共产主义意识形态、基督教和汉族礼教三者之间走着跳棋,或者说,举棋而不定着。不过,可以想见,他理解西方越多,似乎越认准了这一点:做中国人这件事,必须整顿了!他要"复辟"的,是中国人原来行事、设论和立命的简单、沉着和管用。

张颂仁理解的"艺术",在我看来,是更宽广的一种象征活动,是礼器加仪式。他想要恢复的,是礼器与生活、艺术与共同体之间的更本真的关系。他等待的是将要到来的人民,而不是我们原来有过的生活,或我们过去所沉浸的生活之艺术。艺术作品必须抹杀自己,成为生活必需品,那个人民才会到来。他的这种态度,译成康德、席勒或马拉美后的美学语言,可以表达成:艺术必须成为"生活的艺术",帮我们过渡到共同体新的感性域,超越有文化的阶级的精致,与没文化的阶级的朴素天性之间的对立。艺术作品通向个人与共同体的新的生活,不光是民族的自身成就,更成为对新人类的许诺。希望这次的"汉雅一百:偏好"展能使作为收藏家的张颂仁更坚信,艺术作品不光能保存一个世纪的跌宕的频谱轨迹,更是激励人民的生活之艺术的全新"礼器"。

艺术比政治更擅长推动新的人类共同体的建立,不是通过贯彻法则,而是通过铭写活过的经验。新的平等和自由,须由活过的经验来支撑才能广大。康德、席勒以来,我们一直期望:一个自由的人民，不再将艺术形式当作分开的宗教、政治和艺术来体验，在新的人类感性里，政治和艺术不再是两样不同的东西。艺术自我取消，进入集体生活的一种和同一种形式中。[5] 这种宗教、政治和艺术的三结合，也许正是张颂仁寄望于"礼"、"仪"和"教"合一的原因。这种三结合，在中国的 20 世纪里，也曾有过短暂和微妙的亮相，也一直被像林风眠这样的虔诚的艺术家们所热烈怀想。

因此猜想，张颂仁对于手中的艺术作品，也只抱托管的姿态，不是巴尔扎克笔下"邦斯舅舅"那样的揽文化于己任的忧世者，穿黑衣，匆匆于雨夜巴黎，怀揣作品，一脸凝重，私以为国族文化就系他于一线了。

八

那么，这"汉雅一百：偏好"展里，于右任、黄宾虹、方增先、张晓刚和王广义们的聚义，保存或托管了中国的 20 世纪的什么？

是不是可以说，这一作品群落，是关于中国的 20 世纪的第三种记忆、第三种历史，在官方提供的和我们心下意会的两种之外？在陵墓里，我们看到，帝王将相们总是抱着点什么往前走的。人民也总需要抱着一点什么，才能往前走。

但是，往前急急行军的人民，常会听不到、听不懂他们自己的声音，得不到自己的回声的鼓励，这时艺术作品就是他们的回声装置，是要来提醒他们，并向他们解释自己的声音和步伐，让他们被

5　Jacques Ranciere, *Aisthesis: Scenes from the Aesthetic Regime of Art,* trans. Zakir Paul, Verso Books, 2013, p. 177.

自己的声音伴奏着，继续向前走。"汉雅一百：偏好"保存的，正是20世纪中国人民的这种"声音"，值得展出的，正是这种来自那个世纪的回声？

这一百幅作品搭出的，是那个世纪的运动、情感、革命、记忆、纪念碑之外的更远处的"造型的风景"，是感块、知块和我们的成为。这就是"汉雅一百：偏好"？

九

在20世纪的中国，艺术经历了两种自我取消。延安或1949年后，艺术家自觉地成为人民的新的生活形式的建构者，去图解这个新的生活形式的建构过程。这个过程，就是他们的集体作品。而在"后八九"艺术运动之后，中国当代艺术家重新学着西方艺术家的样，又试图去塑造日常生活的形式，用商品去美化资本主义式日常生活，来建构全球资本主义下中国当代的新生活形式。这两种方向，一个悲怆，一个谐谑，其实一直矛盾着；中国的当代艺术，也是带着这一矛盾，走入21世纪的。到今天，中国的当代艺术家们仍在纠结：用艺术去拥抱，还是用革命去打碎？使革命成为纪念碑，还是使纪念碑成为革命？高氏兄弟，F4和G8，就是这两个方向的当代变异的各自代表。

在"汉雅一百：偏好"的作品群中，这一中国20世纪艺术实践中的尖锐美学矛盾，惊天地暴露在我们面前，完爆了关于审美与政治的关系至今的全部艺术史叙述。由不得我们这样去问：这些，这一大片，算是症状，还是成就？

到20世纪，在冷战、"文革"和全球化的三个漩涡外，档案发了高烧，源头与终点被融化，混合到了一起。"没有这一高烧，没有这一档案的淫荡和失序，也就既不会有选派，也不会有移交。而选派就是移交。"[6] 在当代中国这样一个沸腾的资本主义桑拿场，面对来自过去的各异的源头的档案，我们不得不成为研究许诺、研究正在到来的东西的全新的历史学家。这些档案与其说与过去之发生、与当前之存在相关，更不如说与未来相关了。

这"汉雅一百：偏好"与我们的何种未来相关？

十

不论有没有意识到，我们总是先已掉在某种未来之中。

这相当于成为艺术家，去设计单人飞船，想独自去太空旅行。马雅可夫斯基式的革命先锋派的共产主义目标是：想干嘛，就干嘛，而且是一个人独自干，离开大家，独自出发，乘着玻璃飞船。艺术作品就是这样的一种能让我们星际迷航般回到今天的那一个个虚拟未来。它们是未来的草稿，也是未来的招贴。

艺术作品要将当前拖到未来之前。它在未来面前拷打当前。它要当前在未来面前自辩、脱罪。现在必须向未来负责！这曾是革命先锋派的姿态。正是用未来来审查当前，才使各种计划如此有意思。这之后，我们又回到老时间，与原来的现实同步。从艺术作品面前和美术馆里出来，我们感到自己在恍惚中从未来回到了当前。

我们太过瘾于自己的计划，结束不了，一开始，就是不准备结束的。对于毛泽东而言，革命是一开始就注定不会完成的：大艺术家往往也都是这样说话的：这只是我工作中很小的一部分，计划的

---

6 Jacques Derrida, "Archive Fever: A Freudian Impression", *Diacritics*, Vol. 25, No. 2, The Johns Hopkins University Press, 1995, p. 52.

百分之九十，都因为缺钱、时间和人力，才被搁置。好的，这也是好的，这种经验，这种态度，也是我们应该要和有的。[……]

艺术是个人或集体为多样的未来所做出的各种计划。最后是艺术来收容、保存那些失败的计划。我们在"汉雅一百：偏好"里能清晰地看到的，正是这种保存姿态。这是艺术作品的第二个历史使命：见证之外，去收留每一时代里的各种乌托邦计划。[……]

我们的"后八九"艺术运动虽然并没有收容革命时代的革命计划和艺术计划，却是一边挖苦它，一边又无能地去偷偷侵占它的历史遗产，占为己有，伪造其身份证件，倒卖和贩卖它。

艺术计划中的生命，被画面效果所决定，正如"文革"中的中国人民的生命，被当作某种目标的手段来利用：我们都要学雷锋，为他的革命事业献身；生命是某种共同事业的工具。艺术是要用油画、绘画、摄影、录像和装置来记录革命或艺术计划中的生命的这种被生物权力支配的状态。艺术是要用文献去指称计划中的生命。这不是残酷，而艺术家是对生命政治操作的演示。

我们常说的"后文革"历史，就是这样的一种记忆与计划不可分，过去与未来杂交的"二"时代。这也是复活的时代：过去与未来，在当前，可以互换了。民国的、明朝的、汉朝的蓝图，随时会被我们激活，当成我们的未来招贴，或拼装材料。

在当代中国，有太多的计划，我们来不及关注每一个了。每一次，我们只能展示一种。而展示是消解的：在十五分钟里将某一张亮出，暂时将其余的都拉黑。艺术预设了这种种计划之间的平等。人类历史应该成为收藏这些失败或成功或被作者们放弃的计划的美术馆。"汉雅一百：偏好"所展示给我们的，远不止是我们在这诸多计划面前的无奈。它不给这些计划任何说法，只是收容它们。

中国 20 世纪的革命或乌托邦计划，其实有无数种、无数场。那些从未有机会实现的计划，其中的好一些，成了"汉雅一百：偏好"的收藏。可以说，这个艺术作品集合保全了一言难尽的中国 20 世纪的历史运动之外的很多风景。

十一

保全高于保存和保有。哲学家海德格尔说，作品需要保全者的收护，才能伟大。又说，整个文化和人民，才是作品的真正保全者，收藏家，是他们的代理。现代世界没给艺术留出位置，艺术作品找不到它的保全人了，所以，它们才需要收藏家。这一看法，与本雅明和阿甘本的看法重合：艺术作品收留和寄存于收藏家手中，等待重估。传统瓦解时，传统的精魂都残留到艺术作品中去了。是这些作品，将这一时代的人民的精神，寄托给了正在到来的未来的人民。

对海德格尔来说，还未找到保全者的作品，只是潜在作品。[7]收藏的最高境界是，作品经收藏家托管之后，最终交由人民共同地来保全它。人民是能够在他们的共同生活里保全它所创造的东西的。而美术馆式的保存的最高境界，是希腊神庙、奥运会和音乐会形式，这都是要使"公共真理发生"，由作品打开世界，让人民进入其开阔地。"汉雅一百：偏好"是为未来的人民留着的一份沉重的遗产。它们最终的托付对象，只能是这一正在到来的人民。

保全，是人将世界体验为神圣、崇高，并将体验保存下来，交托给今后的人民。

---

7 Martin Heidegger, *Poetry, Language, Thought*, trans. Albert Hofstadter, Harper & Row Press, 1971, pp. 66–67.

在海德格尔看来，死，是人自祭于其世界那一刻，周围的物都亮了。这就像是，人一生是在准备一个关于他自己的展览，死时，那一个展览才开幕。人死时，是将其世界充分保全，交还给大地。

操心与保存，与开放者，也就是大地之间，达到透明——这才是保全。海德格尔从古希腊哲学家赫拉克利特那里推断出，斗争（polemos），时代之间、传统之间、文化之间、政治之间的斗争，才是真正的世界保全者。[8] 艺术是在这种"斗争"中被保全下的东西。

美术馆收藏的最高境界，只是保存。个人此在和共同体的生活，才能保全。对于个人而言，栖居，就是对于他们的个人生活场景的疼惜加保存。一开始，栖居者是被关怀者，先找到一块宁静的地方，脱离危险，安宁了，从那里开始，养足精神，然后开始去疼惜和保存周围的事物。栖居的任务，因此是使周围万物都能居于其本性之中。必死的人栖居，是他们在住的同时，养护着天地人神的四方域。[9] 人处于极大的危险时，就要去栖居；一旦开始栖居，人就为自己的死做准备。其一生的谋求，仿佛就为了使"自我献祭"做得尽量正确！周围的一切，都成为其礼器，各个细节都准备得周到，才走向结束，实际上是将失去控制，但仍希望筹划得它不出一点纰漏。

人自祭，也就是死时，身边的一切都将被保全，像艺术作品那样，被展出了。人能做出比保存更好的行动。

而共同体的集体生活，尤其是未来的人民的自由，才是今天的艺术作品的真正托付之处。

---

8 Martin Heidegger, *An Introduction to Metaphysics*, trans. Ralph Manheim, Yale University Press, 1959, pp. 61–62.

9 Martin Heidegger, *Poetry, Language, Thought*, pp. 150–151.

十二

保全、保存、持有、收留、拯救、引用，是"收藏"的各种姿态。

十三

艺术收藏押的是这样一个赌：谁手里的，将流传得更远？谁的，将更有代表性？谁的，更提纲挈领？谁的，更石破天惊？……收藏家的幸福，在于尽早预感到：我收藏的作品里的被人民集体体验过的感块和知块，将最终被保存得更久！

所有被保存的东西里，用艺术保存下来的，将流传得最远，会超过社会—政治制度和文化器物的寿命，会超过礼器和仪式的流传，且更不失真。希望这样的寄想，能给张颂仁带去安慰。

十四

"只要画布不烂，这年轻人就将笑到永远。这个女人的皮肤下涌动着血液，风摇动着树枝，一群人准备离开。在一部小说或电影里，年轻人的笑将停下来，但当我们翻到那一页，或观看到那一瞬间，他就又开始笑了。"

2014 年

刘畑

无名之国

三件 20 世纪中国的"艺术物",并峙在"汉雅一百:偏好"展览的序厅:

民国遗老于右任赠予戴季陶的大字"说剑增慷慨,琢玉思坚贞",冯康侯自许的寸印:"可叵居",以及一组"人民英雄纪念碑"的设计稿。(见第 346、347 页图)

于是,新中国的开元之气与民国时代的慷慨磅礴,乱离之人的偏居独白(冯康侯在印章侧面刻着一首小诗:乱离无一可,历劫更名叵。巢覆雏幸存,栖心尚得所。无家处处家,宇宙能容我。康侯刻此以自慰),共同展开了"汉雅一百:偏好"所探寻的过往百年中国艺术和历史的全景而微观的画面。

而相比于前两件出自著名人物的艺术物,"人民英雄纪念碑"是一个不存在明确作者署名的"工程",它以不具名的方式,从属于一个整全的、系统化的命名动作——为一个暂时无名甚至无形的国

---

* 本文由作者于 2014 年 1 月在香港艺术中心"汉雅一百:偏好"展览的开幕论坛上,代表此次展览的策展研究员们所作的一次论坛发言增改而成。

家命名、赋形。

二千二百年前，汉朝初定，萧何修建未央宫时对刘邦说："非壮丽无以重威，且无令后世有以加也。"（《史记·高祖本纪》）此类政体草创期的造型努力所追求的，概莫如是：从各式蓝图中冶炼出唯一的范本，在物质中凝聚理念和历史，昭示气象与未来。所以，数十张全国范围多方征集的手绘设计稿上，显露出的是一种意识形态未定于一尊时的竭力尝试：所有的象征元素，无论重檐、五星、尖顶、玉琮、雕像、书法、勋章、旗帜，都被调动而起，集体卷入了一场"道成肉身"般的"符号运算"，目的都是为了解答一个共同的命题：如何才能准确、完整地再现这一新生的国家主体？

中国古人久有勒碑刻石、标榜功业、诉诸金石不朽的传统，但所造者实非"纪念碑"（monument）。城市—广场—纪念碑的组合，是中国经历现代化过程中所习来的建制，它与曾经的碑刻、礼器传统相融合，这种独特历史积淀而成的文化基因，正应对了"汉雅一百：偏好"策展的基本出发点——"三个艺术世界"的框架——在今日现实中并存的当代艺术的全球化艺术世界、传统文人的艺术世界、社会主义的艺术世界。

无名之集

2013 年 11 月，当我们刚刚开始"汉雅一百：偏好"的研究策展时，团队中曾经有人问道："'三个艺术世界'理论是不是我们策展的'理论路径'？"我当时的回答是："它是我们这次策展工作的'理论对象'。"也就是说，我们以策展的方式，应该试图"拖拽"出一种不同的理解，甚至引起更进一步的理论思考。

所以，首先可以做的是经由一百件艺术物去感知和透视。在遍览一百件"艺术物"时，我们发现，几乎没有一件物不涉及至少"两个世界"，而"三个世界"虽可被视为三种政治主导范式在艺术中的残响，或反之，可以看作三种艺术意识和技术能力对政治的塑型，但是这种单方向的因果推导都是一种过于简单化的模型，跨时代的延续、交会、敌对、感染，才是真正的复杂性之所在。实际上，非常重要的一点在于：三个"艺术世界"的框架，其实并不过多涉及"艺术"的本体。它的重点不在于对艺术作品和艺术家的品评，而是将三个"艺术世界"视作三种不同的"生产方式"、三种历史过程导致的结果，把三种模式作为现象进行描绘和分析，这也正是它简明有力的原因。但某种程度上，策展的工作，恰恰是从这个理论框架所不包含的部分开始的。

因此，我们将对一百件艺术物进行的临时"集合"，取代了常规的"分类"（species），在现场的集合为：序、群、众、民、文、毛、山河、家国、身、网，这些代称以一种"包含多义的最小单位（汉字单字）"指向一个复杂庞大而难拆分、互扰的汉语概念网："人民"对立着外部之"敌"；"群众"对应着领导之"党"；"国家"的出现，对照着"家国"的失落——但今日之人类最大规模的周期性迁徙"春运"（每年春节前后的回乡离乡人次在数亿之多）却又完全可以从"家国"的角度解读；而"身"，既是"长恨此身非我有"之"身"，又是英雄"高大全"的献"身"之身，既有"匹夫"之义，又是西方造型传统中的"人体"，还牵扯到"性别"运动中的身体，乃至观念之中的"舍利子"，形而上的"物自'身'"；还有一个仿佛与所有集合都有交集，但又没有集合能真正容纳的超级个体："毛（泽东）"。

于是，在展览现场发生的不是分类归置而是临时并置，不是亚

于右任对联 "说剑增慷慨 琢玉思坚贞"
1920 或 1930 年代

冯康侯印 "可叵居" 篆刻　1960 年代

人民英雄纪念碑透视图　1954年9月设计组绘

人民英雄纪念碑顶修改方案 中南工业建筑设计院绘

里士多德意义上"种加属差"式的"说明"，而是集合中的"对话"、偶遇、互文、化合、放射、转义、悖反，如《兰亭集序》云："晤言一室之内"，"放浪形骸之外"，这种暂得之"集"，因寄所托，若合一契，正是此意。

当然，我们面对的作品无非是沉默的物和象，我们需要假设，当自己以一个未来的考古者的姿态，挖掘出了这一百件的大集合，如同现代人第一次走入金字塔的那刻，将如何开始解读？他们真正最希望解读的，也就是最有价值的部分，是什么？

基于这个意识，虽然事实上这些作品都大名鼎鼎，但是，在我们的工作中，这些作品和作者，都应该被还原为"无名"的状态。它们应该是用于成像的一层界面，是一些历史的伤口或者疤痕——曾经的所有狂野的动能全部塌缩在其中，等待再次的召唤。

无名之学

在这个意义上，阿比·瓦尔堡（Aby Warburg）的重要工作"记忆女神图集"（Mnemosyne Atlas）给了我们很大的启发，他用了Atlas这个词，这非常接近我们的图像工作：一种类似绘制地图，甚至可以说是在"拼图"的工程，由每一个精细的局部、它们之间的缝隙，共构成一幅巨大的全景，从而让无法被日常肉眼把握的、非常规尺度的形状呈现、显现。（见350页图）有趣的是，阿甘本认为瓦尔堡正是在建构一个"存在却没有名称的学科"，一个"无名之学"；对这个在他生后才被以"图像学"（依然未必准确）指称的学科，瓦尔堡设立的目标，是为了克服历史学和人类学之间的对立，"使一个既是历史的又是伦理的难题成形"，因为，"图像严格来说既不是意识的也不是无意识的"[2]。几个与之相关的、我们反复提起的关键概念是："意图"，物象、画面中蕴藏的意图，尤其是中文里具有的双关含义的"意图"，将"思想"和"外形"结合的一个独特的词；"激情"，这直接来自瓦尔堡的 pathos 或说 pathosformel（激情程式），但同时我们也不应忘记 pathos 其实是亚里士多德在《修辞学》第一卷第二章中探讨的三种或然证明或说服方式 logos-ethos-pathos 中的一元；最后，是"结构"、"姿态"，和我们反复提起的历史"潜能"和"势能"，在某种程度上，今天的"策展"或许反而更接近瓦尔堡在他的那个时代所进行的思考、工作和拥有的企图。

在临近展览的最后阶段，我一次次想起伊塔洛·卡尔维诺的小说《命运交叉的城堡》（*The Castle of Crossed Destinies*）。所有的陌生人在进入一个城堡之后都失去了说话的能力变成了哑巴，他们用同一幅塔罗牌的不同排列组合，去沉默地讲述自己的故事。不同的人物在使用这些牌（实际上，是牌的图像）的时候，它不仅仅是符号学理论的一个实例，证明同一个"符号"在不同的"上下文"（context）中将如何改变含义、拥有怎样的任意的可能性，也不仅仅是像表面上那样，呈现为一个文学游戏：用一套图像生产不同的情节，毋宁说，正如这些塔罗牌的最初始的功能："占卜"，它是用一个有限的系统去应对无穷的境遇，用有限之中的神秘去把握更大的神秘。

另一方面，就像塔罗牌在那个失声的城堡里被摊开，作品与它们每次造访的空间其实也达成某种沉默的对话。于是，对于我们

---

2 《阿比·瓦尔堡与无名之学》，［意］乔吉奥·阿甘本著，《潜能》，王立秋、严和来译，漓江出版社，2014 年。此处"无名之学"，参英译本为"Nameless Science"。

阿比·瓦尔堡的"记忆女神图集"

卡尔维诺《命运交叉的城堡》中用塔罗牌建立的叙事

现在身处的香港艺术中心，依托于空间生成，发明了大量作品之间隐含的对仗、指涉的关系（一个最简明的例子：耿建翌在同一本上重复印刷的书，指向了墙上的宣传画中被印刷了无数本的"唯一的书"，见 354 页图）。不同墙面的折射／映射、上下楼层的贯穿，包括艺术中心多边形式的晶体结构，都融入了我们的展示之中。尤其空间整体的螺旋结构，它首先被理解为"一整面"卷曲盘旋的长墙，其次它使我们设置了最终抵达的一个历史动力和源头性的区域（马克思说历史是螺旋上升，而它相反，是螺旋下降、螺旋抵达），也就是"网"这个集合：四件携带着 20 世纪最沉浮激荡、晦暗汹涌的历史情绪的作品／艺术物（《阴符经》《凌迟考》《狂人日记》《红旗渠》），被安放在一张天罗地网（《太公钓鱼，愿者上钩》）之下，周围是两岸三地百年历史事件交响的"音波墙"：将历史事件和作品理解为一个个发声之源，它们能量的强弱正如同音波的高低，彼此的共鸣、混响传递至今。

然而，在"音波墙"或说"历史谱线"上，也呈现着被程美宝批评为"结构性失忆"的历史症状。各个事件和作品之间仿佛只进行了单纯的并置，历史在这里成为预制的"现成品"，艺术物和事件仍然处于表面紧邻、实际无关的状态，这某种程度上正好应和了约翰·哈特勒在讨论汉斯·贝尔廷等人提出的全球性艺术（Global Art）时提到的一个很重要的概念 peaceful coexistence——一种"和平共处"的关系。不过，如果我们从这个概念出发——它让人不由联想到 1950 年代中国曾经提出的"和平共处五项原则"（互相尊重主权和领土完整、互不侵犯、互不干涉内政、平等互利、和平共处），当我们把周恩来所提出的这五项原则和毛泽东 1970 年代关于冷战格局的"三个世界"理论，克林顿政府 1990 年代到 2000 大力推行的全球化主张，两千多年前的《老子》第八十章的小国寡民"甘其食，美其服，安其居，乐其俗。邻国相望，鸡犬之声相闻，民至老死，不相往来"，同时连带在一起思考，可能会得到更多、更复杂的感受，而这种微妙、复杂的感觉，才是我们试图在历史和艺术物中阅读到的，所谓的来自三个世界的回声。

在展览闭幕后的今天，关于历史的"音波墙"的工作还在继续，对艺术与政治关系的质询最终反转了整个展览，暴露了我们真正应有的工作内容。正如瓦尔堡的观点，艺术品是储存了时代电荷的莱顿瓶，但他的图书馆最终是为了导向一门超越艺术史的广阔的、统一的学问，只有临近深渊，才能映照出埋藏于我们自身内部的分断。

无名之民

作为"国之重器"，最终的"人民英雄纪念碑"碑身上，正面铭刻着毛泽东手书的"人民英雄永垂不朽"，背面是周恩来手书的碑文，其中反复提起"[……] 年以来在人民解放战争和人民革命中牺牲的人民英雄们永垂不朽"[3]。但，何谓"人民英雄"？谁是，谁又不是？"人民"早已合二为一，但曾经"人"是统治者、贵族，"民"是被统治的人、奴隶。在碑文的不断"上溯"中，"人民英雄"又是何时出现的？还可以继续追问："中华人民共和国"和"中华民国"

3　碑文内容为：

三年以来在人民解放战争和人民革命中牺牲的人民英雄们永垂不朽

三十年以来在人民解放战争和人民革命中牺牲的人民英雄们永垂不朽

由此上溯到一千八百四十年从那时起为了反对内外敌人争取民族独立和人民自由幸福在历次斗争中牺牲的人民英雄们永垂不朽

一九四九年九月三十日　中国人民政治协商会议第一届全体会议建立

之"民"，是否是同一个"民"？可曾发生了什么迁移？再上溯孙中山提出的"三民主义"："民族、民权、民生"，三"民"又是不是同一个？

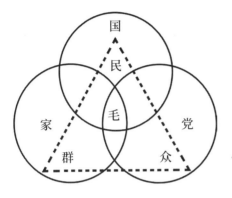

在"群、众、民"这三个汉字所制造的集合中，我们开始反复切换于汉语的源头、西方语汇的翻译、当下的使用、艺术物的感知，从而切入这些熟悉却困难的概念，以及它们之间的交织和微妙。

群。《诗·小雅》："谁谓尔无羊？三百维群。"群，羣也，君临于羊上（有趣的是，汉语中最好的价值判断：美、善、义，都和羊有关），"来啊，我们要屈身敬拜，在造我们的耶和华面前跪下。因为他是我们的上帝，我们是他草场的羊，是他手下的民。"（《圣经·诗篇》95：6—7）故教会人员为"牧师"。"群"是徒增数量，不产生结构，"群"缺乏真正的沟通，发生的只是无政府式的"布朗运动"；"君"更像是虚的存在，所以勒庞（Gustave Le Bon）在《乌合之众》（*The Crowd: A Study of the Popular Mind*）里认为"群体"是被无意识支配的。不过，群的优点也在这种特殊的"孤立"之中，《论语·卫灵公》："君子矜而不争，群而不党。"——彼此间既存在

耿建翌的作品（《错印的书》，1992年）：在同一本上重复印刷的书，指向了墙上的宣传画中被印刷了无数本的"唯一的书"（傅琳 《毛泽东思想是我们的命根子》 木刻版画 1960年代晚期）

必要的建设性的有机连带，又不因此连带而牺牲"公"（当然，今日的"党"所对应的是"Party"）。晚清严几道将赫伯特·斯宾塞（Herbert Spencer）《社会学研究》（*The Study of Sociology*）译为《群学肄言》，将约翰·密尔（John Stuart Mill）《论自由》（*On Liberty*）译为《群己权界论》，以"国群小己"译"社会与个人"，当属基于中国传统和现实对"群"的意义阐发极有深意之举，直接通向"社会主义"在中国的兴起。"兽三为群，人三为众"（《国语·周语》），"群—众"也存有高低之分，而从"眔"至"众"，三"人"之间渐渐有人脱颖而出，凌驾于他人之上，是为管理结构和阶级的诞生。而"民"，平也，悯也，"民"是劳作者。《说文》训"民，众萌也"，尚待化育，所以张载要"为天地立心，为生民立命"。

在"汉雅一百：偏好"的现场集合间，存在着一个"对视"："民"的集合对视着"毛"（作为起义者、领袖、神的毛，及其后效和反噬）：

批着浴袍的领袖向所有的"人民"挥手（唐小禾《在大风大浪里前进》），对视着某个向照相馆幕布上的"曙光"伸出手的青年（王兴伟作品）——到底是曾经炽热的革命只不过是虚幻的梦想，还是今天的现实是一厢情愿望向不真实的曙光（或许正是过去的允诺）以解脱现实的忧烦？

曾广智拜访的总统山的美国领袖对视着刘大鸿描绘的神坛上的中国领袖；如果把"人民"背后的诸种机制（为人民服务、人民当家作主、站在人民的立场上）、与"人民"相关的操作（发动、团结、依靠、帮助、熟悉、保护、教育、提高、歌颂、同情）、定义人民的"对立面"的理由（脱离、反对、危害），这一切，借用林肯在葛底斯堡演说中的三个著名的词组"of the people, by the people, for

李桦《怒潮组画》中的《起来》《抓丁》　木刻版画　1947 年

the people"的框架看待，相互失落、不相容、看似相同却迥异的是什么？

　　曾经被唤起的"工农千百万"（方增先作品）对视的则是"氓"——方力钧的"泼皮"。三件巨大作品组成的"毛"的"祭坛"前，摆放的是一位小民——阿Q，经历革命洗礼后，那个烂泥般被蹂躏的阿Q成为带着硬度的"泼皮"，或"氓"。"氓"原本也就是"民"，只因在现实生活和精神存在的流离失所又无所事事，沦为流民、亡民、无根之民，这仿佛是一种生物学通过社会革命（revolution）完成的进化（evolution）。

　　一批本无关联的作品——李桦《怒潮组画》中的《抓丁》和《起来》、庄辉《公元一九九七年十月十三日河南省安阳市道路绿化管理站全体职工合影纪念》、无名作者的《大干社会主义》、郑国谷《阳江青年的生活与梦幻》——却在集合中，共同构成了百年的"群体/集体"画面的变迁史：从被奴役和压迫到"哪里有压迫哪里就有反抗"的"百姓"，至集体主义的"群众"、想要改天换地的"人民"，再至娱乐、消费人生的"大众"。

　　而在"民"和"众"之间，也存在着一种对视。民者，𢀛也，一把锥子刺向眼睛，也许那是受伤的奴隶之眼，尽管它们有反抗的可能——"民不畏死，奈何以死惧之"。郭沫若认为"民"是"盲"的初文，所以要"开启民智"，启蒙（enlighten）便是得见大光明。而"众"，从最早的𠂤至𥅿，三人头顶上锄禾日当午的青天白日，变为神目如电，或是"老大哥"之眼、统治者的监视（直至发展为"群众的眼睛是雪亮的"）。𥅿与𢀛正是两只相对视的眼睛，一道沉默而揪心的目光横亘其间。这个意义上，"群、众、民"的共同特点，正是它们被观看的方式：之上存有监视，一个"上司"向下

庄辉 《公元一九九七年十月十三日河南省安阳市道路绿化管理站全体职工合影纪念》（局部）黑白照片 1997 年

郑国谷 《阳江青年的生活与梦幻》（局部） 接触晒印彩色照片 1995—1998 年

"俯瞰"，内部充满"环顾"，所有人看着所有人，同时，在"远望"中被概括成像，没有具体的名字。

物聚、人散。终于，所有的作者都离去了，而作品屏住了呼吸。展览是一次集结。也许广而言之，这集结的一百件艺术物——乃至任何一个展览（不论属于哪个艺术世界）、每一年的春晚（不同世界的"联欢"），充斥的都是某种可以被称为"民间艺术"的东西。然而，什么是民间？当代艺术的全球化世界、传统文人的艺术世界、社会主义的艺术世界，似乎都是依托它而来。"民间"是"三个艺术世界"之外的第四维吗？这一维却不像是与这三者平行的独立世界，而更像是共同依之建造世界的大地，三个艺术世界共有的土壤。但何者是"民间"的对立物呢？——似乎也正是这"三个艺术世界"。因为所谓"民间"，正可对立于官方、政府、权威，对立于国际、时尚、新潮，对立于风雅、文人、知识分子……这混沌草莽而生生不息的同一片土壤，充斥着自我对立形成的张力。孔子的时代就说礼失求诸野，也许，这既是我们的来处，也是我们的归宿。

我们总是一次次为无名的星空命名，在虚空中连接出星座，这集结而成的无名的群众民之眼，也留下了漫长的意味深长的目光的集合，去等待穿透时间的雾霾。正如另一位汉雅一百"艺术物"提供者北岛的著名诗句："新的转机和闪闪星斗 / 正在缀满没有遮拦的天空 / 那是五千年的象形文字 / 那是未来人们凝视的眼睛。"

2014 年

转载自《三个艺术世界》画册

"汉雅一百：偏好"展览现场，集合"毛"

"汉雅一百：偏好"展览现场，集合"身"

"汉雅一百：偏好"展览现场，集合"民"对视着集合"毛"

"汉雅一百：偏好"展览现场，折射、贯穿：空间进入展示之中

"汉雅一百：偏好"展览现场，百年历史事件与艺术物交织的"音波墙"空间

"汉雅一百：偏好"展览现场，黄永砅 《天罗地网》(《太公钓鱼，愿者上钩》，装置，2000 年) 之下的
《阴符经》(康有为，纸本水墨，1917 年)、《凌迟考》(陈界仁，录像，2002 年)、《狂人日记》(赵延年，
木刻版画，一组 38 幅，1985 年) 和《红旗渠》(16 毫米胶片，1970 年)

"汉雅一百：偏好"展览作品中凝视的眼睛

图书在版编目（CIP）数据

把可能性还给历史 / 高世名主编. -- 上海：上海文艺出版社,2022
（行动之书）
ISBN 978-7-5321-8178-0
Ⅰ.①把… Ⅱ.①高… Ⅲ.①展览会－策划 Ⅳ.①G245

中国版本图书馆CIP数据核字(2021)第224303号

发 行 人：毕　胜
策划编辑：肖海鸥
责任编辑：余静双
封面设计：钱　祯
内文制作：常　亭

书　　名：把可能性还给历史
主　　编：高世名
出　　版：上海世纪出版集团　　上海文艺出版社
地　　址：上海市闵行区号景路159弄A座2楼 201101
发　　行：上海文艺出版社发行中心
　　　　　上海市闵行区号景路159弄A座2楼206室 201101 www.ewen.co
印　　刷：苏州市越洋印刷有限公司
开　　本：1240×890 1/32
印　　张：12.375
插　　页：4
字　　数：283,000
印　　次：2022年7月第1版 2022年7月第1次印刷
Ｉ Ｓ Ｂ Ｎ：978-7-5321-8178-0/J.562
定　　价：68.00元
告 读 者：如发现本书有质量问题请与印刷厂质量科联系　T:0512-68180628